普通高等教育“十一五”国家级规划教材
新世纪高职高专物流管理专业规划教材
机械工业出版社精品教材

物流采购管理

第2版

主　编　朱新民　林敏晖
副主编　朱亮明　陈　文
参　编　万小芳　陆琪伟
主　审　柴　野

机 械 工 业 出 版 社

本书以采购物流、生产物流、销售物流三大物流系统中的采购物流系统为基础，根据采购与物流的内在关系，综合研究了物流与采购及采购全过程，介绍了采购管理的基本知识、采购计划与预算管理、采购质量管理、采购数量管理、采购价格与成本管理、供应商管理、采购过程与采购合同管理、准时化采购、采购谈判技巧、采购风险管理与绩效评估、其他采购管理等内容，使学生对采购的计划预算、组织管理、质量控制、操作过程与技巧、风险控制与绩效评估等有较系统的认识。同时，各章都配有知识目标、技能目标、案例、本章小结、复习思考题等内容，更有利于学生的理解和掌握。本教材充分体现了“基本理论知识够用，注重实际运用与操作及技能培养”的高等职业教育特征。

本书为高职高专物流管理专业规划教材之一，也适用于非物流专业的师生了解物流运输知识及从事物流产业人员和非物流产业相关人员作为参考书。

图书在版编目（CIP）数据

物流采购管理/朱新民，林敏晖主编．—2版．—北京：机械工业出版社，2010.1（2025.8重印）

普通高等教育“十一五”国家级规划教材．新世纪高职高专物流管理专业规划教材

ISBN 978-7-111-29068-1

Ⅰ．物…　Ⅱ．①朱…②林…　Ⅲ．采购—物资管理—高等学校：技术学校—教材　Ⅳ．F252

中国版本图书馆CIP数据核字（2009）第210902号

机械工业出版社（北京市百万庄大街22号　邮政编码100037）

策划编辑：孔文梅　　责任编辑：孔文梅　隋兰兰

责任校对：张　薇　　封面设计：饶　薇

责任印制：刘　媛

北京富资园科技发展有限公司印刷

2025年8月第2版第15次印刷

169mm×239mm·19印张·366千字

标准书号：ISBN 978-7-111-29068-1

定价：45.00元

电话服务

客服电话：010-88361066

010-88379833

010-68326294

网络服务

机　工　官　网：www.cmpbook.com

机　工　官　博：weibo.com/cmp1952

金　　书　　网：www.golden-book.com

机工教育服务网：www.cmpedu.com

第3版序

由全国20多所高职高专院校的物流管理专业的专家、学者和教师共同规划、编写的“新世纪高职高专物流管理专业规划教材”，于2003年2月由机械工业出版社出版发行第1版。这套教材内容体系较为完整，实用性和操作性较强，是适合高职高专物流管理专业人才培养定位和教学特点的第一套教材。为了适应我国物流行业业态变化快，管理模式和技术创新速度快的现实，我们在征求广大院校教师和读者的意见以及深入了解物流企业用人需要的基础上，于2004年6月完成了本套教材第1版的修订。

2006年，教育部下发了教高[2006]16号《关于全面提高高等职业教育教学质量的若干意见》（简称“16号文”）。“16号文”对未来高等职业院校的工学结合人才培养模式改革，面向工作任务和内容的课程内容、教学方式改革、教材建设提出了新的要求。为了深入贯彻教育部对高等职业教育教学改革的要求，以职业能力培养为目标，以国家物流师职业资格标准为参照，以物流运营管理相关工作岗位过程和内容为线索，以适合“教、学、做”一体化教学为宗旨，我们组织了对第2版教材的修订，陆续推出第3版系列教材（其中部分教材是第2版系列教材中新增加的书目）。

第3版系列教材具有如下特点：

1）在内容上更能突出物流运营管理相关岗位的工作实际。

2）在组织结构上更符合相关岗位群的业务流程。

3）采用的案例更具时代性和实用性。

4）例题和作业更能如实地反映企业实际。

5）与教材配套的多媒体课件更有助于提高教学效率和效果。

6）行业企业教学资料库更加充实。

7）为方便教学，本套教材均配有电子课件等教学资源，凡用作教材的学校或教师均可索取，请发送邮件至 cmpgaozhi@sina.com，咨询电话：010-88379375。

本套教材既可作为高职高专院校物流类专业课程的教材，也可作为各类、各层次学历教育和短期培训教材，也适合广大物流业界人员作为学习参考用书。

由于物流行业发展变化快，我国高等职业教育改革日益深入，又由于编写时间仓促等条件的限制，书中难免有不尽人意之处。恳请广大读者提出宝贵意见，以期保持这套教材的时效性和实用性，使其与物流管理高等职业教育的发展和谐共进。

新世纪高职高专物流管理专业
规划教材编审委员会

前言

随着经济全球化和信息技术的迅速发展，社会生产、物资流通、商品交易及其管理方式正在发生深刻的变革，作为国民经济和企业的“第三利润源”的现代物流业在世界范围内得到了广泛发展，它已成为我国国民经济体系中的重要产业。采购是物流系统中的一个重要组成部分，也是物流供应链中的一个重要环节。加强采购环节的研究，优化采购过程，提高采购组织和管理水平等，对提高整个物流运营质量和效率都具有重要意义。

作者在全面分析和总结我国物流业和采购业发展现状的基础上，大量吸收了国外先进的物流和采购理念、技术和管理思想，编写出版了《物流采购管理》教材（第 1 版）。随着物流业的发展和职业教育改革的不断深入，需要对教材进行修改完善，体现教材的针对性、实用性和高职教育特色，应该以高标准、高规格、高起点的全新面貌出现在读者面前，使其在同类教材中起到一定的引领作用。这也是《物流采购管理》作为国家“十一五”规划教材的需要。因此，我们在认真领会和消化国家“十一五”规划教材要求的基础上，广泛吸取多方专家、企业家和技术骨干的意见，对原教材（第 1 版）的知识体系作了整合和调整，部分内容进行了删减、补充和完善，进一步理顺了各章节之间的关系，使内容变得更加流畅，衔接更加紧密。本书充分体现了通俗易懂、简洁实用、针对性强、岗位特征明显的特征，具有一定的前瞻性和引领性。

本书第 1 版由朱新民、林敏晖任主编，朱亮明、陈文任副主编。由朱新民负责全书统编定稿。编写人员分工如下：第一章、第四章、第九章由湖北交通职业技术学院朱新民编写；第二章、第十章由广西交通职业技术学院陆琪伟编写；第三章、第七章由福建交通职业技术学院陈文编写；第五章由湖北交通职业技术学院万小芳编写；第六章、第八章由福建交通职业技术学院林敏晖编写；第十一章由中建三局第一建设股份有限公司朱亮明编写。本书第 2 版由朱新民进行整体策划和设计，与林敏晖共同协商确定。朱新民在征求作者和读者意见的基础上，对整本书进行了全面调整、修订和完善，朱亮明、万小芳等参与修改和完善部分章节内容。

在本书的编写过程中得到了兄弟院校、政府行业管理部门、企业和部分从业者、机械工业出版社等的大力支持和帮助。本书还借鉴了国内外许多专家学者的先进思想和研究成果。在此一并表示感谢！

本书配有电子教案、课后练习与答案、期末模拟试卷及答案，凡选用作为教材的教师均可登录机械工业出版社教材服务网 www.cmpedu.com 免费下载。如下载中出现问题，或对电子课件有宝贵建议，欢迎致电 010-88379375。

由于编写时间紧加上编者水平有限，书中难免会有不当和疏漏之处，敬请广大读者批评指正，多提宝贵意见。

编　者

目录

第一章　采购管理概述

【知识目标】

了解采购的定义和内容，物流及物流相关概念以及物流在采购中的地位和作用；熟悉采购组织的相关知识；掌握采购监管的内容和方法。

【技能目标】

能够根据采购的不同特点，选择合适的采购模式；能够正确履行采购业务的相关职责；能够正确执行采购制度；能够规范和约束自己的采购行为。

第一节　采购和物流

所谓采购，一般认为是指采购人员或者是单位基于各种目的和要求购买商品或劳务的一种行为，它具有明显的商业性。通俗地讲，采购是一种常见的活动，从日常生活到企业运作，都离不开采购。

一、采购的含义

（一）基本概念

狭义的采购是指买东西。广义的采购是指企业根据需求提出采购计划、审核计划、选好供应商、经过商务谈判确定价格、交货及相关条件、最终签订合同并按要求收货付款的过程。因此，在狭义的采购情况之下，买方一定要先具备支付能力，也就是要有钱，才能换取他人的物品或劳务来满足自己的需求。广义的采购是指除了以购买的方式占有物品之外，还可以用下列各种途径取得物品的使用权，来达到满足需求的目的。广义的采购方式主要有租赁、借贷和交换。

（二）采购的分类

1．按照采购物品用途的不同分类

根据采购物品用途的不同，采购可分为工业采购和消费采购。

（1）工业采购　工业采购通常是指企业为了经营或生产所需的产品和服务，而按一定代价同外部进行的业务活动。工业采购往往通过一次采购以后便同供应商建立长期合作关系，工业采购的动机是理性的，一般是多人参与的程序化的过程，采购数量通常比较大，价格也比较稳定。

（2）消费采购 消费采购的随意性比较大，主要为满足个人需求，采购动机带有个人喜好，采购量也比较小。消费采购活动是个人行为，而工业采购通常是机关、企业等机构的集体行为。

2. 按照采购输出的结果分类

根据采购输出的结果不同，可以分为有形采购和无形采购。

（1）有形采购 采购输出的结果是有形的物品，或是参与某个系统运行的组成部分。例如，一只钢笔、一台电脑、一块电路板，像这样的采购称为有形采购。有形采购主要采购有形的物品，如原料、辅料、机具及设备、事务用品等。

1）原料。原料主要是指直接用于生产的原材料，也是构成产品的最主要成分。

2）辅料。在产品制造过程中，除了原材料之外所耗费的材料均属于辅料。

3）机具及设备。机具及设备主要是指制造产品的主要工具或提供生产环境所不可缺少的设施。

4）事务用品。事务用品主要是指办公室生产线人员在文书作业上所需的设施及文具、纸张以及任何其他杂项购置。

（2）无形采购 采购输出的结果是无形的，如一项服务、一个软件、一项技术、保险及工程发包等，称其为无形采购。无形采购主要是咨询服务采购和技术采购或是采购设备时附带的服务。

1）技术。技术是指取得能够正确操作或使用机器、设备、原料等所应具备的专业知识和技能。

2）服务。在无形采购中，为了用于服务、维护、保养等目的的采购统称为服务采购。安装服务，如空调的免费安装、计算机的装机调试、贴片机的安装高度都属于供应商提供的安装服务的范畴。

3）工程发包。工程发包包括厂房、办公室等建筑物的营造与修缮以及配管工程空调或保温工程动力配线及仪表安装等。

3. 按照采购范围分类

（1）国内采购 所谓国内采购，是指企业以本币向国内供应商采购所需物资的一种行为。例如，机器制造企业，向国内供应商采购钢材、轴承等原材料、配件。国内采购主要是指在国内市场采购，并不是指采购的物资都一定是国内生产的，也可以向国外企业设在国内的代理商采购所需物资，只是以本币支付货款，不需以外汇结算。

（2）国外采购 所谓国外采购，是指国内采购企业，直接向国外厂商采购所需物资的一种行为。这种采购方式一般通过直接向国外厂方咨询，或者向国外厂方设在国内的代理商咨询采购，主要采购对象为成套机器设备、生产线等，如我国进口的电视、计算机生产线，并与之相配套的仪器、仪表及配件。

4. 按照采购时间分类

（1）长期合同采购 长期合同采购是指采购和供应商通过合同，稳定双方的交易关系，合同期一般在一年以上的采购行为。在合同期内，采购方承诺应该在供应方采购其所需产品，供应方承担保证采购方数量、品种、规格、型号等方面的需要。长期采购合同的优势为：①有利于增强双方的信任和理解，建立稳定的供需关系；②有利于减少双方多次谈判的费用；③有明确的法律保证，可维护双方各自的利益。但是，这种方式也存在如下不足：①价格调整困难，如市场供求关系变化，采购方要求供应方调整价格有一定难度；②合同数量固定，采购数量调整有难度；③采购人员形成了对供应商的依赖，缺乏创新意识，如果在合同期内，采购商有了更好的供货渠道，也将影响采购商的选择。

长期合同采购使供需关系稳定，主要适合于采购方需求量大并需要连续不断的情况，如企业的主要原材料、燃料、动力；主要设备及配套设备，如空调生产企业需长期采购压缩机、发电厂需签订供煤长期合同等。

（2）短期合同采购 短期合同采购是指采购商和供应商通过合同，实现一次性交易，以满足生产经营活动的需要。短期采购双方之间关系不稳定，采购产品的数量、品种随时变化，对采购方来讲有较大的灵活性，能够依据变化的市场环境，调整供应商。但由于这种不稳定性，也将出现价格洽谈、交易及服务等方面的不足。短期采购适用于如下情况：①非经常消耗物品，如机器设备、车辆、计算机等；②补缺产品，由于供求关系变化，为弥补长期合同造成的供货中断，以签订短期合同补充；③价格波动大的产品采购，因为这种产品，供应商和采购商都不希望签订长期合同，以免利益受损；④质量不稳定产品，如农产品、新试制产品等一般也是一次性采购。

5. 按照采购主体分类

采购主体即承担具体采购的人员，按照采购主体的不同，将采购可分为如下两类。

（1）个人采购 个人采购是指消费者为满足自身需要而发生的购买消费品的行为，如购买生活必需品、耐用品等，实质上是一种购买（习惯上）活动，购买对象主要为生活资料，其特点为单次、单品种、单一决策，购买过程相对简单。

（2）组织采购 所谓组织采购，是指“事物特定的结构形式”，即人和事物按照一定的任务和形式所进行的有效组合，是实现既定目标的手段。因此，组织采购是为实现组织目标而发生的采购行为。

企业采购是一种组织采购行为。企业采购一般分为生产企业采购和流通企业采购。生产企业采购是为了生产而采购，是一种生产性消费，因而，采购对象以生产资料为主；流通企业采购是为了销售而采购，是一种生活消费，采购对象为生活资料。当然流通企业除了商业流通企业，还有物流流通企业、粮食流通企业、外贸流通企业等。

6、按照采购方式分类

所谓采购方式，是指企业在采购中运用的方法和形式的总称。从企业采购的实践来看，经常采用的主要有议价采购、比价采购和招标采购三种方式。

（1）议价采购 所谓议价采购，是指由买卖双方直接讨价还价实现交易的一种采购行为，议价采购一般不进行公开竞标，仅向固定的供应商直接采购。

议价采购分两步进行：第一步，由采购商向供应商分发询价表，邀请供应商报价；第二步，如果供应商报价基本达到预期的价格标准，就可签订采购合同，完成采购活动。议价采购主要适用于需要量大、质量稳定、定期供应的大宗物资的采购。

议价采购的优点为：①节省采购费用；②节省采购时间；③采购中心灵活性大，可依据环境变化，对采购规格、数量及价格灵活地作出调整；④有利于和供应商建立互惠关系，稳定供需关系。

议价采购的缺点为：①议价往往价格较高；②缺乏公开性，信息不对称；③容易形成不公平竞争等。

（2）比价采购 所谓比价采购，是指在买方市场条件下，在选定两家以上供应商的基础上，由供应商公开报价，最后选择报价最低的为企业供应商的一种采购方式。实质上，这是一种供应商有限条件下的一种招标采购。

比价采购的优点为：①节省采购的时间和费用；②公开性和透明度较高，能够防止采购“黑洞”；③采购过程有规范的制度。

比价采购的缺点为：①供应商在有限的情况下，可能出现轮流坐庄，或是可能出现恶性抢标，使供应品种规格出现差异；②可能影响生产效率的提高，并加大消耗。

（3）招标采购 所谓招标采购，是指通过公开招标的方式进行物资和服务采购的一种行为。它是政府及企业采购中的基本方式之一。在招标采购中，其最大的特征是“公开性”，凡是符合资质规定的供应商都有权参加投标。

招标采购主要可分为政府招标采购和企业招标采购。在我国，政府招标采购应贯彻执行《中华人民共和国政府采购法》（已于 2003 年 1 月 1 日起正式实施）的相关规定，依法招标采购。

公开招标采购的优点为：①有利于做到采购工作的“公开、公平、公正”；②有利于形成符合市场的真实价格；③有利于提高采购物品的质量；④有利于采购方建立供应商的信息资源库，增大选择范围；⑤有利于降低采购成本。

公开招标采购的缺点为：①采购费用较高；②容易出现供应商合谋或者“抢标”——过度压低价格而中标，出现偷工减料，以次充好，影响产品质量；③采购程序复杂，应变性差；④如果底价被泄密，易带来巨大风险。

公开招标采购主要适用于需求量大且为标准化产品，或者技术含量高的产品。

（三）采购模式

企业的采购模式一般可以分为集中采购模式、分散采购模式和混合采购模式。

1．集中采购模式

集中采购模式是指整个公司所有的或几乎所有的采购活动在某一处集中处理。集中采购具有许多分散采购所无法比拟的优点，企业采用集中化采购的优势如下：

1）所购物料比较容易达到标准化。

2）减少了管理上的重复设置。

3）由于合并了多个部门的需求，采购部门寻找供应商时，其手上的订单数量就足以引起供应商的兴趣。通过这一方法，采购部门就可以说服供应商尽快发送或给予价格折扣。

4）在物资短缺的时候，不同部门之间不会为了得到物资而相互竞争从而引起价格的上涨。

5）对于供应商而言，这也可以推动其有限管理。他们不必同时与企业的几个人打交道，只需和采购经理联系即可。

6）有利于对采购活动进行更有效的控制。由于企业现金流出量的大部分是用于物料采购，因而对于任何一个时点交易总量的集中控制就显得有必要。如果所有采购决策都经过集中控制，这样，需要加大控制的就仅仅是采购部门，而不必对分散于整个企业的不同部门的采购决策加以监督，那些非法或不道德的行为也就容易避免。

7）有利于采购决策中专业化分工和专业技能的发展，同时也是对时间的一种更好的利用。进行专业知识方面的开发正是大部分公司都会采用集中化采购的原因。

2、分散化采购模式

分散化采购模式是指将采购工作分散给各需用部门分别办理。这一模式通常适用于企业规模较大，分散于较广区域的企业。

3、混合采购模式

混合采购模式又称分散集中化采购模式。分散集中化采购模式是指有些采购活动在企业总部进行，同时主要的运作部门也进行采购。混合采购模式综合采用集中化与分散化采购模式，以发挥它们的优点，避免其缺点。

在国际上比较先进的采购战略有：同步采购、全球采购、平台采购、系统、模块化供货、战略性外购和外包、集中采购。

二、物流及相关概念

与采购相关的概念主要有物流、供应、供应链、战略采购、前期采购和后期采购、采购环境、采购管理等。

1、物流

最初的物流概念主要侧重于商品物质移动的各项机能，即发生在商品流通领域中的、在一定劳动条件下凭借载体从供应方向需求方的商品实体的定向移动。1984 年，美国物流管理协会将现代物流定义为“为了符合顾客的需要，将原材料、半成品、完成品以及相关的信息从发生地向消费地流动的过程，以及为使保管能有效、低成本地进行而从事的计划、实施和控制行为。”本书定义的现代物流是指为了实现顾客满意，连接供给主体，克服空间和时间阻碍的有效的、快速的商品、服务流动的经济活动过程。

GB/T 18354—2006《物流术语》中，物流的定义为物品从供应地向接收地实体流动过程。根据实际需要，将运输、储存、装卸、包装、流动、加工、配送、信息处理等基本功能实施有机结合。

2、供应

供应是指供应商或卖方向买方提供产品和服务的全过程。

3、供应链

关于供应链目前还没有统一的定义，以前的观点认为供应链是制造企业的一个内部过程，后来供应链的概念注意了与其他企业的联系、外部环境，认为它应该是一个“通过链中不同企业的制造、组装、分销、零售等过程，将原材料转换成产品，再到最终用户的转换过程”。这是更大范围、更为系统的概念。GB/T 18354—2006《物流术语》中，将供应链定义为生产及流通过程中，涉及将产品或服务提供给最终用户所形成的网络结构。最近，供应链的概念更加注重围绕核心企业建立的网链关系。在此基础上，本书给出一个供应链的概念：供应链是围绕核心企业，通过对信息流、物流、奖金流的控制，从采购原材料开始，制成中间产品以及最终产品，最后由销售网络把产品送到消费者手中的，将供应商、制造商、分销商、直到最终用户连成一个整体的功能网络结构模式。这样有利于我们更好地理解供应商的内涵。

4、战略采购

战略采购是指从宏观范围内确定采购资源、建立最优的供应商体系及战略伙伴关系。

5、前期采购和后期采购

前期采购是指采购过程中下订单之前的相关工作。后期采购则是指采购过程中下订单以后开始的相关工作。

6、采购环境

采购环境是指经过买家认可的、信得过的采购资源，由一些供应商组成。采购环境的好坏对企业的采购会产生很大影响，因此，企业都应努力创造好的采购环境。

7、采购管理

采购管理是指管理采购业务单元，包括支持、审核、优化、批准、实施五个步骤。管理的对象是计划、认证、订单、合同四个环节。

三、采购在物流系统中的地位

在现代企业的经营管理中，采购已变得越来越重要。一般情况下，企业产品的成本中外购部分占比较大的比例，约为60%～70%。因此，外购条件与原材料的采购成功与否在一定程度上影响着企业的竞争力，采购与采购管理往往是竞争优势的来源之一。随着全球市场一体化和信息时代的到来，专业生产能够发挥更加巨大的作用，导致企业采购的比重大大增加，即战略性地决定企业运作环节，战略性地决定产品组成件的来源及区域分布，也使采购及其管理的作用提升到一个新的高度。

1、采购在成本控制中的地位

由于信息发达与世界经济高度自由化的结果，过去企业借助技术领先、市场垄断等所塑造的超额制造或销售利润正快速消失，加上保护消费者权益的呼声日益升高，偏高的产品售价将在保护弱者的呼声下逐步退让，最终导致企业必须以“买”的途径——降低采购成本，来代替“卖”的方法——提高售价，达到提升利润的目的。

2．采购在供应中的地位

从商品生产和交换的整体供应链中可以看出，每一个企业都既是顾客又是供应商，任何企业的最终目的都是为了满足最终顾客的需求以获得最大的利润。企业要获取较大的利润，可采取的措施很多，例如，降低管理费用，提高工作效率等。但是，企业一般都能想到的是加快物料和信息的流动。因为加快物料和信息的流动就可以提高生产效率，缩短交货周期，从而企业可以在相同的时间内创造更多的利润；同时，顾客也会因为企业及时快速地交货而对企业更加有信心，也有可能因此而加大订单。这样一来企业就必须加强采购的力量，选择恰当的供应商，并充分发挥其作用。

3．采购在企业经营中的地位

随着现代经济的发展，许多企业都将供应商看作自身企业生产开发与生产的延伸，从而与供应商建立合作伙伴关系，在自己不用直接进行投资的前提下，充分利用供应商的能力为自己开发生产产品。这样一方面可以节省资金，降低投资风险，另一方面又可以利用供应商的专业技术优势和现有的规模生产能力以最快的速度形成生产能力、扩大产品生产规模。现在很多企业对供应商的利用范围逐渐扩大，从原来的局限于原材料和零部件扩展到半成品，甚至于成品。

4．采购在项目中的地位

任何项目的执行都离不开采购活动。如果采购工作做得不好，不仅会影响项目的顺利实施，而且还会影响项目的预计效益，甚至会导致项目的失败。

（1）采购工作是项目执行的关键环节　采购工作是项目执行的关键环节，而且是构成项目执行的重要内容。采购工作能否经济有效地进行不仅会影响项目成本，而且还会影响到项目预期效益的充分发挥。一般来说，银行贷款是按照项目实施中实际发生的费用予以支付的，这样如果采购延误就会直接影响银行对贷款支付的进程。采购的进度基本上决定了支付的快慢。从以住的项目管理经验中可知，在项目招标过程中支付贷款的滞后，大多数是由采购不及时造成的。因此，采购问题一直是银行贷款项目检查中重点讨论的中心问题。一句话，采购问题越来越受到人们的重视。

（2）采购工作是控制成本的重要内容　项目采购工作中涉及巨额费用的管理和使用，投标和招标中充满商业竞争，需要有一套严密而规范的程序和制度来防止贪污、受贿和欺诈行为以及严重的浪费现象，为项目的执行创造有利条件。因此，采购工作必须严格按照世界银行“采购指南”的规定办事，既要讲求经济和效率，又要增加透明度。同时，采购兼具经济性和有效性，既要使采购的货物或工程的费用低、质量高，又要在合理的时间内尽早完成，避免或减少延误。

第二节 采购组织

一、采购组织形式

因为企业的目标确立后，必须拟定策略来达成，而策略的执行必须有适当的人员编制与组织结构。采购组织机构的方式应视具体情况做出必要的调整，以适应环境的变化，在建立一个有效组织的过程中，最重要的莫过于了解策略、结构及授权之间的关系。

1、分权式采购组织

组织特点：分权式采购组织是指企业把与采购相关的职责和工作分别授予不同的部门来执行。例如，物料或商品需求计划可能由制造部门或者销售部门来拟定；采购工作可能由采购部门或者销售部门掌管；库存责任则可能将成品归属销售部门、在制品归属制造部门；原料或零件归属于物料或仓储部门。

2、集权式采购组织

组织特点：集权式采购组织是指将采购相关的职责或工作，集中授予一个部门执行，这是为了要建立综合的物料体系，因而设立一个管理责任一元化的组织体系。这个体系称为物料管理部门或资材部，其主要工作包括生产管制（生产计划、物料管制）、采购（包括采购事务及跟踪和催货）及仓储（收发料、进出货、储存、运送）等。

二、采购组织机构

1、采购部门隶属于生产部副总经理

如图 1-1 所示，采购部门隶属于生产部副总经理，其主要职责是协助生产工作顺利进行。因此，采购工作的重点是提供足够数量的物料以满足生产上的需求，至于议价的功能则退居次要地位。图 1-1 中又显示生产管制、仓储工作等另归其他单位负责，并未归入采购部门的职能中。总之，将采购隶属于生产部，比较适合“生产导向”的企业，其采购功能比较单纯，而且物料价格也比较稳定。

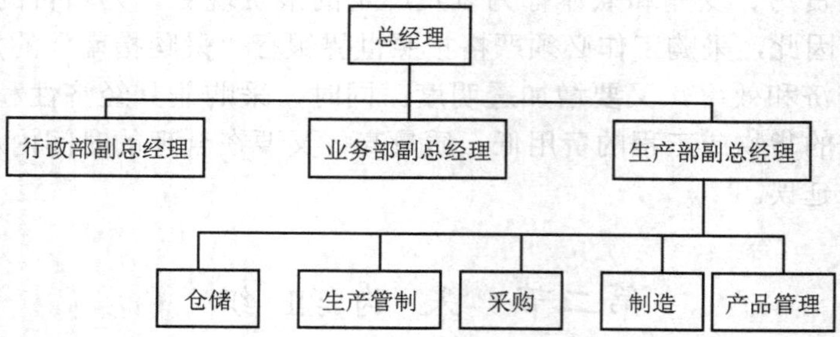

图 1-1　采购部门隶属于生产部副总经理

2．采购部门隶属于行政部副总经理

如图 1-2 所示，采购部门隶属于行政部副总经理，采购部门的主要功能是获得较佳的价格与付款方式，以达到财务上的目标。有时，采购部门为了取得较好的交易条件，难免延误了生产部门用料的时机，或购入品质不尽理想的物料，不过采购部门独立于生产部之外，比较能发挥单位产生制衡的作用和议价的功能。因此，对于生产规模庞大，物料种类繁多，价格经常需要调整，采购工作必须兼顾整体企业产销利益的均衡时，将采购部门隶属于行政部门比较合适。

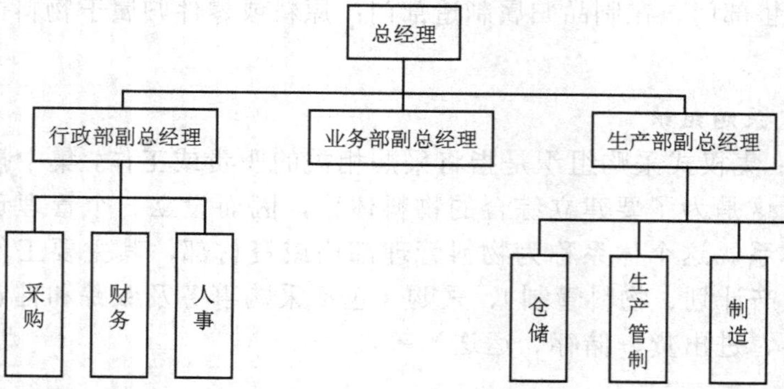

图 1-2　采购部门隶属于行政部副总经理

3．采购部门直接隶属于总经理

如图 1-3 所示，采购部门直接隶属于总经理，提升了采购的地位与执行能力。此时，采购部门的主要功能在于发挥降低成本的效益，使采购部门成为企业创造利润的另一种来源。这种类型的采购部门比较适合于生产规模不大，但物料或商品在制造成本或销售成本所占的比重较高的企业。采购部门隶属于高级管理层，扮演直线功能而非参谋功能的角色。

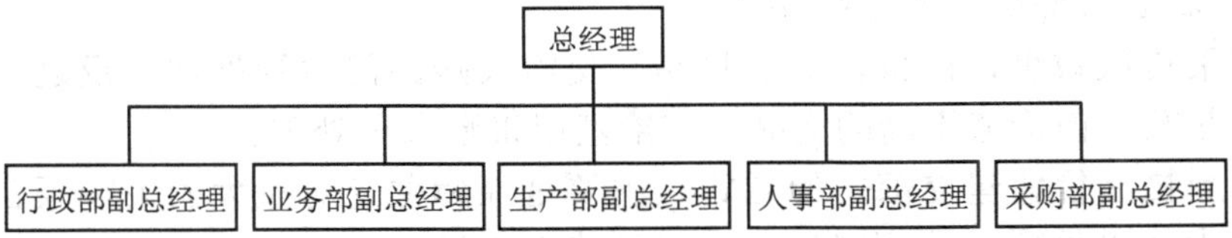

图 1-3 采购部门直接隶属于总经理

4、采购部门隶属于资材部

如图 1-4 所示，采购部门隶属于资材部（或资料管理部），其主要的功能在于配合制造与仓储单位，达成物料整体的补作业，无特别角色与职责，甚至可能降至附属地位。因此采购部门隶属于资材部门，比较适合物料需求管制不易，需要采购部门经常与其他相关单位沟通的企业。

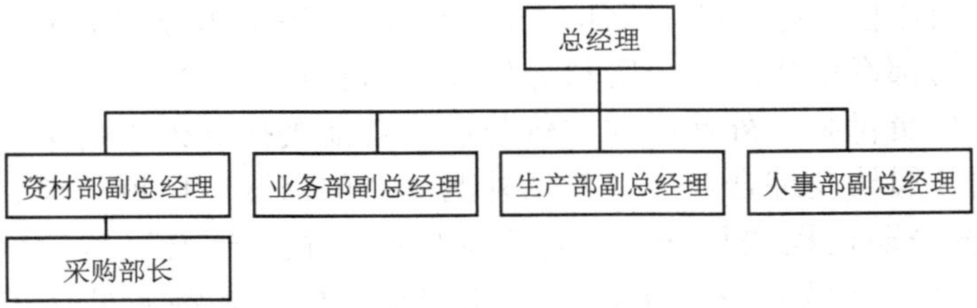

图 1-4 采购部门隶属于资材部

三、采购部门的组建

任何企业和机构，除非规模很小，否则，都非常注重采购部门的建立。

所谓采购部门的建立，又称为采购内部组织的部门化，也就是将采购部门应负责的各项功能整合起来，并以分工方式建立不同的部门来加以执行。

这种采购部门的建立方式，可使采购人员对其经办的项目非常专精，这对于物品种类繁多的企业与机构最为合适。

1、按采购地区分类

依照物品的采购来源，分别设立部门，如国内采购科和国外采购科。此种分工方式，主要是基于国内、国外采购的手续及交易对象有显著的差异，因而对采购人员的工作条件也有不同的要求。

由于国内、国外采购作业的方式不同，因此，分别设立采购部门以利于管理。不过，上级主管必须就所购买的物品比较国内、国外采购的优劣，判定采购事务应该采用哪一种方式承办，才能起到事半功倍的效果。否则，国外采购归业务处管辖，国内采购归工厂管辖，“井水不犯河水”，国内、国外采购就无法比较成本、品质等的优劣，也就无法获得国际供应的好处。

2、按采购价值或重要性分类

把采购次数少，但价值高的物品，交给采购部门主管处理；反之，将采购次数频繁，但价值不高的物品，交给基层采购人员处理。

按照物品价值建立部门的方式，主要是保障主管对重大的采购项目能够集中精力加以处理，达到降低成本以及确保来源的目的。此外，让主管有更多的时间，对采购部门的人员与工作绩效加以管理。

另外，可以依据产品对企业的重要性，将策略性项目（利润影响度高，供应风险大）的决定权交给高级主管（如主管采购的行政副总经理），将瓶颈项目（利润影响程度低，供应风险高）交给基层主管（如采购科长），将非要紧项目（利润影响程度低，供应风险低）交给采购人员。

3、按采购过程分类

依照采购过程，把询价、比价、议价、决定等工作分别交由不同的人员办理，产生内部牵制作用。内购科分别设置访价级负责招标，议价级负责订约，结报级负责付款；外购科的访价与议价功能委托驻外采购单位负责，其只负责订约、履约及综合业务（包括外购法令的修订、申诉处理、进度管制等）。这种按采购过程进行分工并建立部门的方式，适合采购量价值巨大、事务繁杂，而且作业过程复杂，交货期较长，以及采购人员众多的企业和机构。

四、采购的职责

（一）以整体企业而言

以全面品质管理的观念而言，采购部门的职责开始于获得请购单之前并延续至填发订购单之后，所包括的一切与采购工作直接或间接相关的活动。因此，以整体企业的立场来看，采购工作的优劣牵扯到其他部门是否能够相互配合和协调。下面对相关部门的职责分述如下：

1、请购单位

1）非存量管制物料的申请。

2）拟定请购物料的规格及其他需求条件，包括数量、用途及交货日期。

3）采购物料规格的确认与验收。

4）重大请购物料预算的编订或估价。

2、物料管理单位

1）根据生产计划拟订物料需求计划。

2）制定企业主要物料存量管制水平。

3）物料交货进度的管制。

3、仓储单位

1）请购单的处理（收件、登记、转送等）。

2）物料的验收、存储与发放。

3）废料的处理。

4）存量管制物料的申请。

4、采购单位

1）审查请购单的内容，包括是否有采购的必要以及请购单的规格与数量是否恰当。

2）与技术、品质管制等部门人员共同参与对合格供应厂商的甄选。

3）资金的稽催与协调。

4）物料的退货与索赔。

5）物料来源的开发与价格调查。

6）采购计划与预算的编订。

7）国外采购的进口许可申请、结汇、公证、保险、运输及报关等事务的处理。

8）供应商的管理。

9）采购制度、流程、表单等的设计与改善。

5、财务单位

1）物料采购预算的审核。

2）各处物料与劳务付款方式的规定。

3）物料付款凭证的审查与支付。

4）供应商违约赔偿、扣款等的执行。

（二）以采购部门内部而言

前面已经讲过采购部门及其相关单位的职责划分，这里就作业层面及管理阶层的职责进行详细阐述。

1、作业层面

（1）品质　品质方面的职责如下：

1）能够明确说明规格。

2）提供客观的验收标准给供应商。

3）参与品质问题的解决。

4）协助供应商建立品质管理制度。

5）尊重供应商的专业技术。

（2）交货　交货方面的职责如下：

1）给供应商正确而且能够达到的交货期。

2）提供长期的需求计划给供应商。
3）使供应商同意包装及运输方式。
4）协助供应商处理交货问题。
（3）价格　价格方面的职责如下：
1）给供应商公平的价格。
2）让供应商分享共同推行价值分析的成果。
3）尽快付款。
（4）其他　其他职责如下：
1）对供应商的问题及抱怨尽快回应。
2）提供技术及测试仪器，使供应商提供更好的产品。
3）使供应商尽早参与产品的设计。

2、管理阶层

（1）采购经理　采购经理的职责如下：
1）拟订采购部门的工作方针与目标。
2）负责主要原料与物料的采购。
3）编制年度采购计划与预算。
4）签订审核订购单与合约。
5）采购制度的建立与改善。
6）撰写部门周报与月报。
7）组织采购人员的教育训练。
8）建立与供应商良好的伙伴关系。
9）主持或参与采购相关的业务会议，并做好部门间的协调工作。
（2）采购科长　采购科长的职责如下：
1）分派采购人员及助理的日常工作。
2）负责次要原料或物料的采购。
3）协助采购人员与供应商谈判价格、付款方法、交货日期等。
4）采购进度的跟踪。
5）保险、公证、索赔的督导。
6）审核一般物料的采购。
7）市场调查。
8）对供应商的考核。
（3）采购员　采购员的职责如下：
1）经办一般性物料的采购。
2）查访厂商。
3）与供应商谈判价格、付款方式、交货日期等。

4）要求供应商执行价值工程的工作。
5）确认交货日期。
6）一般索赔案件的处理。
7）处理退货。
8）收集价格情报及替代品资料。
（4）助理　助理的职责如下：
1）请购单、验收单的登记。
2）交货记录及稽催。
3）访客的安排与接待。
4）采购费用的申请与报支。
5）进出口文件及手续的申请。
6）计算机作业与档案的管理。
7）承办保险、公证事宜。

（三）以工作时间分配而言

传统上采购部门的工作内容以其所占有工作时间来看，最主要是花费在文书处理上，比例占 50%；其次是跟踪催货占 20%；推销员访谈及品质问题的处理占 10%；电话联络及开会则占 5%；其他则占 15%。由此可以看出，传统采购部门工作绩效的提升受到限制。今后，具有领导地位的采购人员，应将时间重新规划及支配，投入到策略性的工作方面。

第三节　采购监管与控制

一、采购监控的内容

采购监管与控制是采购管理工作的一项重要内容，其主要目的是为了保证实现采购工作的目标和完成采购计划。采购监管与控制是采购主管的重要职责，也是直线管理人员的重要职责，采购监管与控制的目的就是实现适时（Right Time）、适质（Right Quality）、适量（Right Quantity）、适价（Right Price）、适地（Right Place）的“5R”的采购目标。

从采购监管与控制的内容来看，主要是采购人员的控制、采购流程的控制、采购资金的控制、采购信息的收集与使用以及采购绩效的考核。

1、采购人员的控制

采购人员是采购活动的执行者，也是关系到采购活动顺利进行的关键。企业要依靠采购人员顺利地完成采购工作，就要提高采购人员的素质，避免和消除在采购活动中存在的假公济私、行贿受贿、贪污腐败、损害企业利益等行为。一些供应商给采购人员以一定的回扣，以此从采购人员手中获取采购订单，而这些产品往往是高价的或者是质量差的，从而给企业带来了经济损失。

要加强采购人员的素质管理，采购人员应当具备较高的道德素质，要有敬业精神，热爱企业，要品德高尚，不贪图私利；应当有较高的业务素质，对物料的特性、生产过程、采购渠道、运输保管、市场交易行情、交易规则有深入的了解；采购人员应当思维敏捷，表达能力强。

要加强采购人员的职业道德教育，业务知识培训，建立奖惩制度，及时对采购人员进行奖惩。

2、采购流程的控制

采购流程的控制包括了整个采购的流程，但这并不意味着整个采购流程事无巨细的各种活动都是控制的直接对象，这需要花费大量的资源，是不可能也是不必要的。采购控制应当抓住采购流程中的关键点，以重点控制达到控制全局的目的。企业在采购流程中采购监管与控制的要点包括以下方面：

1）采购计划的制订。

2）采购文件的准备。

3）采购文件的基本内容和要求。

4）采购文件的审批。

5）向合格的供应商提交采购文件。

6）采购合同的审批。

7）采购合同的签订。

8）向供应商提供的采购文件。

9）向供应商反馈采购物资的质量状况。

10）在供应商处验证采购产品。

11）对供应商提供的产品进行验证。

12）采购文件的保管。

采购监管与控制应制定并实施对采购质量进行重点控制的工作程序。应当对采购文件的编制、评审和发放实施控制。采购文件主要分为以下几类，即 ISO9000 文件、ISO14000 文件、运作程序、作业指导书、表格、图样和技术资料，这些采购文件要确保准确地规定采购产品的要求并有利于供应商的理解。不同企业的采购文件不太一样，但通常采购合同是采供双方之间签订的具有法律效力的协议，是受害方向违约方索赔的重要依据。

采购方应对每一个供应商提供合格产品的能力进行适当的评审，并确保向合格的供应商进行采购。采购方应与供应商就供应产品的质量达成明确的协议，以确保对供应商提供的产品的质量控制。

采购方应与供应商就验证方法达成明确的协议，以确保验证方法的合理性和验证结果的统一。采购方应当制定与供应商解决质量争端的规定，以利于及时解决和处理有关质量的事宜。

采购方应当规定适当措施以确保严格控制收到的产品符合规定的质量要求。采购方应当保存与接收有关的产品质量记录，以便证实与追查产生质量问题的原因。

3、采购资金的控制

在一个企业组织中，采购管理者对采购资金的控制是相当重要的。采购预算控制是采购资金控制常用的手段，采购预算是一种以货币和数量表示的采购计划，实现了采购计划的具体化，为采购资金的控制提供了明确的控制标准，有利于采购资金的控制活动的开展。

因此，采购人员必须按照预算使用采购资金，努力使采购计划符合实际，贯彻既保证生产又节约的原则，需要什么就采购什么，需要多少就采购多少，对采购的顺序也要做到心中有数。

对于采购资金的使用要建立起一套严格的规章制度，资金的领取、审批、使用，一般要规定具体的权限范围、审批制度、书面证据制度。对于货款的支付，要根据对方的信用程度、具体的风险情况进行稳妥的处理。例如，一般货款的支付，要等到接收货物并验收合格以后，再付全部货款；差旅费的领取数量、领取审批等都要有较详细的规定。

4、采购信息的收集和使用

采购控制过程是通过采购信息的传输和反馈得以实现的，控制部分将信息输入到受控部分，受控部分也将反馈信息送到控制部分，形成闭合回路。控制正是根据反馈信息才能比较、纠正和调整它发出的控制信息，从而实现有效控制。

5、采购绩效的考核

绩效评估可以清楚地展示目前部门及个人的工作表现，从而找到现状与预设目标的差距，也可以奖勤罚懒，提高工作效率，促进组织目标的实现。

对采购绩效的考核可以分为对整个采购部门（采购团队）的考核及对采购人员个人的考核。对采购部门绩效的考核可以由企业高层管理者来进行，也可以由内部客户来进行；而对采购人员的考核常由采购主管来进行。

二、采购监控方法

要使采购监管与控制能够顺利地进行，并行之有效，采购监管与控制的方法是至关重要的，具体包括以下方法：

1、建立、健全完善的采购规章制度

完善的采购规章制度可以规范采购人员的行为，规范采购作业流程，从

而起到规范采购活动的作用。采购规章制度包括以下内容：

（1）采购控制程序　采购控制程序的目的是使采购工作有所依循，完成适质、适量的采购职能。其内容包括各部门、有关人员的职责；采购程序要点；采购流程图以及采购的相关文件、相关表格等。

（2）采购规范　采购规范是指将所采购的物料规格详细地记录下来，成为采购人员要求供应商遵守的规范。其内容包括商标或商号名称、蓝图或规格表、化学分析或物理特性、材料明细表及制造方法、用途及使用说明、标准规格及样品等。

（3）采购管理办法　采购管理办法是对企业采购流程每一个步骤的详细说明。

（4）采购作业规定　采购作业规定是指采购作业的信息搜集、询价采购、比价采购或者是议价采购、供应商的评估和所取样品、选择供应商、签订采购合同、请购、订购、与供应商的协调沟通以及催交、进货验收、整理付款等的相关规定。

（5）采购作业指导　其目的是对采购作业进行指导，使采购作业有序进行。

（6）外协加工管理办法　外协加工管理办法包括外协加工的目的、范围、类别、厂商调查、选定方法及基准、试用、询价、签订合同、申请、外协、质量控制、不良抱怨、付款、模具管理、外协厂商辅导以及考核的规定。

（7）物料与采购管理系统　物料与采购管理系统包括材料分类编号、存量控制、请购作业、采购作业、验收作业、仓储作业、领料发料作业、成品仓储管理、滞料废料处理等有关规定。

（8）进料验收管理办法　其目的是使物料的验收以及入库作业有所依据。

（9）采购争端解决的规定　采购争端解决的规定包括解决采购争端规定的要求、解决采购争端的常见方法等。

上述采购规章制度既是采购工作的基础，又是采购监管与控制的有效方法。

2．实施采购标准化作业

采购作业流程应当实施标准化作业，每一个环节都应有记录，哪一个环节出现问题，事后可以找到责任人，进行监管与控制。

要制定标准化的采购作业流程，制定采购作业手册，明确每一个步骤，对出现每一个情况如何处理都要做出规定，要求每一个步骤都要留下记录。这样才能有效地进行监管。

要明确采购人员的权限范围，即要给予采购人员以一定的自主权，以提高其积极性，提高工作效率。但是，对权限范围也要给予限制，防止采购人员滥用权力，增加采购风险，给企业带来经济损失。

建立请示汇报制度，如果出现超越权限范围的情况，就要及时请示采购主管，或者是采购副总经理。特别是在采购活动中的一些关键环节，如签订合同、改变作业程序、指标等，一定要及时请示汇报。

建立资金使用制度，对采购资金的使用要建立严格的规章制度，对资金使用的各环节加以监控。特别是货款的支付，要慎重从事，充分考虑供应商的信用情况，从而减低采购风险。

建立运输进货控制进度，降低进货风险，在签订采购合同时要明确进货风险与责任，以及理赔的相应办法，一些贵重货物要办理好保险，降低采购进货的风险。

3、建立采购评价制度

采购评价包括两部分：一是对采购人员的评价；二是对采购部门的评价。建立采购评价制度的目的，就是要评定业绩，总结经验，纠正缺点，改进工作，同时也是一种监管与控制。

采购人员的自我评价就是一种主观考核技术，可以采用填写自我评价表的方式进行，其内容包括实际完成情况的汇报，实际情况与计划对比的变化及原因，以及实际完成指标的优劣程度评价。这种方法简便易行，但易受考核者主观心理偏差的影响，削弱考核的公正性。

对采购人员也可以采用客观评价技术，要强化考核指标的设计，一般可以采用分值评价法，即对人员绩效评价的项目加以指标化，每一指标确定若干个等级和分值，并逐项对被考核者进行评级和评分，然后将各项指标的得分值汇总，其总分就是对人员绩效考核的结果，此方法将定性与定量相结合，有较系统的评价依据，因而比较科学合理，有助于提高考核的效率与质量。

对采购部门的评价可以采用单次审核评估、月末评估和年末评估的方法进行。单次审核评估就是将采购人员自我评价表和采购计划进行对比，如果出现偏差就要及时查清原因，进行监管与控制。月末评估就是把一个月内所有的自我评价表进行统计汇总，得出整个采购部门的业绩评价。年末评估是把月末评估进行汇总，得出全年的业绩汇总。

4、及时对采购人员进行奖惩

奖励与惩罚是对采购人员的行为进行监控的重要内容之一。奖惩的意义在于鼓励和肯定积极因素，抵制和否定消极因素，从而保证采购队伍积极向上、努力工作的精神面貌。

奖惩要有明确的规章制度，要公之于众，并经常对采购人员进行教育。奖惩要公平合理，奖罚要分明。奖惩要建立在采购绩效考核的基础上，以客观事实为依据。要及时进行奖惩，以达到激励或教育的最佳效果。奖励要注意物质奖励和精神奖励相结合，惩罚要以理服人，重在说服教育。

采购管理为采购操作提供支持，同时还具有监督功能。支持功能有：依据企业发展规划进行采购策略规划与研究，建立并优化与采购规模相匹配的采购流程组织及信息处理系统，研究并提供国内外采购商业信息，发展与规划境内外物流系统，跟踪研究世界先进的采购理论技术方法，编制、实施适合企业采购运作的操作规程，研究制定完善各种采购管理制度，帮助采购者检查单据、文档、发文等环节的误操作，进行技术及行为规范的培训指导等。监督功能有：审核与批准认证计划、订单计划、认证合同、订单合同、付款申请等采购操作中间的输出项目，采购组织绩效、供应商绩效的评价，采购组织行为、流程执行情况的审查等。

三、采购业务监控

1．业务支持

（1）建立流程　采购管理部门首先要根据采购业务需求建立采购流程。

（2）建立组织　在建立流程的基础上建立采购组织，包括团队组成、人员配比、职责划分等。

（3）配套建设　有了采购流程组织，还需要运作环境。软件环境包括信息系统、各种规章制度；硬件环境包括办公设备、物流设施等。

（4）日常业务支持　在采购组织的日常业务运作过程中，管理部门应提供采购行业信息服务、技术指导培训、内外关系协调工作等。

（5）绩效测评　定期对采购业务进行绩效测评，让采购人员知道自己的工作绩效，对先进者进行表扬，对落后者提出改进意见，同时对采购流程及组织与采购业务的匹配程度进行修正。

（6）业务正常运作　通过管理支持使得采购业务能够正常运作，产生一个正确的业务报告文档。

2．业务审核

（1）接收业务报告文档　审核人员收到采购员上报的报告文档，对于重要的文档要做好签收手续，如付款申请书等。

（2）正确性审核　审核人员首先审核报告文档内容的正确性，如订单合同是否与采购环境相吻合等，认证合同的合理性、付款申请书的正确性等。

（3）格式审核　审核报告文档格式，采购业务输出文档应采用统一的文档结构形式，避免五花八门，给管理带来难度。

（4）审核意见输出　如审核通过，则可直接提交，批准进行操作；如果审核未通过，则提出问题所在，使采购业务员进行优化调整。

3、优化调整

（1）采购业务人员分析商讨改进意见　对审核人员提出的意见加以分析研究，包括重新核算正确性、让相关人员一起商讨等。

（2）确定优化调整措施　措施有大有小，有些仅要修改一个别字，如供应商名字错误等；有些需要花费时间，如重新确定供应商的供应价格，这需要与供应商进行谈判解决。

（3）措施实施　按照确定的优化调整措施对业务单元报告进行更改。业务单元及其调整因素决定了过程的繁杂程度，在此不再详述。

（4）形成业务新报告文档　采购人员重新整理打印一份业务文档报告。新报告文档要再次提交审核人员进行二次审核。审核人员对业务报告进行二次审查，确认无误后，则提交业务批准主管审批。

4、批准实施

（1）接收业务报告文档　接收审核人员提交的业务报告文档。根据业务的性质，有时会直接提交批准主管。

（2）批准一　业务批准主管对业务报告进行审批，对于流水性作业报告，往往只需一次性批准，即可付诸实施，如订单合同的批准、采购计划的审核批准等。

（3）批准二　有些流水业务需要不同部门人员进行批准，如采购付款申请书，除了采购业务主管之外，还需要财务部门审批主管批准。对于重要的一次性、固化型业务报告，如流程建设等，一般需要一次或两次以上的批准过程，如认证合格的审核批准、流程制度的实施批准等业务单元。

（4）进行业务操作　采购付款申请书在完成全部程序后，即可进行向供应商付款的操作，通过银行向供应商付款，流程制度在审批通过后可由相关人员执行实施。

四、采购组织行为监控

一个采购组织行为规范需要从采购流程、组织、制度三个方面考虑。

1、采购流程方面

采购流程的设计采用闭环方法，实施、监控、反馈、优化。

采购操作过程中有以下注意事项：

（1）计划环节　计划制订要按照流程进行准确、合理的操作，尽量减少急单。供应商比例分配要公正、公平。

（2）认证环节　物料或项目的认证操作必须依据认证流程进行，全面正确地对供应商的物料供应绩效指标进行评价，禁止以偏概全。

拥有有效的营运执照、较好的硬件设施（厂房、机器、先进工具等）、软件配置（流程、组织、技术等）、资信（流动资金、融资能力等）、信誉（良好的历史表现等）等，并且遵守企业制定的供应商行为准则，是供应商入选的先决条件。

（3）订单环节　订单的操作必须按照订单流程进行。订单人员按照采购系统中的物料采购信息制订采购订单合同，由管理办对其价格、数量、付款条件、交货、售后服务等项目进行审核。

（4）管理环节　认证管理办应对物产认证合同进行审核，订单管理办应对订单合同的条款进行审核。

2、采购组织方面

采购组织设计应体现“多权分立，集中管理”的模式。

采购组织整合应体现“流水不腐，经验传播”的思想。

采购人员组成应体现“德为上，老中青搭配”的原则。

3、采购规章制度

采购规章制度包括但不限于以下几个方面：①供应商接待方面；②供应商考查方面；③供应商行为方面；④供应商处罚管理方面；⑤采购保密方面；⑥采购谈判方面；⑦采购信息数据管理方面；⑧采购角色行为方面；⑨采购物流管理方面；⑩采购角色处罚管理方面。

五、采购人员监控

在从事采购业务及管理活动中，应严格自律，以公司利益为重，保证公司采购的最大利益。在与供应商接触、谈判、签订合同、物料检验、业务审核等采购环节，都要按公正的原则办事。

1、采购队伍素质要求

（1）品德方面　品德方面的要求如下：

1）志士不饮贪泉之水　采购人员所处理的“订购单”就是金钱，而采购人员本身就是财富的代表。拥有采购权的业务人员经常会被各种各样的供应商所包围，无论是通过人际关系向采购人员打感情战，还是利用红包、回扣等物质条件进行利诱，采购人员都必须保持廉洁，不能以牺牲企业的利益来换取个人财富的增加，君子爱财，取之有道，违背法律道德的做法终将害人害己。

2）虚心、诚心、耐心　在采购人员和供应商打交道的过程中，采购人员往往占据主动地位，拥有局面的控制权。但是采购人员对供应商的态度要保持公平互惠，甚至要做到不耻下问、虚心求教，不可趾高气扬、傲慢无礼。

（2）知识与能力方面　知识和能力既是相辅相成又是相互独立的。知识是能力的强大后盾，能力是知识的反映。但是作为采购人员，只有专业知识是远远不够的，参加实践的能力才是为企业带来财富的根源。不同级别、不同岗位的采购人员对知识和能力的要求是不同的。

2、公司采购信息保密要求

公司的采购信息包括：①物料供应商信息；②价格；③质量条款等。

以上属于公司机密，是公司花费大量的人力和物力成本的产出，任何采购角色都有义务保护这些机密，不得有意或无意中泄露，绝不准许：①向竞争对手提供采购信息；②在任何其他公司采购部门兼职。

3、采购人员行为要求

（1）招待　采购人员可以参加供应商的礼节性招待，但档次、次数要适当，而且要有一次的采购过程发生。

（2）礼物　采购角色可以接受具有广告性质的礼品，如印有供应商广告的一件衬衫、一支笔、一本日历等，而且是供应商广泛赠送的，采购角色不允许接受供应商专制的特殊礼物，包括任何试图或可能产生不正当关系的金钱赠予、特殊优惠、拥有股份等。

（3）活动　采购人员和供应商一起组织活动，是增进公司与供应商沟通的较好途径，但费用必须双方均摊；禁止参加任何不健康的活动。

（4）拒绝　拒绝任何可能损害采购利益的行为活动；对隐藏的行为不轨的供应商要警惕，下列行为一经发现要及时处理：

1）试图利用以往的关系走捷径。

2）绕过公司流程。

3）利用公司的管理漏洞。

六、采购队伍的组建

采购人员招聘原则同整个企业员工招聘原则相同。通常来讲，采购部门的招聘都是由企业的人力资源部门统一进行的。但是在一些企业中，总经理也授权给企业的部门主管，由其负责部门内部人员的招聘。

1、员工招聘原则

由于员工招聘成功与否对企业生存和发展非常重要，所以在日常员工招聘过程中应该体现以下原则：

（1）高素质和多样性的原则。

（2）效率优先的原则。

（3）公平竞争、择优录用的原则。

（4）内部优先的原则。

2、**招聘方法与渠道**

为了避免安置一个不合格的候选人，企业必须寻找和利用各种应聘者来源。企业可以通过刊登广告或求助于职业介绍所，但要招聘到最优秀的人才，必须更加别具匠心。有时为了找到最有价值的人，企业不得不进行深层次的挖掘。

通常可以利用的招聘渠道有：

（1）内部征召　内部征召是指吸引现在正在企业任职的员工，填补企业的空缺职位。它也是企业重要的征召方法，特别是对于企业管理职位来说，它是重要的应聘者来源，如美国的抽样调查资料显示，90%的管理职位是用内部征召的方法填补的。

1）内部提升。当企业中有些比较重要的职位需要招聘人员时，让企业内部符合条件的员工从一个较低的职位晋升到一个较高级的职位的过程就是内部提升。

2）职位转换。将员工从原有的职位调到同层次或下一层次的空缺职位上去的过程称为职位转换。

内部征召可以用不同的方法进行选择，但是企业内部征召通常采取职位公告和职位投标的做法。职位公告是指通过布告或企业的报刊向员工通告企业空缺职位的情况，通常职位公告应该包括职位的责任、义务、必需的资格、工资水平以及其他有关信息。职位投标是指允许那些自认为具备资格的人员申请公告中的职位，即具有资格的申请者在职位投标单上签字。职位公告和职位投标体现了招聘工作的公开性和公平性原则，会大大调动员工的积极性。

（2）外部征召　外部征召的方法多种多样，当企业需要员工时，外部征召是必然的选择。

1）刊登广告。招聘最普通的渠道是刊登广告，虽然这可能是吸引应聘者的一种有效的方式，但有时被称为“花钱求人”方法——制作一则广告，花钱刊登它，以求有好的反应。现在通常用来刊登招聘广告的媒体包括报纸、杂志、电视、网络等。

2）员工推荐。一套有效的员工推荐系统，会鼓励员工积极推荐人选，以协助企业的招聘工作。一项优秀的计划，可以使员工成为企业的“猎头”。

3）顾客推荐。顾客作为员工候选人的一个来源经常被人忽视。顾客本人就可能正在寻求变动职业，或者他们认识的某人就可能成为优秀员工。

4）大学校园招聘。大学校园招聘曾被认为仅适用于大型企业，现在它已经成为小型企业招聘高素质人才的一个主要来源。

5）在线招聘。计算机时代使得网上招聘成为可能，如果你打算进行网上招聘，可以考虑以下 5 种方法：①设计自己的网页；②利用网上猎头；③利用检索器来查找应聘者；④在用户信息网上公布工作名单；⑤通过杂志与应聘者进行交流。

6）就业机构。就业机构是帮助企业招聘员工和帮助个人找到工作的一种组织，具体是指各种职业介绍所、人才交流中心等。

7）专职猎头机构。在发达国家，专门为企业招聘高级管理人才或重要专业人才的私人就业机构，被称为“猎头公司”。

3、甄选

企业要把合适的人选安排到空缺的职位，必须使招聘过程按照一定的程序进行，而且要求企业借助于科学可行的选拔方法。现代企业进行员工甄选的方法非常多，有效的基本方法有以下几种：

（1）对工作申请者的背景调查。

（2）心理测验　心理测验包括智力测验、个性测验、能力倾向测验。

（3）情景模拟　情景模拟是指根据被测试者可能担任的职务，编制一些与该职务实际相似的测试题目，让被试者处理可能出现的问题，以此来测评应聘者的心理素质、潜在能力的一种方法。

（4）笔试　笔试是通过纸笔的形式了解被试者的知识广度和知识深度的一种方法，在我国企业员工招聘中，笔试历来被广泛利用。

（5）面试　甄选进入到最后一轮都会有一次面谈，有时甚至随着主考官的不断变化安排几次面谈，面谈是通过交流和观察等来了解应聘者的个性和特点、态度、随机应变能力、形象、气质等方面的特性，从而挑到合适的人选。

【案例】

采购工作直接影响公司利润和市场竞争力

众所周知，公司的根本目标是追求利润最大化。增加利润的方法之一就是增加销售额。假设某公司购进 50 000 元的原材料，加工成本为 50 000 元，若销售利润为 10 000 元，需实现销售额 110 000 元。如果将销售利润提高到 15 000 元而利润率不变，那么销售额就需实现 165 000 元。这意味着公司的销售能力必须提高 50%，这是非常困难的。还有一种方法也可实现，假定加工成本不变，可以通过有效的采购管理使原材料只花费 45 000 元，节余的 5 000 元就直接转化为利润，从而在 110 000 元的销售额上把利润提高到 15 000 元。

上面的案例说明了良好的采购将直接增加公司的利润和价值，有利于公司在市场竞争中赢得优势。采购管理涉及的内容繁杂，下面从几个方面进行探讨。

一、制订采购计划

1. 制造、采购分析

一般而言，在采购之前首先要进行制造、采购分析，以决定是否要采购、怎样采购、采购什么、采购多少以及何时采购等。

在制造、采购分析中，主要对采购可能发生的直接成本、间接成本、自行制造能力、采购评标能力等进行分析比较，并决定是否从单一的供应商或从多个供应商采购所需的全部或部分货物和服务，或者不从外部采购而自行制造。

2. 合同类型的选择

当决定需要采购时，合同类型的选择成为买卖双方关注的焦点，因为不同的合同类型决定了风险在买方和卖方之间分配。买方的目标是把最大的实施风险放在卖方，同时维护对项目经济、高效执行的奖励；卖方的目标是把风险降到最低，同时使利润最大化。常见的合同可分为以下 5 种。不同合同类型适用于不同的情形，买方可根据具体情况进行选择。一般来说，其适用情况如下：

成本加成本百分比（CPPC）合同：由于不利于控制成本，目前很少采用。

成本加固定费用（CPFF）合同：适合于研发项目。

成本加奖励费用（CPIF）合同：主要用于长期的、硬件开发和试验要求多的合同。

固定价格加奖励费用（FPI）合同：长期的高价值合同。

固定总价（FFP）合同：买方易于控制总成本，风险最小；卖方风险最大而潜在利润可能最大，因而最常用。

3. 采购计划编制

根据制造、采购分析的结果和所选择的合同类型编制采购计划，说明如何对采购过程进行管理。具体包括：合同类型、组织采购的人员、管理潜在的供应商、编制采购文档、制定评价标准等。

根据项目需要，采购管理计划可以是正式、详细的，也可以是非正式、概括的。

二、采购过程管理

1. 询价

询价（Solicitation）就是从可能的卖方那里获得谁有资格完成工作的信息，该过程的专业术语叫供方资格确认（Source Qualification）。获取信息的渠道有：招标公告、行业刊物、互联网、供应商目录、约定专家拟定可能的供应商名单等。

2. 供方选择

供方选择（Source Selection）阶段是指根据既定的评价标准选择一个承包

商。评价方法有以下几种：

合同谈判：双方澄清见解，达成协议。这种方式也称“议标”。

加权方法：把定性数据量化，将人的偏见影响降至最低程度。这种方式也称“综合评标法”。

筛选方法：为一个或多个评价标准确定最低限度履行要求，如最低价格法。

独立估算：采购组织自己编制“标底”，作为与卖方的建议比较的参考点。

一般情况下，要求参与竞争的承包商不得低于三个。选定供方后，经谈判，买卖双方签订合同。

3. 合同管理

合同管理是确保买卖双方履行合同要求的过程，一般包括以下几个层次的集成和协调。

1）授权承包商在适当的时间进行工作。

2）监控承包商成本、进度计划和技术绩效。

3）检查和核实分包商产品的质量。

4）变更控制，以保证变更能得到适当的批准，并保证所有应该知情的人员获知变更。

5）根据合同条款，建立卖方执行进度和费用支付的联系。

6）采购审计。

7）正式验收和合同归档。

三、采购成本分析

本文开始的案例揭示了将采购成本降到最低对公司利润的增长的重要性，但更重要的是，应该考虑项目生命周期内的最低整体采购成本。在实际采购工作中，很多招标单位通常只关注承包方的投标报价，而忽视了招标成本、建设成本和所有权损耗成本等项目整体采购成本。

1. 招标成本

首先要考虑发出招标要约前的行为，招标方需要确定目标、调查主题、编写需求建议书（RFP）、考察和认同供应商、获取内部的授权、寻求预算支持等，然后发出要约。该过程可能需要整个合同价的2%～5%。

然后，竞标者需要对招标方的招标文件制定其投标建议书，费时又费钱，每个竞标者在竞标说明上都要花费合同价的约1%～6.7%的成本。如果有五个竞标者，该成本将达到合同价的5%～30%。表面上看来，这笔款项由竞标者承担；但是，从长远看是由招标方承担。因为竞标者总把竞标成本直接加在每次竞标的项目上。

评标程序开始后，招标方需开展开标、评标、定标、谈判、批准等事项。

这个总成本可能占合同价的2%～5%。如果因为某种原因必须重新招标时，这部分成本将大幅增加。

因此，对于一般行业来说，竞标的总成本可能占到合同价的10%～50%。无论招标方处于何种行业，降低招标成本都是一种责任。

2. 建设成本

建设成本是投标报价的主要依据，往往是买卖双方关注的重点。一般包括：前期准备、正式建设费用、与其他系统的集成、授权、交付和保险、相关手册、对员工和管理者的培训等。

3. 所有权损耗成本

所有权损耗成本是指长期损耗成本，包括项目运营成本和处置成本。项目运营成本可能会持续多年，并且可能是前期费用的许多倍；在设备濒于报废之时还需考虑其销毁或处理的处置成本。

综合考虑这些成本将有助于以正确的观点看待实际采购价，帮助买方选择最好的方案。

四、采购安全和保密

采购过程中的“黄金规则”是要绝对保密，不让任何不应外传的信息从机构中泄密，不要和不应该知道此事的陌生人交谈，当对方是机构中的成员时可能会很难，但知道的人越少越不会有漏洞。

妥善安置相关文件和计算机内的材料，不用时（包括周末和晚上）要将其锁好，不要将评估的表格展开放在桌子上，以免被看见，及时销毁那些敏感的文件。

【本章小结】

本章介绍了采购的定义和内容；物流及物流相关概念；物流在采购中的地位；阐述了采购组织与机构的形式、采购的职责、采购部门的组建等知识；重点介绍了采购监管与控制的内容和方法，采购的种类、模式等内容。

【复习思考题】

1. 什么是采购？有哪些种类？主要包括哪些内容？
2. 物流在采购中的地位是什么？
3. 简要回答采购组织的主要形式及采购职责。
4. 简要回答采购监管工作的内容。
5. 简要回答采购控制的内容和方法。
6. 对采购人员素质要求主要体现在哪几个方面？

第二章　采购计划与预算管理

【知识目标】

了解采购计划与预算的基本概念；熟悉编制采购计划的主要环节；熟悉影响采购计划的主要因素和编制采购预算的原则；掌握采购分析的含义和基本方法；熟悉采购业务预算的过程；掌握预算编制的方法和流程。

【技能目标】

能够进行采购需求分析；能够制订采购计划；能够熟练开展采购预算相关业务。

第一节　采购计划概述

一、采购计划含义

1、采购计划概念

计划是指管理人员对未来应采取的行动所作的谋划和安排。采购计划是指企业管理人员在了解市场供求情况，认识企业生产经营活动过程和掌握物料消耗规律的基础上对计划期内物料采购管理活动所作的预见性安排和部署。

2、采购计划分类

采购计划有广义和狭义之分。广义的采购计划是指为保证供应各项生产经营活动的物料需要量而编制的各种采购计划的总称。狭义的采购计划是指年度采购计划，即对企业计划年度内生产经营活动所需采购的各种物料的数量和时间等所作的安排和部署。采购计划可以从不同角度进行分类：

1）按计划期长短，可以把采购计划分为年度物料采购计划、季度物料采购计划、月度物料采购计划等。

2）按物料使用方向，可以把采购计划分为生产产品用物料采购计划、维修用物料采购计划、基本建设用物料采购计划、技术改造措施用物料采购计划、科研用物料采购计划、企业管理用物料采购计划等。

3）按物料自然属性，可以把采购计划分为金属物料采购计划、机电产品物料采购计划、非金属物料采购计划等。

二、编写采购计划的基础资料

1、销售计划

销售计划是指规定企业在计划期内（年度）销售产品的品种、质量、数量和交货期，以及销售收入、销售利润等。它是以企业与客户签订的供货合同和对市场需求的预测为主要依据编制的。

2、生产计划

生产计划是规定企业在计划期内（年度）所生产产品的品种、质量、数量和生产进度以及生产能力的利用程度。它是以销售计划为主要依据，加上企业管理人员的定量分析和判断编制的。生产计划是确定企业在计划期内生产产品的实际数量及其具体的分布情况（见表 2-1）。生产计划依据销售数量，加上预期的期末存货减去期初存货来拟订，公式为

预计生产量=预计销售量+预计期末存货量−预计期初存货量

表 2-1 2004 年度生产计划 （单位：台）

项　　目	第一季度	第二季度	第三季度	第四季度	全年合计
预计销售量	4 000	4 500	5 000	4 500	18 000
加：预计期末存货量	450	500	450	500	500
预计需要量合计	4 450	5 000	5 450	5 000	18 500
减：期初存货量	400	450	500	450	400
预计生产量	4 050	4 550	4 950	4 550	18 100

生产计划决定采购计划，采购计划又对生产计划的实现起物料供应保证作用。企业采购部门应积极参与生产计划的制订，提供各种物料的资源情况，以便企业领导和计划部门制订生产计划时参考。企业制订的生产计划要相对稳定，以免出现物料供应不上或物料超储积压现象的发生。

3、物料需用清单

生产计划只列出产品的数量，无法直接知道某一产品需要使用哪些物资，以及数量多少，因此必须借助物料需用清单。物料需用清单是由研究发展部或产品设计部制成，根据此清单可以精确计算出制造某一种产品的物料需求数量，物料需用清单所列的耗用量（即通称的标准用量）与实际用量相互比较作为用料管制的依据。物料需用清单见表 2-2。

表 2-2　物料需用清单

物资名称：电子挂钟　　　　计量单位：件

代码：100000　　　　层　次：0

代　码	物料名称	计量单位	每台数量	层　次	类　型	备　注
11000	机　芯	件	1	1	B	
12000	钟　盘	件	1	1	M	
12100	长　针	件	1	2	M	
12110	铝　材	g	8	3	B	
12200	短　针	件	1	2	M	
12110	铝　材	g	6	3	B	
12300	秒　针	件	1	2	M	
12110	铝　材	g	3	3	B	
12400	盘　面	件	1	2	M	
12410	盘　体	件	1	3	M	
12411	白　塑	g	200	4	B	白色塑料
12420	字　膜	件	1	3	M	
12421	薄　膜	g	0.5	4	B	
13000	钟　框	件	1	1	M	
13100	彩　塑	g	120	2	B	彩色塑料
14000	电　池	件	1	1	B	5#

注：类型栏中“M”表示自制件，“B”表示外购件。

4、设备维修计划和技术改造计划

设备维修计划是规定企业在计划期内（年度）需要进行修理设备的数量、修理的时间和进度等。技术改造计划是规定企业在计划期内（年度）要进行的各项技改项目的进度、预期的经济效果，以及实现技改所需要的人力、物资、费用和负责执行的单位。这两个计划提出的物料需求品种、规格、数量和需要时间，是编制物料采购计划的依据，采购计划要为这两个计划的实现提供物料保证。

5、基本建设计划和科研计划

基本建设计划是规定企业在计划期内（年度）的建设项目、投资额、实物工程量、开竣工日期、建设进度以及采用的有关经济技术定额，这些都是编制采购计划的依据。科研计划规定企业在计划期内（年度）进行的科研项目。科研项目提出的各种物料需求是编制物料采购计划的依据。科研项目需要的物料具有“新”、“少”、“急”、“难”的特点。

6、存量管制卡

若产品有存货，则生产数量不一定要等于销售数量。同理，若物料有库存数量，则物料采购数量也不一定要等于根据物料需用清单所计算的物料需用量。因此，必须建立物料的存量管制卡，以表明某一物料目前的库存状况；再依据物料需要数量，并考虑采购物料的作业时间和安全存量标准，算出正确的采购数量，然后才开具请购单，进行采购活动。目前，很多企业采用计算机管理库存物料，对物料运用条码编码，这样能够很快地掌握物料库存的动态，为制订采购认证计划提供物料库存情况。

第二节 采购计划的主要环节

一、认证环节

采购认证是指企业采购人员对采购环境进行考察并建立采购环境的过程。采购认证根据采购项目大小、期限的长短等采取不同的认证方法。制订采购计划需要由具有丰富的采购计划经验、采购经验、开发经验、生产经验等复合知识型人才胜任，并且要和认证单位等部门协作进行。

（一）准备认证计划

1、熟悉认证的物资项目

采购人员在拟定采购计划，与供应商接触之前，要熟悉认证的物料项目，包括该物料项目涉及的专业知识范围、认证的经验需求以及目前的供应状况。认证项目所涉及的专业知识范围是非常广泛的，包括机械、电子、军用品、工业用品、软件、设备等方面。采购人员在搞清采购项目属于哪个专业范围之后，就应尽快熟悉该领域专业知识，这样才能做到在进行认证工作时得心应手。同时，了解物料的供应状况也很重要，因为有些物料在国内或者就近就可以找到货源，也有些物料则需要到国外去采购。

2、熟悉采购批量需求

采购批量认证需求是启动整个供应程序流动的牵引项，要想制订比较准确的认证计划，首先要做的就是熟悉物料需求计划。物料需求计划确定了采购的规模、范围和时间。同时，还要熟悉采购环境。目前物料采购环境通常有两种情形：一种是在以前或者是目前的采购环境中就能够发掘到的物料供应，如以前接触的供应商的供应范围比较大，就可以从这些供应商的供应范围中找到企业需要的批量物料需求。另一种情形就是企业需要采购的是新物料，在原来形成的采购环境中不能提供，需要企业的采购部门寻找新物料的供应商。

3、掌握余量需求

随着企业生产经营规模的扩大，市场需求也会变得越来越大，旧的采购环境容量不足以支持企业的物料需求；或者是因为采购环境有了下降的趋势，从而导致物料的采购环境容量逐渐缩小，这样就无法满足采购的需求。以上这两种情况就会产生余量需求，这就产生了对采购环境进行扩容的要求。企业采购人员要在进行市场调查的基础上选择新的采购环境。采购环境容量的信息一般是由认证人员和订单人员来提供的。

4、准备认证环境资料

通常来讲，采购环境的内容包括认证环境和订单环境两个部分。有些供应商的认证容量比较大，但是其订单容量比较小；有些供应商的情况恰恰相反，其认证容量比较小，但是订单容量比较大。产生这种情况的原因来自认证过程本身是对供应商样件的小批量试制过程，这个过程需要强有力的技术力量支持，有时甚至需要与供应商一起开发；但是订单过程是供应商规模化的生产过程，其突出的表现就是自动化机器流水作业及稳定的生产，技术工艺已经固化在生产流程之中，所以订单容量的技术支持难度比起认证容量的技术支持难度要小得多。因此，可以看出认证容量和订单容量是两个完全不同的概念。

5、制定认证计划说明书

制定认证计划说明书也就是把认证计划所需要的材料准备好，主要内容包括：认证计划说明书（物料项目名称、需求数量、认证周期等），同时附有开发需求计划、余量需求计划、认证环境资料等。下面用图 2-1 简单说明准备认证计划的过程。

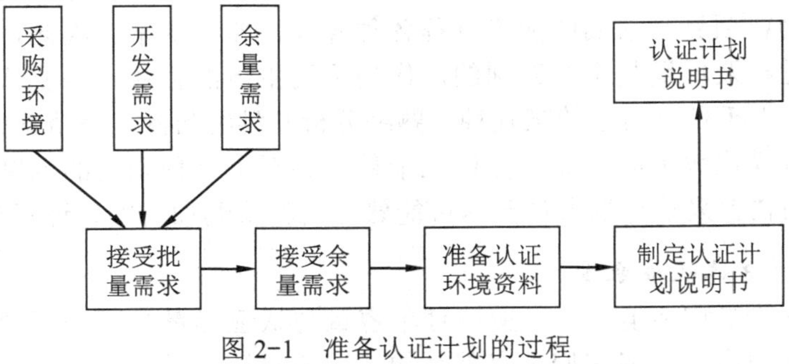

图 2-1　准备认证计划的过程

（二）评估认证需求

1、分析物料开发批量需求

进行物料开发批量需求的分析，需要分析物料数量上的需求和掌握物料的技术特征等信息。开发批量需求的样式是各种各样的，按照需求的环节可以分为研发物料开发认证需求和生产批量物料认证需求；按照采购环境可以分为环境内物料需求和环境外物料需求；按照供应情况可以分为可直接供应物料和需要定做物料；按照国界可以分为国内供应物料和国外供应物料等。对于如此复杂的情况，计划人员应该对开发物料需求作详细的分析，有必要时还应该与开发人员、认证人员一起研究开发物料的技术特征，按照已有的采购环境及认证计划经验进行分类。可以看出，认证计划人员需要兼备计划知识、开发知识、认证知识等，具有从战略高度分析问题的能力。

2、分析余量需求

在进行分析余量需求时，要对余量需求进行分类。余量需求认证的产生来源主要有：一是市场销售需求的扩大；二是采购环境订单容量的萎缩。这两种情况都导致了目前采购环境的订单容量难以满足物料采购的需求，因此需要增加采购环境容量。对于因市场份额扩大、销售增加等原因造成的余量，可以通过销售及生产需求计划得到各种物资的需求量及时间；对于因供应商萎缩造成的余量，可以通过分析现实采购环境的总体订单容量与原定容量之间的差别得到。这两种情况的余量相加即可得到总的需求容量。

3、确定认证需求

要确定认证需求可以根据开发批量需求及余量需求的分析结果来确定。认证需求是指通过认证手段，获得具有一定订单容量的采购环境。

（三）计算认证容量

1、分析项目认证资料

企业需要采购的物料是多种多样的，如机械、电子、软件、设备、生活日用品等物料项目，它们的加工过程各种各样，非常复杂。因此，不同的认证项目其过程及周期是千差万别的。作为采购主体的企业，需要认证的物料项目可能是上千种物料中的某几种，熟练分析几种物料的认证资料是可能的，但是对于规模比较大的企业，分析上千种、甚至上万种物料的难度则要大得多。企业的物料采购计划人员要尽可能熟悉物料采购项目的认证资料。

2、计算总体认证容量

在企业的采购环境中，供应商订单容量与认证容量是两个不同的概念，有时可以互相借用，但它们是有差别的。一般在认证供应商时，企业可以借助供应商档案了解供应商的情况，同时也可以要求供应商提供一定的资源用于支持认证操作，或者对一些供应商只做认证项目。总之，在供应商认证合同中，应说明认证容量与订单容量的比例，防止供应商只做批量订单，不愿意做样件认证。计算采购环境的总体认证容量的方法是把采购环境中所有供应商的认证容量叠加，对有些供应商的认证容量需要乘以适当的系数。

3、掌握供应商承接认证量

供应商的承接认证量对于企业制订采购计划至关重要。供应商的承接认证量等于当前供应商正在履行认证的合同量。供应商认证容量的计算是一个相当复杂的过程，各种各样的物料项目的认证周期也是不一样的，一般是计算要求的某一时间段的承接认证量。最恰当、最及时的处理方法是借助电子信息系统，模拟显示供应商已承接的认证量，以便认证计划的决策使用。

4、确定剩余认证容量

某物料的剩余认证容量，是所有供应商群体的剩余认证容量的总和。可以用下面的公式简单地计算：

物料剩余认证容量=物料供应商群体总体认证容量−承接认证量

这种计算过程也可以被电子化，一般 MRP 系统不支持这种算法，可以单独创建系统。认证容量是一近似值，仅做参考，认证计划人员对此不可过高估计，但它能指导认证过程的操作。

采购环境中的认证容量不仅是采购环境的指标，而且也是企业不断创新，维持持续发展的动力源。源源不断的新产品问世是基于认证容量价值的体现，也由此能生产出各种各样的产品新部件。

（四）制订认证计划

这是采购计划的第 4 个步骤，主要包括以下 4 个方面。

1、把需求与容量进行对比

企业所处的采购市场是复杂的。在一般情况下，企业物料认证需求与供应商对应的认证容量之间会存在差异。如果企业物料采购认证需求小于供应商认证容量，则没有必要进行综合平衡，直接按照物料认证需求制订认证计划，组织物料采购就可以了；如果企业物料认证需求量大大超出供应商认证容量，就要进行认证综合平衡。对于剩余认证需求需要制订采购环境之外的认证计划，寻找新的采购环境和新的供应商。

2、进行综合平衡，调节余缺

综合平衡是指从全局出发，全面考虑企业生产经营、认证需求、认证容量、物料生命周期等要素，判断物料认证需求的可行性，通过调节物料认证计划来尽可能地满足认证需求，并计算认证容量不能满足的剩余认证需求，这部分剩余认证需求需要到企业采购环境之外的社会供应群体之中寻找容量。

3、确定余量认证计划

确定余量认证计划是指对于采购环境不能满足的剩余认证需求，应提交采购认证人员的分析并提出对策，与其一起确认采购环境之外的供应商认证计划。采购环境之外的社会供应商如没有与企业签订合同，那么制订认证计划时要特别小心，要调查社会供应商的各种情况，并由具有丰富经验的认证计划人员和认证人员联合操作。

4、制订认证计划

企业经过上述工作后要制订出认证计划，制订认证计划是认证计划的主要目的，是衔接认证计划和订单计划的桥梁。只有制订好认证计划，才能根据该认证计划做好订单计划。

以下是认证物料数量以及开始认证时间的确定方法：

认证物料数量＝开发样件需求数量+检验测试需求数量+样品数量+机动数量

开始认证时间＝要求认证结束时间–认证周期–缓冲时间

二、订单环节

（一）准备物料采购订单计划

这是订单环节的第一个步骤，主要包括以下 4 个方面的内容。

1、预测企业的市场需求

企业的市场需求是启动生产供应程序的原动力。要想制订比较准确的订单计划，首先必须掌握客户订单和市场需求计划。客户订单和市场需求计划的进一步分解便得到生产需求计划。企业的年度销售计划一般在上一年的年末制订，并报送至各个相关部门，同时下发到销售部门、计划部门、采购部门，以便指导全年的供应链运转；根据年度计划制订季度、月度的市场销售需求计划。

2、确定企业的生产需求

企业的生产需求对采购来说可以称之为生产物料需求。生产物料需求的时间是根据生产计划确定的，通常生产物料需求计划是订单计划的主要来源。企业采购计划人员要深入生产实际，学习掌握生产计划以及工艺常识，以利于理解生产物料需求，确定企业生产需求。在 MRP 系统之中，物料需求计划是主生产计划的细化，它主要来源于主生产计划、独立需求的预测、物资清单文件、库存文件。编制物料需求计划的主要步骤包括：

1）决定毛需求。

2）决定净需求。

3）对订单下达日期及订单数量进行计划。

3、准备物料采购订单环境资料

制订物料采购订单计划中一个非常重要的内容是准备物料订单环境资料。物料采购订单环境是在订单物资的认证计划完毕之后形成的，订单环境的资料主要包括：①订单物料的供应商消息；②订单比例信息（对多家供应商的物资来说，每一个供应商分摊的下单比例称之为订单比例，该比例由认证人员产生并给予维护）；③最小包装信息；④订单周期（是指从下单到交货的时间间隔，一般是以天为单位的）。

企业一般采用计算机信息系统管理物资采购订单环境和供应商的有关情况。采购订单人员根据生产需求的物料项目，从计算机信息系统中查询了解该物料的采购环境参数及描述。

4、制定物料采购订单计划说明书

准备订单计划所需要的资料就是制定物料采购订单计划说明书，其主要内容包括：

1）订单计划说明书（内容包括物料名称、需求数量、到货日期等）。

2）附有市场需求计划、生产需求计划、订单环境资料等。

（二）评估物料采购订单需求

物料采购计划中非常重要的一个环节是评估物料采购订单需求，只有准确地评估物资采购订单需求，才能为计算订单容量提供参考依据，以便制订出好的订单计划。它主要包括以下三个方面内容。

1、分析市场需求

物料采购订单计划不仅仅来源于生产计划，还需要考虑以下几个方面：①企业的生产需求，企业生产需求的规模大小直接决定了物料采购订单需求的大小，超出企业生产需求采购物料会造成库存积压；②兼顾企业的市场战略以及潜在的市场需求等；③需要分析企业接受订货计划的可信度。因此，必须仔细分析市场签订合同的数量、还没有签订合同的数量（包括没有及时交货的合同）的一系列数据，同时研究其变化趋势，全面考虑要货计划的规范性和严谨性，再参照相关的历史要货数据，找出问题所在。只有这样，才能对市场需求有一个全面的了解，才能制订出一个满足企业远期发展与近期实际需求相结合的订单计划。

2、分析企业生产需求

分析生产需求是评估订单需求首先要做的工作。分析生产需求，首先就需要研究生产需求的产生过程，其次再分析生产需求量和要货时间。这里仅通过一个企业的简单例子做一下说明。某企业根据生产计划大纲，对零部件的清单进行检查，得到第一级组成部件的毛需求量。在第一周，现有的库存量是 90 件，毛需求量是 60 件，那么剩下的现有库存量=90 件（现有库存量）−60 件（毛需求量）=30 件。第三周预计入库 110 件，毛需求量 60 件，那么新的现有库存为：30 件（原有库存）+110 件（入库）−60 件（毛需求量）=80 件。每周都有不同的毛需求量和入库量，这样就产生了不同的生产需求，对企业不同时期产生的不同生产需求进行分析是很有必要的。

3、确定订单需求

根据对市场需求、客户订单和对生产需求的分析结果，就可以确定订单需求。通常来讲，订单需求的内容是指通过订单操作手段，在未来指定的时间内，将指定数量的合格物料采购入库。

（三）计算物料采购订单容量

计算物料采购订单容量是采购计划中的重要组成部分。只有准确地计算订单容量，才能对比需求和容量，经过综合平衡，最后制订出正确的订单计划。计算订单容量主要有以下 4 个方面的内容。

1、分析采购项目供应资料

在物料采购过程中，物资和项目都是整个采购工作的操作对象。对于采购工作来讲，在目前的采购环境中，所要采购物料的供应商信息是非常重要的一项信息资料。如果没有供应商供应物料，那么无论是生产需求还是紧急的市场需求，一切都无从谈起。可见，供应商的物料供应是满足生产需求和满足紧急市场需求的必要条件。从一个简单的例子来看，某企业需设计一家音乐厅的隔音系统，隔音玻璃棉是完成该系统的关键材料，经过项目认证人员的考察，该种材料被垄断在少数供应商的手中。在这种情况下，企业的计划人员就应充分利用这些情报，在下达订单计划时就会有的放矢了。

2、计算总体订单容量

总体订单容量一般包括两方面内容：一是可供给的物料数量，二是可供给物料的交货时间。举一个例子来说明这两方面的结合情况：供应商宏达公司在 10 月 31 日之前可供应 7 万个特种轴承（A 型 4 万个，B 型 3 万个），供应商桂兴公司在 10 月 31 日之前可供应 9 万个特种轴承（A 型 4 万个，B 型 5 万个），那么 10 月 31 日之前 A 和 B 两种轴承的总体订单容量为 16 万个，其中：A 型轴承的订单容量为 8 万个，B 型轴承的订单容量为 8 万个。

3、计算承接订单容量

承接订单量是指某供应商在指定的时间内已经签下的订单量。但是，承接订单容量的计算过程较为复杂。例如，供应商宏达公司在本月 28 日之前可以供给 4 万个特种轴承（A 型 2 万个，B 型 2 万个），若是已经承接 A 型特种轴承 2 万个，B 型轴承 1 万个，那么对 A 型轴承和 B 型轴承已承接的订单量就比较清楚（A 型 2 万个+B 型 1 万个=3 万个）。有时供应商各种物料容量之间可以借用，并且在存在多个供应商的情况下，其计算则比较稳定。

4、确定剩余订单容量

剩余订单容量是指某物料所有供应商群体的剩余订单容量的总和。用下面的公式表示就是：

物料剩余订单容量=物料供应商群体总体订单容量–已承接订单量

计算过程也可以用计算机信息系统管理。

（四）制订订单计划

制订订单计划是采购计划的最后一个环节，也是最重要的环节。它主要包括以下 4 个方面的内容。

1、对比采购需求与供应容量

这是制订订单计划的首要环节，只有比较物料需求与供应容量的关系才能有针对性地制订订单计划。如果经过对比发现物料需求小于供应容量，即无论需求多大，供应容量总能满足需求，则企业要根据物料需求来制订订单计划；如果供应商的容量小于企业的物料需求，则要求企业根据容量制订合适的物料需求计划，这样就产生了剩余物料需求，需要对剩余物料需求重新制订认证计划。

2、综合平衡

综合平衡是指综合考虑市场、生产、订单容量等要素，分析物料订单需求的可行性，必要时调整订单计划，计算容量不能满足的剩余订单需求。

3、确定余量认证计划

在对比物料需求与供应容量的时候，如果供应容量小于物料需求就会产生剩余需求。对于剩余需求，要提交认证计划制定者处理，并确定能否按照物料需求规定的时间及数量交货。为了保证物料及时供应，此时可以通过简化认证程序，并由具有丰富经验的认证计划人员进行操作。

4、制订订单计划

制订订单计划是采购计划的最后一个环节，订单计划做好之后就可以按照计划进行采购工作了。一份订单包含的内容有下单数量和下单时间两个方面。

下单数量=生产需求量–计划入库量–现有库存量+安全库存量

下单时间=要求到货时间–认证周期–订单周期–缓冲时间

某企业采购计划作业程序如下：

1）营业部于每年年度开始时，提供主管单位有关各机型的每季度、每月的销售预测。销售预测须在经营会议通过，并配合实际库存量、生产需要量、现实状况，由生产管理单位编制每月的采购计划。

2）生产管理单位编制的采购计划副本送至采购中心，据以编制采购预算，经经营会议审核通过后，再将副本送交管理部财务单位编制每月的资金预算。

3）营业部门变更“销售计划”或有临时的销售决策（如紧急订单），应与生产单位、采购中心协商，以排定生产日程，并修改采购计划及采购预算。

一般的采购计划表见表 2-3。

表 2-3　采购计划表　　　　制表日期

料号	品名规格	适用产品	上旬		中旬		下旬		库存量	订购量
			生产单号	用量	生产单号	用量	生产单号	用量		

第三节　采购需求分析

一、需求分析概述

1. 需求分析的含义

需求分析是指根据客户的历史或者生产计划等找出需求规律，然后，根据需求规律预测客户下一个月的需求品种和需求量，掌握各个客户的需求量，就可以主动地订货，安排采购计划。需求分析的目的和内容就是通过对需求情况进行分析，找出物料需求规律，从根本上解决客户需求什么、需求多少、什么时候需要的问题。

2. 需求分析对采购管理人员的要求

采购管理人员需要具备比较全面的知识。首先要有生产技术方面的知识，懂得生产产品和加工工艺方面的知识，会看图样，能够根据生产计划以及生产加工图计算物料需求量。其次还应具备数理统计方面的知识，会进行物料性质、质量的分析，会进行统计分析。另外，采购管理人员还应具有管理方面的知识。

二、需求分析方法

需求分析方法有统计分析法、推导分析法、ABC 分析法等，下面主要介绍前两种分析法。

（一）统计分析法

统计分析法是指运用统计的方法对采购的原始资料进行分析，找出各种物料需求的规律。在采购需求的分析中，统计分析法应用广泛。在采购需求的统计分析中，最基本的原始资料主要有：各个单位的采购申请单、销售日报表、领料单和生产计划任务单等。

物料需求规律有两种表示方法：一是时间函数法；二是有序数列法。

时间函数法是指把物料消耗量描述成时间的函数。这是一个连续的时间函数。例如，把第 i 种物料的需求规律描述为时间的函数为 $R_i(t)=f_i(t)$，这就是需求函数。第 i 种物料在一定时期内的总需求量为 $R_i=\int f_i(t)\,dt$。

有序数列法是指把各个单位的销售日报表按单位时间（如日、周、月、季、年等，这里假设以日或周为单位）进行汇总，得到一个按先后顺序排列的销售量的序列。这个有序的时间序列反映了物料的消耗规律，也就是物料的需求规律。例如，根据上一个月的销售日报表的汇总，得到某种物料需求的时间序列表，见表 2-4。

表 2-4　需求的时间序列表

周　次	1	2	3	4	5	6	7	8
需求/t	7	9	10	12	11	14	13	15

这是一个有序的周需求量数列。值得注意的是，为了掌握需求规律，统计的单位越小，则需求规律越精密、越灵敏。时间单位越长，则需求规律越粗糙、越不灵敏。

（二）推导分析法

推导分析法是指根据企业生产计划来进行需求分析，求出各种物料的需求计划的过程。它必须要进行严格的推导计算，不能凭空估计。推导分析所依据的主要资料和步骤如下。

1、制订主产品生产计划

（1）主产品的生产计划　在订货制生产企业，这个计划主要是根据社会对主产品的订货计划生成的；在库存制生产企业，这个主生产计划靠预测和经营计划而生成。

（2）零部件的生产计划　在制造企业中，零部件的生产有两个用途：一是用于装配主产品；二是用于提供社会维修企业，对社会上处于使用状态的主产品进行维修保养。这里的零部件生产计划，主要是指社会维修企业所提出的零部件的订货计划。

2、**制定主产品结构文件**

这个步骤根据装配主产品需要的零件、部件、原材料等，哪些要自制、哪些要外购，自制件在制造过程中又要采购什么零件、部件、原材料等，逐层求出主产品的结构层次。每一个层次的每一个零部件都要标出需要的数量、是自制还是外购以及生产提前期或采购提前期。所有自制件都要分解到最后的原材料层次，这些原材料层一般是最底层，一般都是需要采购的。

由这个主产品结构文件可以统计得出：为了在某个时间生产出一个主产品需要分别提前多长时间采购一些什么样的原材料、零件、部件，需要采购多少等资料。把这些资料汇总成一个表，就是主产品零部件生产采购一览表。

3、**制定库存文件**

采购人员从仓库保管员处了解主产品零部件生产采购一览表中所有各个部件、零件、原材料的现有库存量以及消耗速率。经过整理得到一个主产品零部件库存一览表。

例：某企业的主产品甲由两个 B 和一个 C 组成。而一个 B 由一个 D、两个 E 组成。一个 D 又由一个 F 加工得到，而 C、E、F 都是通过外购取得。主产品的结构文件，如图 2-2 所示。图 2-2 中，甲、B、C、D、E、F 为产品名，括弧内的数字表示一个上级产品中所包含的本产品的件数，而 *LT* 表示提前期，单位为天。由主产品结构文件可以得到主产品零部件生产采购一览表，如图 2-5 所示。

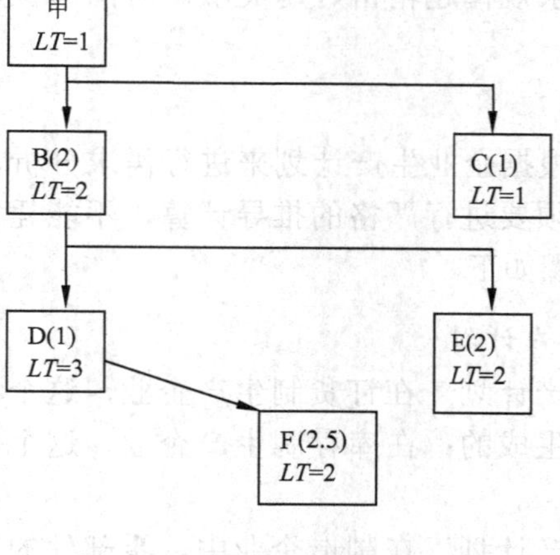

图 2-2 主产品的结构文件图

表 2-5　主产品甲零部件生产采购一览表

零部件名	数　　量	自　　制	外　　购	提前期
B	2	✓		2
C	1		✓	1
D	2	✓		1
E	4		✓	2
F	2.5kg×2=5kg		✓	2

主产品生产计划表，见表 2-6。

表 2-6　主产品生产计划表

时期/周	第 1 周	第 2 周	第 3 周	第 4 周	月合计
外订甲/（件/周）	25	15	20	15	75
外订 C/（件/周）	15		15		30
外订 E/（件/周）		20		20	40

表 2-6 中包括主产品的生产计划，也包括社会对零部件 C、E 的订货计划。月采购计划制成表，见表 2-7。

表 2-7　采购月计划一览表

零 部 件 名	下 月 需 要 数 量
C	75×1+30=105
E	75×4+40=340
F	5kg×75=375kg

根据主产品生产计划表和主产品零部件生产采购一览表确定需要采购的零部件和原材料。然后确定下月的需求量。第 i 个品种下月需求量如下确定：

$$P_i=Pn_i+P_{oi}$$

式中　P_i——第 i 个零部件下月需求量；

P——主产品下月的计划生产量；

n_i——一个主产品中包含第 i 个零部件的个数；

P_{oi}——第 i 个零部件下月的外购订货数量。

第四节 影响采购计划的因素

一、年度销售计划

在激烈的市场竞争中，企业根据市场销售情况确定生产经营规模。当市场没有出现供不应求时，企业年度的经营计划多以销售计划为起点；而销售计划的拟订，又受到销售预测的影响。销售预测的决定因素，包括外界的不可控制因素，如国内外经济发展情况（GDP、失业率、物价、利率等）、人口增长、政治体制、文化及社会环境、技术发展、竞争者状况等；内部的可控制因素，如财务状况、技术水准、厂房设备、原料及零件供应情况、人力资源及企业声誉等。

二、年度生产计划

在一般情况下，企业的生产计划主要依据销售计划编制。若销售计划过于乐观，将使生产计划安排规模过大，产量变成存货，造成企业流动资金周转困难；反之，过度保守的销售计划，将使企业压缩生产计划规模，产量不足以供应顾客所需，丧失了创造利润的机会。因此，生产计划常常因为销售人员对市场的需求量估算失当，造成生产计划朝令夕改，也使得采购计划与预算常常不得不调整修正，物料供需长久处于失衡状况。

三、用料清单

在企业中，特别是在高新技术行业中，为适应市场需求，产品研究开发层出不穷，用料清单难以做出及时的修订，致使根据产量所计算出来的物料需求数量，与实际的使用量或规格不尽相符，造成采购数量过多或不足，物料规格过时或不易购得，从而影响企业生产经营。因此，为保证采购计划的准确性，必须依赖最新、最准确的用料清单。

四、存量管制卡

由于应该采购数量必须扣除库存数量，因此，存量管制卡记载是否正确，将是影响采购计划准确性的因素之一。这包括实际物料与账目是否一致，以及物料存量是否全为优良品。若账目上数量与仓库架台上的数量不符，或存量中并非全部皆为规格正确的物资，这将使仓储的数量低于实际上可取用的数量，从而导致采购计划中的应该采购数量偏低。

五、物料标准成本的设定

在编制采购预算时，因对将来拟采购物料的价格不易预测，所以多以标准成本替代。如果标准成本的制定，缺乏过去的采购资料作依据，也没有工程技术人员严密精确地计算其原料、人工及制造费用等组合或生产的总成本，则很难保证其正确性。因此，标准成本与实际购入价格的差额，即是采购预算正确性的评估指标。

六、劳动生产率

生产效率的高低将使预计的物料需求量与实际耗用量产生误差。产品的生产效率降低，会导致原物料的单位耗用量提高，而使采购计划中的数量不能满足生产所需。过低的产出率，也会导致经常进行修改作业，从而使得零部件的损耗超出了正常需用量。所以，当生产效率有降低趋势时，采购计划必须将此额外的耗用率计算进去，才不会发生物料的短缺现象。

七、价格预期

在编制采购预算时，常对物料价格涨跌幅度、市场景气或萧条、汇率变动等进行预测，并将其列为调整预测的因素。不过，因为个人主观判定与事实的演变常有差距，也可能会造成采购预算的偏差。

由于影响采购计划的因素很多，故采购计划拟订之后，必须与产销部门保持经常的联系，并针对现实情况做出必要的调整与修订，才能实现维持正常产销活动的目标，并协助财务部门妥善规划资金来源。

第五节 采购预算概述

一、采购预算的概念

预算就是一种用数量来表示的计划，是将企业未来一定时期内经营决策的目标通过有关数据系统地反映出来，是经营决策具体化、数量化的表现。

传统采购预算的编制是将本期应购数量（订购数量）乘以各该物料的购入单价，或者按照物料需求计划（MRP）的请购数量乘以标准成本，即可获得采购金额（预算）。为了使预算对实际的资金调度具有意义，采购预算应以现金基础编制，也就是说，采购预算应以付款的金额来编制，而不以采购的金额来编制。预算的时间范围要与企业的计划期保持一致，决不能过长或过短。长于计划期的预算没有实际意义，浪费人力、财力和物力，而过短的预算则又不能保证计划的顺利执行。

二、编制采购预算的原则

1、实事求是编制采购预算

编制采购预算应本着实事求是的原则，一般以企业所确定的经营目标为前提，不盲目哄抬目标值，确定销售预算，再确定生产计划，然后再确定采购计划。不要为了贪图低价，盲目扩大采购量，以避免造成库存积压。

2、积极稳妥、留有余地编制采购预算

积极稳妥是指不要盲目抬高预算指标，也不要消极压低指标，既要保证采购预算指标的先进性，又要保证采购预算指标的可操作性，充分发挥采购预算指标的指导和控制作用。另外，为了适应市场的千变万化，采购预算应留有余地，具有一定的发展空间，以免发生意外时处于被动地位，影响企业的生产经营。

3、比质比价编制采购预算

企业在编制采购预算时，应广泛收集采购物料的质量、价格等市场信息，掌握主要采购物料信息的变化，要根据市场信息比质比价确定采购物料。除仅有唯一供货单位或企业生产经营有特殊要求外，企业主要物料的采购应当选择两个以上的供货单位，从质量、价格、信誉等方面择优安排采购。企业主要物料采购及有特殊要求的物料采购，应当审查供应商资格；对已确定的供应商，应当及时掌握其质量、价格、信誉的变化情况。企业大宗原、燃料的采购，基建或技改项目主要物料的采购，以及其他金额较大的物资采购等，具备招标采购条件的，应尽量安排招标采购。

第六节　采购业务预算

一、采购业务预算的作用

（1）保障企业战略计划和作业计划的执行，确保企业组织目标一致　通过编制采购业务预算，企业采购部门和其他职能部门在计划期间的工作分别定出了目标，也明确了部门和个人的责、权、利，使个人的利益与企业的经济效益挂钩，促使企业采购部门的员工努力去完成采购的目标，从而保障企业战略计划和作业计划的实现。

（2）协调企业各部门之间的合作经营　业务预算使企业各职能部门工作有机地结合成一个整体，各职能部门通过执行预算，明确各自所处的地位与作用，协调各自的工作步伐，从全局出发，统筹兼顾、全面安排，争取全局计划最优化。例如，采购预算一定要以生产预算为根据，而生产预算又必须以销售预算为根据，不能各自为政。

（3）在企业各部门之间合理安排有限资源，保证资源分配的效率性　企业所拥有的资源是有限的，通过编制采购预算和其他业务预算，能够充分考虑各部门的资源需求，合理安排，保证资源能够得到充分的利用，实现以最少的投入，取得尽可能多的经济效益。

（4）对企业物流成本进行控制、监督　业务预算是分析、控制各项经济活动的尺度，企业各个部门认真地编制切实可行的预算，并用其控制各项经济活动，就可以避免不必要的支出，降低物流成本，保证预定目标的顺利完成。

二、预算的种类

（1）根据时间的长短划分　预算可以分为长期预算和短期预算。

1）长期预算是时间跨度超过一年以上的预算，主要涉及固定资产的投资问题，是一种规划性质的资本支出预算。长期预算对企业战略计划的执行有着重要意义，其编制质量的好坏将直接影响到企业的长期目标是否能够实现，影响到企业今后较长时间内的发展。

2）短期预算是企业一年内对经营财务等方面所进行的总体规划的数量说明。短期预算是一种执行预算，对作业计划的实现影响重大。

（2）根据预算所涉及的范围划分　预算可以分为全面预算和分类预算。

1）全面预算又称总预算，是短期预算的一种，涉及企业的产品或服务的收入、费用、现金收支等各方面的问题。总预算由分预算综合而成，它的特点和具体范围将随着部门和单元特性的不同而有所变化。

2）分预算和总预算相互关联，种类多种多样，有基于具体活动的过程预算，有各分部门的预算（对于分部门来说，这一预算又是总预算，因此分预算与总预算的划分是相对的）。

（3）根据总预算内容的不同划分　总预算可以分为财务预算、决策预算和业务预算三类。

1）财务预算是指企业在计划期内有关现金收支、经营成果以及财务状况的预算，主要包括现金预算、预计损益表、预计资产负债表等。

2）决策预算是指企业为长期投资决策项目或一次性业务所编制的专门预算，其编制只是为了帮助管理者做出决策。

3）业务预算是指计划期内日常发生的各种经营性活动的预算，包括销售预算、成本预算、管理费用预算等。采购预算就是业务预算的一种，它们的编制将直接影响到企业的直接材料预算、制造费用预算等。

三、业务预算的过程

（1）审查企业以及部门的战略目标　预算的最终目的是为了保证企业目标的实现，企业在编制部门预算前首先要审查本部门和企业的目标，以确保它们之间的相互协调。

（2）制订明确的工作计划　管理者必须了解本部门的业务活动，明确它的特性和范围，制定出详细的工作计划表，从而确定部门实施这些活动所带来的产出。

（3）确定所需的资源　有了详细的工作计划表，管理者可以对支出做出切合实际的估计，从而确定为了实现目标所需要的人力、物力和财力资源。

（4）提出准确的预算数字　管理者提出的数字应当保证其最大可靠性，可以通过以往的经验作出判断，也可以借助数学工具和统计资料通过科学分析提出方案。

（5）汇总　汇总各部门、各分单元的预算。最初的预算总是来自每个分单元，而后层层提交、汇总，最后形成总预算。

（6）提交预算　将汇总形成的总预算提交给企业的相关部门，以便进行对比分析，调整预算计划。由于预算总是或多或少地与实际有所差异，因此有必要选定一个偏差范围。设定了偏差范围以后，管理者应当比较实际支出和预算的差距，以便控制业务的进展。如果支出与估计值的差异达到或超过了容许的范围，就有必要对具体的预算做出建议或必要的修订。采购部门常常有责任密切监控其他部门的预算，以确保它们不超过整个组织的购买产品和服务的预算限制。

第七节　预算编制的方法与流程

一、编制预算的方法

编制预算的方法很多，主要有概率预算、零基预算、弹性预算、滚动预算 4 种方法。

（一）概率预算

在编制预算过程中，涉及的变量较多，如业务量、价格、成本等。企业管理者不可能在编制预算时就十分精确地预见到这些因素在将来会发生何种变化，以及变化到何种程度，而只能大概估计出它们发生变化的可能性（概率），从而近似地判断出各种因素的变化趋势、范围和结果，然后，对各种变量进行调整，计算其可能值的大小。这种利用概率（可能性的大小）来编制的预算，即概率预算。概率预算必须根据不同的情况来编制，可以分为以下两种情况。

（1）销售量的变动与成本的变动没有直接联系　这时，只要利用各自的概率分别计算销售收入、变动成本、固定成本的期望值，然后即可直接计算利润的期望值。

（2）销售量的变动与成本的变动有直接联系　这时，需要用计算联合概率的方法来计算利润的期望值。

（二）零基预算

零基预算是指在编制预算时，对于所有的预算项目均不考虑以往的情况，一切以零为起点，从实际出发研究、分析未来一定期间生产经营活动的需要和每项业务的轻重缓急，如实确定每项预算是否有支出的必要和支出数额大小的一种预算编制方法。

传统的调整预算编制方法，是在上期预算执行结果的基础上，根据预算与实际的差异，分析产生差异的各种原因和考虑计划期的实际情况，加以适当调整，确定出计划期内有关项目的预算数。这种预算方法比较简单，但往往使原来不合理的费用开支继续存在下去，造成预算的浪费或是预算的不足。零基预算的编制方法与传统的预算编制方法截然不同。它在确定任何一项预算时，完全不考虑前期的实际水平，只考虑该项目本身在计划期内的轻重缓急，以零为起点确定预算支出的具体数字。零基预算的编制方法，大致可以分为以下几个步骤：

（1）组织员工拟订预算目标　在编制零基预算时，要动员全体员工投入到拟订预算的工作中去，要求所有员工根据本企业的目标和本部门的具体任务，对可能发生的费用项目逐一考证其支出的必要性和需要额，编写各项费用项目方案。

（2）对费用项目进行成本—效益分析　组成由企业的主要负责人、总会计师等人员参加的预算委员会，负责对各部门提出的费用项目进行成本—效益分析。这里所说的成本—效益分析，主要是指对所提出的每一个预算项目所需要的经费和所能获得的收益，进行计算、对比，以其计算对比的结果来衡量和评价各预算项目的经济效益，然后，权衡其轻重缓急，分层次排出其先后顺序。

（3）分配资金、实施预算　将预算期可运用的资金在各费用项目之间进行分配。分配资金应首先满足那些必须支出的费用项目，然后，再将剩余资金在可以增减费用额的费用项目之间按成本效益率进行分配，实施预算方案。

（三）弹性预算

弹性预算是在编制预算时，考虑到计划期间的各种可能变动因素的影响，编制出一套能适应多种业务量的预算。由于这种预算需要随着业务量的变化而作相应调整，具有伸缩性，因此称为弹性预算，又称变动预算。

编制弹性预算，首先要确定在计划期内业务量的可能变化范围。在具体编制工作中，对一般企业，其变化范围可以确定在企业正常生产能力的70%～110%之间，其间隔取为5%或10%，也可取计划期内预计的最低业务量和最高业务量为其下限和上限。

其次要根据成本性质，将计划期内的费用划分为变动费用和固定费用。在编制弹性预算时，固定费用在相关范围内不随业务量的变动而变动，因而不需要按业务量的变动来进行调整。而对变动费用，则要按不同的业务量水平分别进行计算。

弹性预算一般用于编制弹性成本预算和弹性利润预算。弹性利润预算是对计划期内各种可能的销售收入所能实现的利润所作的预算，它以弹性成本预算为基础，采购管理者只需要了解一下即可，无需深入。

（四）滚动预算

滚动预算又称连续预算，其主要特点是预算期随着时间的推移而自行延伸，始终保持一定的期限（通常为一年）。当年度预算中某一季度（或月份）预算执行完毕后，就根据新的情况进行调整和修改后几个季度（或月份）的预算，如此往复，不断滚动，使年度预算一直含有 4 个季度（或 12 个月份）的预算，其基本特征如图 2-3 所示。

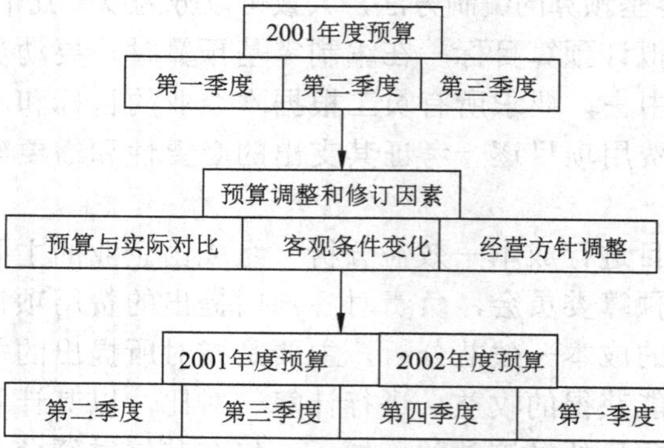

图 2-3　滚动预算的基本特征

滚动预算的优点是：

1）能保持预算的完整性和连续性，可从动态预算中把握企业的未来。

2）预算在执行过程中可以结合客观情况，对预算不断进行调整与修订，使预算与实际情况能更好地适应，有利于充分发挥预算的指导与控制作用。

3）预算期始终保持 4 个季度或 12 个月，使得企业经营管理人员能经常保持一种整体的、全盘的经营思想，保证企业各项工作有条不紊地进行。

二、编制预算的业务流程

以制造业为例，通常业务部门的行销计划为年度经营计划的起点，然后生产计划才随之制订。而生产计划包括采购预算、直接人工预算及制造费用预算。由此可见，采购预算乃是采购部门为配合年度的销售预测或生产数量，对需求的原料、物料、零件等的数量及成本作详实的估计，以利于整个企业目标的达成。换句话说，采购预算如果单独编订，不但缺乏实际的应用价值，而且也失去了其他部门的配合。所以采购预算的编订，必须以企业整体预算制度为依据。采购预算的编订有一定的流程与步骤，如图 2-4 所示。

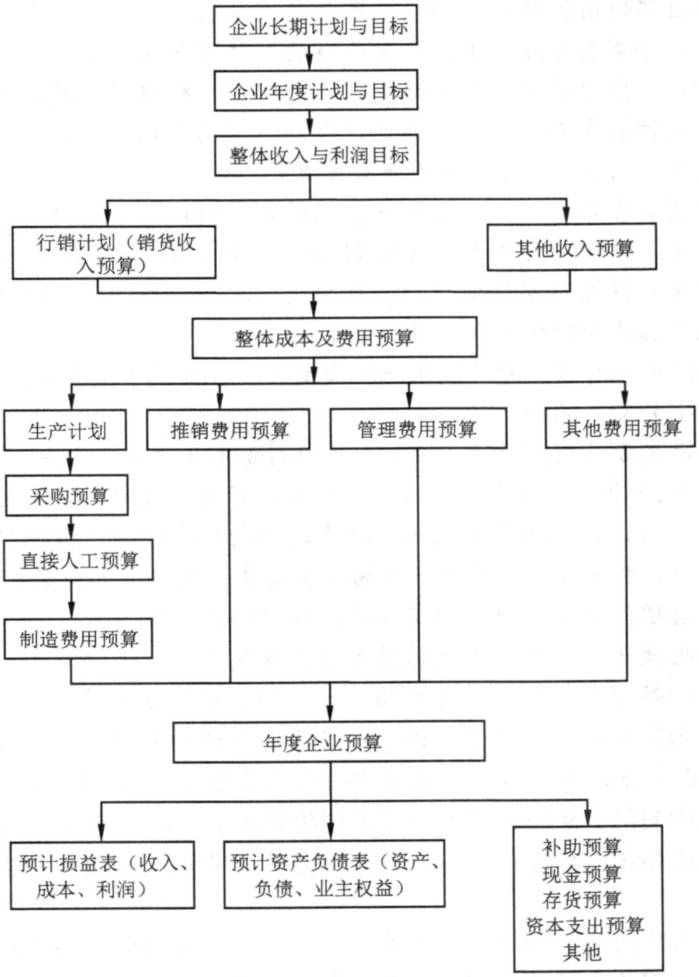

图 2-4　采购预算编订流程

【案例】

日本卡斯美采购管理之道

日本卡斯美目前拥有 102 家超级市场，年销售额约为 1480 亿日元，折合人民币123亿元，经营品种约为1.2万种。卡斯美总部负责商品采购业务的部门被称为商品部，商品部以商品的进货、开发和管理为中心，其职能包括起草进货和销售计划，负责商品开发、制品开发、渠道开发。

商品部内设11个部门，设立的原则是根据其在经营额中的重要程度。目前卡斯美鲜鱼部的销售额约占15%，鲜肉部约占12%，果蔬部约占14%。

确定商品分类表开办超市，首先要做的工作就是决定卖什么商品，即把商品的大分类、中分类及小分类确定下来，这就要根据当地的消费水平、消费习惯来确定商品分类表。由于各地区生活习惯的差别，各地超市的商品分类表也不相同。例如，南方地区由于天气炎热，饮料可作为一个大类来经营。在商品的经营和管理上，卡斯美有一套根据自家的理解而设定的分类框架。通常的做法是，按照使用者的用途或TPOS（时间、场所、动机、生活方式）设定商品分类。分类框架设定好后，再筛选、找寻应备齐的具体商品品种，最后建立起自己的MD体系（商品体系）。

日本超级市场的商品分类框架一般设定为5个梯度（五段分位法），即部门、品群、小分类、品种、品目。

根据当地实际编制出的商品分类表是推行标准化的内容之一，作用极大：一是可界定所经营的商品范围；二是便于对经营业绩按商品结构进行分析。进行商品分类后，计算机系统也同时对卖场进行分类管理，分析销售额、毛利率、损耗率、费用额、客单价、卖场销售效率、周转天数的变更。

根据业态理论确定大众品和实用品，超市经营居民日常生活需要的食品和日用品，也就是高消耗、高周转的大众品和实用品。大众品不是指便宜的商品，而是一般老百姓日常生活用品，如食物、日用百货等。实用品是指用完了还要周而复始地去购买的东西。就具体的小分类来讲，适合居民日常生活消费的商品，如酒类，市场上最便宜的酒假设是3元1瓶，二锅头酒是5元1瓶，最贵的酒是洋酒。根据中国目前的收入水平，15元1瓶的酒应当作为大众品，这样在安排备齐商品的时候，15元1瓶的酒品数目应当最大、品种最全。

根据商品陈列面表确定小类商品的适当规模。在确定商品陈列面表时，卡斯美首先从理论上认为，商品陈列的货架越多，展示越充分，所实现的销售额也就越大。但是摆放多少货架总有个度，什么是适当规模、各个小类引进多少个名目、摆在多少个货架上最出效益呢？这并没有现成的计算方法，需要采购员对每个小类的陈列面与销售额进行对比、分析。确定各个小分类的适当规模的原则是：要满足一般老百姓生活需求的品目数的80%；了解其他商场各个小分类的布局情况；容易陈列，方便顾客选择购买。

卡斯美的酱油和奶酪分别有45个品目和69个品目，都是用2个货架摆放的；而针棉织品需用 10 个以上的货架才行，因为年龄段、性别不同，需要的各种规格尺寸、颜色、式样十分复杂繁多，应按系列化做足才能满足顾客需求。卡斯美认为，必须这样考虑设置多少个货架。

其次，卡斯美还十分注重陈列面管理表。在采购员的职责中，货架管理必须细致到对各个小分类的货架陈列进行设计，设计出来的货架陈列图样称为陈列面管理表。陈列面管理表规定了陈列格式：用几层隔板及隔板的尺寸，悬挂陈列时用多长的挂钩及使用数量；规定了每一种商品的售价、陈列位置、排面数及陈列量。使用这种标准化的陈列面管理表能够将总部的商品策略贯彻到每一个店铺，使整个连锁系统的商品营运容易控制，对于季节性变动修正及新品的增列、滞销品的删减等工作，执行起来效率比较高。

在卡斯美，陈列面管理表运用得非常广泛，几乎每家连锁店的每个店铺都有陈列面管理表，它是管理控制商品最基本的工具。因此，一个店在开设之前，应当首先把陈列面管理表规划好，再进行一切硬件的设置与进货陈列。

在日本，对新产品的导入的做法是，厂商推出新品有固定的日期，一般是春、秋两季各 1 次。每年年初，日本大厂商召开新产品发布会，各商业单位采购员到那里去看，对感兴趣的新品就会索取资料。在导入新品的时候，先要把旧的商品淘汰掉。由于计算机程序比较完备，采购员在商品底账上敲进一个记号，第一次导入新品时，为了避免风险，一般先选择标准店铺进行试销，作堆头陈列，统计每天的顾客量、销售额、计算 PI 值。试销一星期，如卖况较好可引进，其陈列面数的安排可与老产品进行类比作出，如卖况不好就不再引进。在电视上做广告的新品要比别人更快地导入。

在卡斯美，老产品的淘汰也是采购员的职责之一。当有新品引进时必先淘汰老产品，否则货架上的商品品目就会越来越多，而陈列面会越来越少，销售额就会下降。

淘汰老产品的标准主要是依据销售额。采购员根据计算机系统提供的小分类销售报表、商品销售额排序、商品销售量排序、ABC 分析、部门管理表等资料，能够非常精确地淘汰掉那些卖况差的品目。

卡斯美的采购管理是现代零售业态和经营方式下的一种管理模式，是现代零售管理模式的重要标志之一。与传统的商业管理方式相比，这种操作方式使采购职能大大扩展，工作方法和管理手段的技术含量大大提高。

【本章小结】

本章介绍了采购计划与预算的基本概念，以及采购计划的主要环节；阐述了采购分析的基本内容和方法；介绍了影响采购计划的主要因素和编制采购预算的原则；重点阐述了采购业务预算的过程和预算编制的方法和流程。

【复习思考题】

1．影响采购计划的因素主要有哪些？

2．简述采购计划的编制程序。

3．采购预算编制的方法有哪几种？

4．简述采购数量的确定与计算方法。

第三章　采购质量管理

【知识目标】

理解采购质量及采购质量管理的定义；熟悉采购质量分析的内容；了解采购质量管理的内容和原则；掌握采购质量管理的基本方法、采购质量管理保证体系的构成和主要内容。

【技能目标】

能够准确描述采购技术规格和需求规格；能够熟练运用采购质量管理方法开展采购质量管理；能够根据采购质量保证体系有效进行采购质量监控。

第一节　采购质量概述

质量是采购管理中非常重要的问题，一个企业生产的最终产品的质量取决于采购的原材料质量、生产过程的质量控制以及出货质量控制。因此，采购质量管理的水平直接影响到最终产品的质量，影响到消费者对产品的满意程度。采购质量管理的目的就是保证从供应商处所采购的物料质量可靠，符合生产部门的需要。因此，采购质量管理的重点就体现在对供应商的质量管理过程中。

一、采购质量管理的含义

1、质量的定义

什么是质量？质量是一个广泛的概念，不同的管理学家有不同的看法。根据哈佛商学院大卫·加温（David Garvin）教授的观点，它至少包括 7 种含义：①性能——产品或服务的主要功能；②特征——附加到产品或服务上的各种次要的感知特性；③耐久性——在一定时期内失灵的概率；④合格性——满足规格；⑤服务性——维护性和容易安装；⑥美学性——外观、气味、感觉和声音；⑦印象质量——顾客眼中的形象。从采购的角度看，还有一种含义应该是“可采购性”，即市场上长期和短期的、在合理价位上的可获得性以及产品性能不断改进的能力。

质量是反映实体（产品、过程或活动等）满足明确和隐含需要的能力的特性总和。

2、采购质量

采购质量是指与采购活动相关的质量问题，采购质量的好坏直接影响到企业最终产品的质量。采购质量对采购活动提出了必须面对和解决的三个问题：一是怎样把质量管理原理运用在采购部门自身的运作中；二是怎样与供应商合作，不断改进和提高产品的质量；三是怎样建立采购管理质量保证体系。

3、采购质量管理

采购质量管理工作的主要内容包括三个方面：一是采购部门本身的质量管理；二是对供应商的评估、认证，以及产品的验收、把关等工作；三是采购质量管理保证体系的建立与运转。因此，采购质量管理就是指对采购质量的计划、组织、协调和控制，通过对供应商进行质量评估和认证，从而建立采购管理质量保证体系，保证企业的物资供应活动的总称。

采购质量管理的目标就是保证采购物料的质量符合规定的要求，就是要保证采购的物料能够达到企业生产所需要的质量要求，保证企业用其生产出来的产品个个都是质量合格的产品。保证质量，也要做到适度。质量太低不行，但是质量太高，一是没有必要，二是必然造成价格升高，增加购买费用，也是不划算的，所以要求物资采购要在保证质量的前提下尽量采购价格低廉的产品。

二、采购部门的质量管理

采购部门本身的质量管理是企业质量管理的一项基本管理活动，它的根本任务是根据生产的需要，保证采购部门适时、适量、适质、品种齐全地向生产部门提供各种所需物料，做到方便生产、服务良好、提高经济效益。

1、物料采购计划工作

首先，采购部门要进行物料需求分析，在面临较复杂的采购情况下，一般是在多品种、多批次需求的情况下，涉及企业各个部门、工序、材料、设备、工具及办公用品等各种物资，要进行大量的、彻底的统计分析，并在此基础上编制物料采购计划，并检查、考核执行情况。

2、物料采购的组织工作

依据物料采购计划，按照规定的物料品种、规格、质量、价格、时间等标准，与供应商签订订货合同或直接购置。

（1）运输与组织到货　确定供应商与采购方式后，根据采购计划内容（包括质量、运输方式、交货时间、交货地点等）要求，组织运输与到货，并保证在合理的时间内提前完成。

（2）验收　物料运到企业后，根据有关标准，经有关部门对进厂物料进行品种、规格、数量、质量等各方面的严格检验核实后，方可验收入库。

（3）存储　对已入库的物资，要按科学、经济、合理的原则进行妥善的管理，保证质量完好、数量准确、方便生产。

（4）供应　根据生产部门的需要组织好生产前的物资准备工作，按计划、品种、规格、质量、数量及时发送。

3、物料采购供应的协调工作

在一个企业中，采购部门与生产部门由于分工往往产生矛盾与冲突，这就需要协调。协调的对象归根到底是人际关系。通过沟通克服阻力，从企业的目标和利益出发进行沟通和协调，从而达到提高产品质量和经济效益的目的。

4、物料采购供应的控制工作

（1）供应商的评估、认证以及产品的验收工作　在供应链管理的环境下，为了降低企业的成本，往往需要减少供应商的数量。当然，供应链合作关系也并不意味着单一的供应商。从供应链管理的需要和采购产品的质量出发，企业采购质量管理要求进行评估供应商、建立采购认证体系以及物料的验收工作。

1）评估供应商。为了对供应商进行系统的、全面的评价，就必须建立一套完善的、全面的综合评估指标体系。

① 建立有效的供应商评估指标体系。评估指标体系主要包括供应商的业绩、管理水平、人力资源开发、成本控制、技术开发，特别是质量控制、交货期、运输条件、用户满意度等指标。

② 分类进行评估。可以把供应商分成两类：一是现有的供应商；二是潜在的供应商。对于现有的合格的供应商，每个月进行一次调查，着重对价格、交货期、合格率、质量等进行正常的评估，1～2 年进行一次详细的评估。对于潜在的供应商，其评估内容要详细一些，首先是根据产品设计对原材料的需求，寻找潜在的供应商，由其提供企业概况、生产规模、生产能力、经营业绩、ISO9000 认证、安全管理、样品分析等基本情况；然后进行报价，接着对供应商进行初步的现场考察，考察时可以按照 ISO9000 系列标准进行；然后汇总材料小组讨论，在进行供应商资格认定之后，再由相关部门进行正式的考察。如果认为该供应商可以接受，就可以小批量供货，一般考察 3 个月后，如果没有问题，再确定为正式的供应商。

③ 保持动态平衡。在供应链管理的前提下，企业的需求和供给都在不

断变化，因此在保持供应商相对稳定的情况下，根据实际情况及时修改供应商评估标准，或者进行新的供应商评估。因此，合格供应商的队伍应当始终保持动态的状态，从而形成一种激励机制和竞争机制，从而提高产品质量。

④ 抓住关键问题。在评估指标体系中，质量是最基本、最重要的前提。虽然价格也很重要，但只有在保证质量的前提下，讨论价格才有意义。

此外，在评估指标体系中，供应商在行业中的地位、声誉、信用状况、领导的素质也具有很重要的参考价值。

2）建立采购认证体系。采购认证体系是针对采购流程的质量而言的，对采购的每个环节都要从质量的角度进行控制。在这个体系下，通过对供应商提供的产品质量进行检验，从而控制供应商的供应质量。

第一，对选择的供应商进行认证，具体内容包括以一定的技术规范考察供应商的软件和硬件。软件是指供应商的管理水平、技术能力、工艺流程、合作意识等；硬件是指供应商设备的先进程度、工作环境的完善性等。

第二，对供应商提供的样品进行试制认证，分两个阶段：第一阶段，对供应商外协加工的过程进行协调监控，如设计人员制定的技术规格和供应商实际生产过程是否存在出入；第二阶段，认证部门组织设计、工艺、质量管理等部门相关人员对供应商提供的样品及检验报告进行评审，看其是否符合企业的技术规格和质量要求。

第三，对供应商提供的小批量物料进行中试认证。这是由于对物料的质量检验主要是通过测量、检查、试验、度量，与以往规定的标准进行比较看其是否吻合，但是样品认证合格不代表小批量物料能符合质量要求，往往小批量物料的质量与样品的质量存在差异，因此，中试认证是必要的。

第四，对供应商提供的批量物料的批量认证。其质量控制表现在两个方面：一是控制新开发方案批量生产的物料供应质量的稳定性；二是控制新增供应商的批量物料供应质量的稳定性。

3）物料的验收工作。对于质量连续不合格的物料供应商，要做到：一方面提请供应商进行质量改进；另一方面，如果供应商的物料质量已经达到极限，则应从物料设计系统入手，选择适合大批量生产的物料种类。

对于质量连续符合标准的物料供应，则可以考虑对供应商实行免检。实行免检的物料事先要签订“质量保证协议”，并列出相应的处罚措施，从合同上对供应物料质量进行制约，提高供应产品的质量。

（2）采购质量管理保证体系　质量保证是指质量控制所采用的方法和程序，也就是系统地检查产品的功能、产品的生产过程以保证产品满足要求。有关采购质量管理保证体系的相关内容将在本章第四节加以介绍。

第二节　采购质量管理的内容和原则

一、采购技术规格

技术规格描述了产品技术方面的标准和规定。技术规格一般由企业技术部门、产品设计部门确定。它是企业进行生产的依据或标准，也是企业质量检验部门所遵循的标准。

产品设计是产品质量的基础。在产品的开发过程中，产品性能规格越来越复杂，也越来越难以改动，而且，后期的改动会造成产品的成本成倍增加。因此，采购功能必须纳入产品早期开发过程。

在新产品开发过程中，大型制造商通常从以下几方面与供应商进行沟通与合作。

1、采购设计

采购人员是新产品设计小组的一员。根据采购的标准对设计提出意见，把采购目标市场的信息纳入新产品的设计阶段。

2、供应商早期的参与

通过与供应商的合作经历，可以找出优秀的供应商并与其合作，邀请他们对新产品设计提出意见，对材料的选择提出建议，从而使设计不至于因为今后的更改而耗费更多的成本。

3、派驻工程师

例如，一些大的制造商专门派工程师到供应商处，专门解决各种问题。有的供应商向采购方派驻工程师，时间可长可短，目的是解决开发过程中出现的设计和制造问题。

任何一个组织在开发新产品时，采购员都起到了侦察员的作用。由于他们比开发者和工程师与供应商的联系更密切。采购员在开发的早期阶段加入，有助于更好地理解产品的功能和结构，及早引入供应商。实践证明，这样能够有效地降低成本和改进产品（见表 3-1）。

表 3-1　把供应商纳入新产品开发带来成本节约情况表

产品设计阶段	设计的复杂程度或产品的独特性（%）		
	低	中　等	高
初步设计	2～5	10～25	30～50
设计更改	1～3	3～15	15～25
为提高质量重新设计	10	15～30	40～60

注：表中反映的是成本节约的百分比。

二、采购需求规格

需求规格描述产品使用者需求的功能和特性，一般由产品设计部门、使用部门或采购质量专职管理机构共同确定。它是供应商进行生产的依据或标准，也是企业来料检验部门所遵循的标准。

采购部门必须保证产品需求规格能在供应商处得到满足，同时必须确保供应商能遵守交货时间、交货质量和价格等其他协议，因此采购方必须进行全面质量管理。采购需求规格是首先要确定的问题。

使用产品的部门必须先明确需求，需要什么规格的产品，他们应当准确、详细地描述产品的规格，使采购部门清楚产品的特性，以利于更好地向供应商采购。采购部门不能随意改动产品的规格，但是他们可以向需求部门提出更好的选择建议。

采购需求规格是指产品的描述方式，也可以是几种描述方式的综合。它通常包括以下几种方式。

1、品牌

品牌是指产品的牌子，它是销售者给自己的产品规定的商业名称，包括名称、标志、商标。品牌实质上代表着供应商对交付给采购者的产品特征、利益和服务的一贯性承诺。当采购方对购买的一件产品使用效果很满意，以后往往会再购买同样品牌的产品。

但是购买品牌产品可能成本比较高，采购方会选择非品牌的替代品。而且在采购时过分强调品牌，会导致潜在供应商数量的减少，丧失众多供应商竞争带来的价格降低或改进质量的机会。

2、至少同等规格

在政府采购的招标或采购方的发盘中，经常会有这样的情况，规定一种品牌或厂商的型号，然后注明“至少同等规格”。这种情况采购方把责任留给了投标者，让他们去制定同等或更高的质量标准，自己不必再花费精力去制定详细的产品规格。

3、工程图样

通过尺寸图等工程图样也是描述规格的一种方法，它可以和其他资料配合使用，这种方法特别适用购买非通用零部件，如建筑、电子行业的一些产品。这种方法是规格描述中最准确的一种，适用于购买那些生产中需要的精密性非常高的产品。检验部门则按工程图样来测量尺寸和进行其他方面的检验。

4、市场等级描述

例如，小麦和棉花的采购就属于等级采购，评级工作必须由权威部门来完成，根据市场等级采购到满意的产品。

5、样品

这种采购方法是检查一件欲购产品的样品，通过视觉来判断产品是否能接受，如木材的品种、颜色、外观、气味。它适用于那些难以用文字、图样表达的物料以及它的特性。例如，塑胶件的外观标准就常需用样品来配合工程图样来加以规定。

6、技术文件

技术文件常用于那些难以用图样表达或难以呈送样品（或样品不易保存）的物料。例如，常用的工程塑料颗粒，就无法用图样来描述，也不便用样品；化学药水（剂）的规格也使用技术文件来规定；例如，向供应商购买一台设备（比如一台铣床），只需说明是立式还是卧式、工作台行程、加工精度即可。

7、国际（国家、行业）标准

规格包含产品规格的标准化，以及标准产品的型号、尺寸等。规格描述包括：

1）物理或化学特性描述。

2）物料和制造方式描述。

3）性能表现描述。

很多标准件（如螺钉、螺母等）无需画图，也无需样品，只需写明所需的大小及供应商应遵守的国标号即可。另外，如果某供应商生产的产品在行业中处于领先地位，样品经试用后又完全能满足生产要求，那么可能就会把供应商提供的图样或技术标准作为今后来料检验的标准。

三、采购标准化

所谓标准，就是对具有多样性和重复性的事物，在一定范围所作的统一规定，并经过一定的批准程序，以特定的形式颁布的规范和法规。其制定标准和贯彻标准的活动过程称为标准化。

按标准化的适用范围，可分为工业标准和企业标准。工业标准指的是为简化产品品种、规格，统一产品规格、质量以及性能而制定的一系列规范、规定，如产品系列的确定、零部件标准化、通用化范围的规定、主要产品技术标准的制定等，即为工业标准。这类标准是行业或全国通用的，分别称之为行业标准（专业标准）、国家标准，这是每个企业必须严格执行的，也是采购活动的主要依据和手段。企业标准是在国家或行业标准的基础上，由采购企业自己制定出的规格，在采购工作中采购部门也可以把企业标准寄给行业主要的几个供应商，在最终采用前征求他们的意见。

采购标准包括国际标准、国家标准、行业标准和企业标准。采购标准化意味着可以简化采购工作量，意味着采供双方就明确的尺寸、质量、规格所达成的协议。通过加强采购的标准化工作，可以减少采购的品种，降低库存，从而降低最终产品的成本。

四、采购质量管理的原则

针对采购质量管理的内容，采购质量管理应当符合“5R”原则。总的来说，采购质量管理的原则就是在适当的时候，从适当的供应商处购买符合规格的所需数量的物料。采购质量管理必须围绕“质”、“供应商”、“时”、“量”、“地”5 个方面来开展工作。

1、适当的质量（Right Quality）

一个企业不重视采购质量，在市场竞争中根本无法立足。质量低劣的物料会导致检验费用、管理费用的增加，会导致返工增加、生产效率降低；也可能会导致生产计划的延误，不能按承诺的交货时间交货，降低企业的信用程度；可能会导致客户退货，企业蒙受损失，严重的还会丢失客户。

因此，采购质量管理首先就是要求采购到符合规格的产品，既要保证质量，又要恰当地处理质量与成本、供应、服务等要素之间的关系。不同物料、不同使用场合，其质量定位的标准有所不同。

质量与成本之间的关系采用“性价比”来平衡。质量不是越高越好。质量过高会产生质量过剩，并使成本大大上升。采购人员应严格掌握质量标准，慎重选择每一项物料。

质量与供应之间的关系也应当恰当处理。对于大批量的供应来说，由于对质量过高的要求，导致供应商加工周期过长，严重时会导致缺货。特别是对于自动化程度不高的供应商，只要物料不影响产品质量，不需要逐一检验物料。

质量与售后服务之间的关系也比较密切。由于产品组成部件的质量而导致频繁出现质量问题，不仅降低产品在客户心目中的形象，而且也给售后服务带来麻烦，增加服务成本，所以质量是第一关。

2、适当的供应商（Right Supplier）

供应商的选择与评估是采购人员面临的首要任务，供应商的认证也是至关重要的。采购质量管理的重要职能是选择适当的供应商，并通过双方的互动不断提高产品质量，从而形成“双赢”的局面。

从采购发展的趋势来看，企业选择的供应商数量有集中化的趋势，对供应商的要求将越来越高，与供应商的合作关系也越来越密切，从而建立起一种长期的合作伙伴关系。因此，选择适当的供应商就显得尤为重要。

3、**适当的时间**（Right Time）

企业已经安排好的生产计划会由于所需物料未能及时到达造成停工待料，从而造成直接经济损失。但如果采购量太多又会造成库存占用量太大，以致资金积压。如果实行 JIT 采购，交货时机就显得尤为重要。采购人员要监督供应商按照订单约定的时间准时交货。

4、**适当的数量**（Right Quantity）

大批量采购虽然会有数量折扣，但是会造成资金的积压。一般情况下，企业通常采用经济购批量进行采购，但也需要根据具体的情况进行具体分析。采购人员要监督供应商按照订单数量准时交货。

5、**适当的地点**（Right Place）

在实施 JIT 采购的情况下，企业在选择供应商时通常必须选择在一定距离内的供应商进行合作。因此，一个地区往往由于产业链形成产业集聚效应，使得沟通更迅速，可以降低物流成本。

第三节　采购质量管理的基本方法

在采购质量管理工作中，需要了解采购工作过程中物料的质量状况。找出影响物料质量波动的原因，就要收集物料的质量数据记录，然后采用相应的方法进行采购质量问题的分析，从而解决采购质量问题，达到提高采购质量的目的。

一、调查表法

调查表又称检查表，它是利用统计图表进行数据收集、数据整理和粗略原因分析的一种工具。其格式有多种多样，常用的调查表有缺陷位置调查表、不合格品调查表、矩阵调查表、采购质量分布调查表、不良原因调查表等。下面介绍几种有代表性的调查表。

1、**缺陷位置调查表**

对于供应商所提供的物料，其外观质量是考核的指标之一。外观的缺陷可能发生在不同的部位，出现多种类型。缺陷位置调查表（表 3-2）就是先画出物料示意图，把图面划分成若干小区域。调查时，按照物料的缺陷位置在平面图的相应小区域内做记号。最后归纳成统计记号，可以得出某一缺陷比较集中在哪一个部位上的规律。这就为进一步调查或与供应商协商找出解决办法提供了可靠的依据。

表 3-2 缺陷位置调查表

	×	×	×	×	×	×	×	×				
				○						○		
	×		×		×				×		×	
										○		
		○										

注：表 3-2 是调查铁片表面涂漆缺陷情况分布调查表，×表示伤痕，○表示气泡。调查 200 张铁片，有 15 张铁片存在 16 个缺陷。调查表就是把缺陷位置标出后的平面图。从中明显可以看出伤痕集中在两条直线上，经查证是涂漆机所致，经与供应商协商修理后基本消除了伤痕。

缺陷位置调查表常用于产品的外伤、脏污等和位置有关的质量问题。

2．不合格品调查表

对于供应商提供的物料，其中的不合格品需要调查其项目，以及这些项目占的比率大小。例如，把预先设计好的表格放在验收的现场，让验收人员随时在相应栏里画上记号，填上数据，然后再进行统计，就可以及时地掌握情况。

表 3-3 是一张不合格品调查表。这张表的日期、供应商、供应量、不合格品量、不合格品率栏等是用来填写所收集数据的，不合格品率必须通过计算得出，所以可以说是对数据进行了整理。不合格品经过分门别类地填写，就可以对不合格品的原因进行粗略的分析。

表 3-3 不合格品调查表

日期	供应商	供应量	不合格品量	不合格品率	不合格品项目							
					（1）	（2）	（3）	（4）	（5）	（6）	（7）	其他
合计												

3．矩阵调查表

矩阵调查表是把造成采购质量问题的成对因素，分别排成行和列，在其交叉点上标出调查的问题。这是一种多元问题的调查法。

二、分类法

分类法又称分层法，这是一种把记录的原始质量数据按照一定标志加以分类整理，以便分析采购质量问题及其影响因素的方法。分类的目的，是为了通过分类把性质不同的数据和错综复杂的影响因素分析清楚，找到问题的症结所在，以便对症下药，解决问题。

将数据分类时，不能随意地进行分类，而是根据分析的目的，按照一定的标志加以区分，把性质相同、在同一条件下收集的数据归纳在一起。分类时，应使同一层内的数据波动幅度尽可能小，而不同类别的差距尽可能大。这是搞好分类法的关键所在。质量数据分类的标志多种多样，一般按以下原则进行分类。

1）按检验时间分类：如按不同的班次、不同的日期进行分类。

2）按供应商分类：如按不同的供应商进行分类。

3）按运输方式分类：如按海运、公路、航空、铁路分类。

4）按进货时间分类：如按不同的进货日期进行分类。

5）按检验方法分类：如按全检、抽样检验等进行分类。

6）按型号分类：如按不同的型号、新旧程度进行分类。

7）其他分类方法。

分类法广泛运用于各个行业的采购活动，既可以用于工业企业，也适用于商业企业和服务行业等。分类法既可以用表格表示，也可以用图形表示出来。例如，某年某月供应商不合格品分类见表 3-4。

表 3-4　某年某月供应商不合格品分类

供应商名称	不合格品数量/t			
	A	B	C	合　计
甲	5	10	20	35
乙	8	4	8	20
丙	3	1	2	6
小计	16	15	30	61

三、因果分析法

1、因果分析图的概念

因果分析图是表示质量特性与原因关系的图，所以也称特性要因图。因其形状像树枝和鱼刺，因此，又称树枝图或鱼刺图。在采购过程中，影响采购质量的因素是错综复杂、多种多样的，因果分析图就是可以整理和分析影响采购质量（结果）各因素（原因）之间的关系的一种工具。

它是通过带箭头的线，将采购质量问题与原因之间的关系表示出来。其图形如图 3-1 所示。

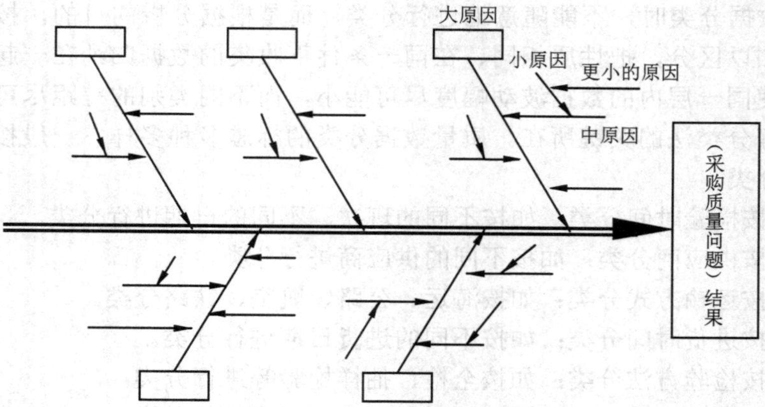

图 3-1 因果分析图基本模型

2、因果分析图的作图步骤

1）先明确要分析的采购质量问题和确定需要解决的采购质量特性。

2）召集同该采购质量问题有关的人员开会讨论，充分发扬民主，集思广益，各抒己见，分析产生采购质量问题的原因。

3）将采购质量问题写在图的右边，画一条带箭头的主干，箭头描向右端，确定造成采购质量问题的大原因。因为影响采购质量问题一般有若干因素，可以就影响采购质量的因素画出，可以根据具体情况增减项目，把大原因用箭头排列在主干线的两侧。

4）按各大原因引导大家展开分析。将大家提出的看法按中小原因及相互之间的关系，用长短不等的箭头线画在图上。展开分析到能采取措施为止。

5）把重要的、关键的原因分别用粗线或其他颜色的线标出来，或者加上框。这类原因只能是 2～3 项，用投票法、排列图法或评分法确定。

6）记下必要的有关事项，如绘制日期、制图者、制作单位、参加讨论的人员及其他可供参考的注意事项。

3. 采购质量的因果分析图的应用举例

采购质量不合格因果分析图如图 3-2 所示。

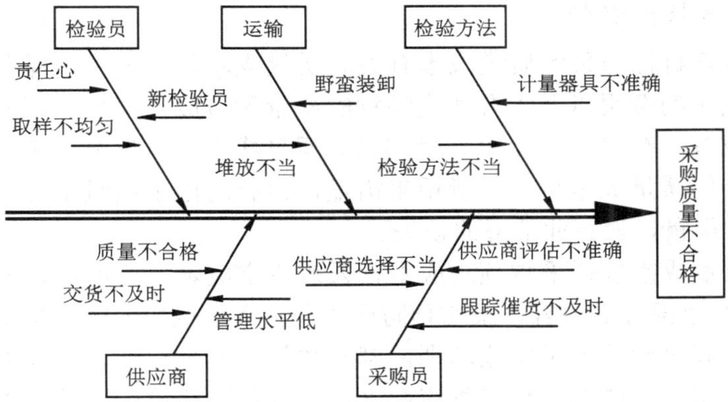

图 3-2　采购质量不合格因果分析图

4、制作因果分析图的注意事项

1）所确定的采购质量问题应尽量具体。

2）要发扬民主，尽可能把与问题有关的人员都召集来开会，与会者要充分发表意见，把各种意见都记录下来，包括不同的意见。

3）原因的分析要紧扣问题，针对性强，力求详细、全面，原因分析要细到能采取措施为止。

4）主要原因一定要标出。主要原因的确定可采用投票法、排列图法或评分法确定。

5）为了图形的美观，线段之间的倾斜角度约为 60°。

6）因果分析图画好后要到现场落实原因项目，制定措施。措施实施后，与排列图相结合，检查其效果。

7）大、中、小原因混乱，归类混乱，只有大原因或采购质量问题不明确等是常见的毛病，应特别注意。

第四节　采购质量管理的保证体系

采购质量管理的主要内容首先包括对采购过程的质量管理，组织应确保采购的产品符合规定的采购要求，其重点在于供应商的选择与评价；其次是采购信息的收集和记录，包括对拟采购的产品、生产程序、设备的要求，人员资格的要求，质量管理体系的要求；最后是采购产品的验证，组织应通过检验或其他手段，以确保采购的产品满足规定的采购要求。

采购质量管理保证体系是企业质量保证体系的一个组成部分，是一个专项质量管理体系之一，它具有目的性、集合性、相关性、整体性、适应性等特征。

一、采购质量成本

采购质量目标与采购质量成本有关。质量成本是指为了确保和保证满意的质量而发生的费用以及没有达到满意的质量所造成的损失。研究表明，产品的最终成本中有 30%～40%可以归结为质量成本。质量成本包括的含义很广，大部分的质量成本可以用货币来衡量，但有的由于质量不良带来的损失无法用货币衡量，如企业信誉的损失。

采购质量成本包括采购预防成本、采购鉴定成本、内部故障成本和外部故障成本 4 个部分的内容。采购预防成本是指评价供应商的质量保证体系，与供应商一起对检验人员实施培训，制定物料的质量标准以及与供应商联系的费用。采购鉴定成本是指对供应商进厂的物料进行检验、试验以及对设备维护等所发生的费用。内部故障成本是指由于采购的物料不合格而进行的返修、退货、索赔等活动所发生的费用，还包括停工待料所造成的损失。外部故障成本是指由于采购的物料的缺陷在顾客处显示出来所造成的损失，如保修费用、退货损失、索赔费用、诉讼费用以及库存产品的降价损失。

采购质量成本可以用采购质量成本率来衡量：

采购质量成本率=（总采购质量成本/总采购成本）×100%

采购质量目标也就是尽可能降低采购质量成本。

二、采购质量管理机构和制度

（一）采购质量管理机构

为了使采购质量管理保证体系能够卓有成效地运转，使采购部门所采购的产品符合规定的要求，就需要建立一个负责采购质量的组织、协调、督促、检查工作的部门，作为采购质量管理保证体系的组织保证。这个部门就是专职的采购质量管理机构。

采购质量管理专职机构建立以后，其他部门仍然要负起相应的采购质量责任。有了采购质量管理专职机构，就能起到协调技术部门、使用部门与采购部门的作用，协调供应商与采购部门的作用，使各部门配合得更好。因此，设立采购质量管理专职机构能够避免各自为政，发挥综合优势，更好地提高采购质量。

采购质量管理专职机构在组织开展采购质量管理保证体系活动中的主要作用有：

1）统一组织协调采购质量管理保证体系的活动，帮助和推动各方面采购质量管理工作。

2）提高采购质量管理活动的计划性，把采购质量管理保证体系各方面的活动纳入计划轨道。

3）对各部门的采购质量管理职能和采购质量保证的任务，经常进行检查和监督。

4）统一组织采购质量管理信息的流通和传递，并使之充分而有效地发挥作用。

5）研究如何提高采购质量管理保证体系的功效。

6）掌握采购质量管理保证体系的动态，积极组织内部及组织与供应商之间新的协调和平衡。

由于企业的生产类型、规模、工艺性质、生产技术特点、生产组织形式的不同，采购质量管理专职机构在各个企业也不一样，可以成立由采购副总经理领导下的采购质量管理小组（或委员会），或者由采购部门设立的一个单独的采购质量管理机构。这种机构是企业领导执行采购质量管理职能的参谋、助手和办事机构，负责采购质量的组织、协调、督促、检查工作和综合有关部门和供应商的采购质量管理活动，是整个采购质量管理保证体系的反馈中心。

采购质量管理专职机构在采购质量管理保证体系中的主要职责是：协助采购副总经理进行日常采购质量管理工作；开展采购质量管理宣传教育；组织采购质量管理活动；编制采购质量管理计划，督促检查采购质量管理计划的完成情况；制定减低质量成本的目标和方案，协同财会部门进行质量成本的汇集、分类和计算；协调有关部门的采购质量管理活动；研究和推广先进的采购质量管理方法；指导采购质量管理小组的活动；组织供应商的评估、采购产品的质量调查，进行采购质量评价等。

（二）采购质量管理制度

对于企业管理中重复出现的工作，把它们的处理过程制定为标准，纳入规章制度，这就是管理制度。把采购管理工作中有关质量管理业务工作流程经过分析，使之合理化，并固定下来，这就是采购质量管理制度。建立采购质量管理制度可以使采购质量管理条理化、规范化，避免职责不清，相互脱节、相互推诿，所以它既是采购管理质量保证体系的重要内容，又是建立采购管理质量保证体系的一项重要的基础工作。

1、加强进货检验的质量管理

加强进货检验的质量管理包括：进货的验收、隔离、标识等；进货检验或试验的方法及判断依据等；所使用的工具、量具、仪器仪表和设备维护及使用的要求；对检验员、试验员的技能要求。

2、做好采购质量记录

做好与采购质量有关的记录：一是与接收产品有关部门的记录，如验收记录、进货检验与试验报告、不合格反馈单、到供应商处的验证报告等；二是与可追溯性有关的质量记录，如验收记录、发货记录、检验报告、使用记录等。

3、采购质量的检查

采购质量检查的主要内容有：是否与供应商建立并保持了采购质量控制的书面程序。选择供应商时要审查供应商的资格和供货能力，对按 ISO9000 要求选择的供应商，要对其质量体系进行审核。对供应商要进行供货能力的评估和持续供货能力的评估，要保存好供应商的档案。

4、制定好采购文件

采购文件在制作前，首先对采购的物资进行验证，对供应商进行验证，并保存好记录、验证合同。对采购物资的适用性进行认真审核。

5、制定详细的质量保证协议

要与供应商达成明确的质量保证协议，其中的要求要得到供应商的认可，其中的质量要求要充分适当，充分考虑其有效性、成本、风险等方面的因素。通常，质量保证协议要包括供应商的质量体系、货物的检验、试验数据以及过程控制记录，供应商进行全检或批次抽样检验的记录。企业对供应商的质量体系要进行评估，对接受的货物要进行检验。

6、制定采购物资验证方法的协议

采购物资验证方法协议的作用是对供应商提供的产品的验证方法作出明确规定，同时防止由于验证方法的不一致所产生的对产品质量评价的争端。

企业要与分承包方达成明确的验证方法的协议，协议中规定的质量要求和检验、试验与抽样方法应得到双方的认可和充分理解。通常，验证方法的协议的内容有检验或试验依据的规程（规范）、使用的设备工具和工作条件、判断的依据、双方交换检验数据和试验数据方面的协议和方法以及双方互相检查检验或试验方法、设备、条件和人员技能方面的要求。

三、采购质量控制

采购质量管理就是对采购质量的计划、组织、协调和控制，通过对供应商质量评估和认证，从而建立采购管理质量保证体系，保证企业的物资供应活动的总称。它的实质是通过企业的一系列采购管理工作来保证和提高采购产品的质量。

（一）采购质量控制的内容

采购质量控制就是为保持采购产品的质量所采取的作业技术和有关活动，其目的在于为使用部门提供符合规格要求的满意产品。

1、确定采购商和供应商之间每一项业务要取得一致的意见

采购质量控制的重点是对供应商的控制，采购质量控制是指采购物料的

质量要求能保证得到满足并且能够客观地得到证明，这就意味着采购方和供应商之间的每一项业务，对下述问题的意见取得一致。

1）对交易的基本要求。

2）怎样实现这些要求。

3）检验工作要符合规范。

4）出现问题时的处理方法。

2、制定采购质量标准

制定采购质量标准就是要保证采购的产品能够达到企业生产所需要的质量要求，保证企业用其生产出来的产品个个都是质量合格的产品。保证质量也要做到适度。质量太差，当然不行；但是质量太高，一是没有必要，二是必然造成价格高，增加购买费用，也是不划算的。所以，要求物资采购要在保证质量的前提下尽量采购价格低廉的产品。

3、落实采购质量保证

采购质量保证是指采购质量控制所采用的方法和程序，也就是系统地检查产品的功能和生产过程以保证产品能够符合规定的质量要求。组织内部的采购质量评估活动通常叫做审核；组织外部的采购质量评估活动称为认证。

采购质量保证其中一个重要的标准是供应商的选择，供应商将会提供什么样的产品？该产品的设计如何？技术性能怎样？采用什么样的质量标准？这些问题都是至关重要的。

采购质量保证可以通过与供应商签订质量保证协议来进行。质量保证协议的作用有：一是对供应商提出质量保证要求；二是通过对供应商的适当控制保证采购产品的质量。对质量保证协议的要求如下：

1）与供应商达成明确的质量保证协议。

2）质量保证协议中提出的质量保证要求应得到供应商的认可。

3）质量保证协议中提出的质量保证要求应适当，充分考虑其有效性、成本和风险等方面的因素。

质量保证协议中提出的质量保证要求包括下列内容：

1）信任供应商的质量体系。

2）随发运的货物提交规定的检验、试验数据以及过程控制记录。

3）由供应商进行全检。

4）由供应商进行批次接收抽样检验与试验。

5）由供应商实施组织规定的正式质量体系，在某些情况下，可涉及正式的质量保证模式。

6）由公司或第三方对供应商的质量体系进行评价。

7）内部接收检验或分类。

总的来说，采购质量控制就是使企业所有的采购活动符合规定的质量目标，使企业采购的产品满足规定的质量水平。采购质量控制需要组织内部各个部门以及供应商的相互沟通并且协调一致，一旦确定了质量标准，采购的产品都必须处于这个标准的控制之下。为了达到这个标准，采购质量管理部门必须承担 4 个方面的职责：采购质量标准的制定、评估、控制和保证。

（二）采购质量管理保证体系

采购质量管理保证体系是指用于采购质量控制的方法和程序的综合。采购质量管理保证体系通常记录在企业的质量手册中，质量手册中主要包括采购质量标准的制定、评估、控制和保证、采购质量控制方法、供应商的选择评估以及考核等一些内容。

1. 采购质量管理保证体系的内容

1）明确的采购质量目标、采购质量计划和采购质量标准。

2）严格的采购质量责任制。

3）专职的采购质量管理机构。

4）采购管理业务标准化和管理流程程序化。

5）高效、灵敏的采购信息反馈系统。

6）供应商的质量保证活动。

供应商的质量保证活动是采购质量管理保证体系的重点，也是开展全面质量管理的一个重要组成部分。

2. 供应商质量保证活动的主要内容

1）基于预防的质量管理方法。

要认真准备订单说明书，充分的准备是采购工作成功的一半，说明书中要有详细的设计部门提供的技术参数以及包装、运输等方面的说明。要对供应商进行初步的资格认定，了解供应商的交付能力；然后由专门小组对供应商的质量体系进行调查，形成调查报告，对在调查中发现的问题进行讨论并就改进方法达成一致意见；对改进方法记录文件要定期进行检查。要进行样品检验，供应商提供的样品要经过设计部门的检验，作为衡量供应商的标准。下一步是让供应商进行试生产，对供应商的生产过程进行审查，审查的重点在于供应商的过程控制和质量控制，双方就审查过程中发现的问题交换意见，达成共识，然后产品正式投产。双方签订质量协议，其目的是保证产品质量满足供需双方达成的要求。通过上述方法，采购方可以实行抽检，甚至免检，减少进货成本，这也是质量成本的主要来源。

2）对供应商进行定期验证、检查和评估。

产品审查可以发现供应商各方面运转良好的程度，如采购方的拒收率。拒收率可以反映产品的质量水平。工艺审查是通过对供应商的工艺系统调查来判断其工艺是否满足标准要求，通常审查 4M（人员 Men，材料 Materials，设备 Machines，方法 Methods），它是检查操作者是否用适当的设备和技术保证生产出合格的产品。系统审查是将质量体系与外部标准进行比较，标准可以是企业自行制定的，或者是权威认证机构制定的，如 ISO9000 标准。

采购方可以与供应商签订采购物资验证方法的协议。这个协议的作用在于对供应商提供产品的验证方法作出明确规定，防止由于验证方法不一致所产生的对产品质量评价的不一致而引起的质量争端。对验证方法协议的要求包括：一是与分承包方达成明确的验证方法协议；二是协议中规定的质量要求和检验试验与抽样方法应得到双方认可和充分理解。验证方法协议的内容如下：①检验或试验依据的规程（规范）；②使用的设备工具和工作条件；③判断的依据（允收标准）；④双方交换检验和试验数据方面的协议和方法；⑤双方互相检查、检验或试验方法、设备、条件和人员技能方面的规定。

3）实施供应商质量保证，要明确供应商在哪些方面进行了质量保证。

采购部门要加强质量管理，明确是谁负责与供应商保持联系，谁负责选择供应商，与供应商的沟通口径必须一致。采购部门要树立质量第一的思想，同时供应商要及时得到质量信息的评估和反馈，通常是以评估报告的形式进行的。

全面质量管理是一种关注顾客满意度的管理哲学和体系，在全面质量管理中，顾客可以是企业内部的，也可以是外部的。在供应链管理中，任何在供应链上接受产品的人都是顾客。全面质量管理同样适用于采购质量管理，要提高采购质量，同样离不开有关部门和人员的通力合作，因此，企业的员工必须不断为改进采购质量而努力，要将采购质量与整个企业的业务活动融合在一起，要以顾客的满意度作为采购质量管理的目标，要加强与供应商的合作与管理。

【案例】

爱默公司的采购质量管理水平在采购业务整合和改革中提高

兰登·海尔是爱默公司的采购员和计划员。质量控制主管吉姆·斯格兹告诉他说：“兰登，我觉得你准备的物料报告中，不合格的数字太多，让人感觉供应商和我们公司看起来都比实际情况更糟。”兰登很欢迎这种反馈形式，他说：“我也有同样的感觉。我会调查这件事，然后向你报告结果。”

公司背景 爱默公司是一家小的带锯生产商，属于瑞典的伊莱克斯公司。爱默公司直接向伊莱克斯的美国分支——普兰公司汇报工作。公司最近刚经历了大幅度的缩减和重组。

采购部 在缩减和重组之前，爱默公司的采购部负责定购零部件、管理大量采购中所涉及的供应商关系、控制存货，并处理与供应商有关的问题。所有购入的部件都由质量控制部门检验。当工程或质量部门签发物料缺陷报告时，采购部门会得到质量问题的通知。采购部门并不参与分析或者决定物料缺陷报告是否可信，实际上，即使当他们的职责重叠时，除了通知对方的相关部门外，他们几乎没有任何接触。

由于工厂内各个部门都在进行裁员，所以必须重新考虑怎样履行职能以及由谁来完成。在缩减的过程中，采购部门减少了两名员工，只剩下物料经理和两名采购及计划员。很长时间以来采购部门一直试图减少采购规模和在质量控制中发挥更积极的作用。现在，由于缩减规模就必须这样做了。

公司经理设立了一个技术审查小组，以处理公司内关键的战略性和技术性决策。这个小组每个星期召开例会，由公司经理、销售经理、工程和质量经理以及物料部门的三名员工组成。在管理上，采购部门通过实行零部件资格认证，减少了供应商数量。通过检查零部件供应商以前的产品缺陷率，采购部门可以从大量供应商中，为一些产品找到有资格的供应商。同样，其他的供应商也被减掉。在6个月中，采购规模从216家供应商减少到110家。

零部件资格认证制度使采购部门在公司的质量保证过程中发挥了积极作用。一旦一种部件通过认证后，由于供应商在运送前履行相同的检验程序，所以进厂时就不必检验。结果，爱默公司的检验员从5名减少到1名主管和1名兼职检验员。通过认证的部件现在直接被送到生产线。在这里，发现的产品缺陷被输入联机终端。要检查供应商的产品缺陷情况，兰登·海尔只需从主机上抽选合适的信息，然后准备他的月度供应商评价报告。

过去，当工程或质量控制部门签发缺陷产品报告时，采购部门才知道产品出现了质量问题。这是因为工程部门并不先和采购部门讨论质量缺陷。同样，供应商也没有机会发表或者建议补救措施。现在，涉及产品质量时，质量控制部门会叫来兰登，双方会一起讨论内外部的必要信息，然后再决定是否签发产品缺陷报告或者有没有其他解决办法。

产品缺陷报告 兰登·海尔负责做出月度的供应商评价报告，这份报告包括如下信息。

1）质量分析——每月全部货物中缺陷产品所占的比率。

2）供应商产品缺陷报告列表——产品缺陷报告的数目以及供应商提供的产品缺陷。

3）有效供应商列表——采购方确定的供应商数量。

4）提前期索引（按天数）。

5）月度生产概要。

6）全部生产存货。

月度供应商分析报告送给技术审查小组的所有成员，也是每月里其中一次周会上的既定议程。由于进厂检验已经取消，并且实行了零部件资格认证制度，所以月度供应商分析报告中“供应商产品缺陷报告列表”这个部分就尤其重要。列表中的信息是爱默公司质量保证计划的关键部分，它显示了每月中每个供应商产品质量的状况，这个数据不断地被输入联机终端，并且在月末时以报告的形式从主机下载。

表 3-5 是一份供应商产品缺陷报告的实例。

表 3-5 供应商产品缺陷报告月报

类　别	供应商编号	供应商名称	产品接收数	产品缺陷报告数	产品缺陷率(%)
1	024859	Harding	1	1	100
2	019506	Braceman	2	1	50
3	017594	Ferguson	2	1	50
4	037265	Trako	3	1	33.3
5	020684	Cortar	7	2	28.6
6	037296	Spellman	5	1	20.0
7	018495	Loring	15	1	6.7
8	064871	Webber	94	2	2.1

这个报告系统存在的问题可以通过 Trako、Cortar 和 Loring 三家公司的例子来显示。根据这份月度报告，Trako 公司有 33.3%的产品缺陷率。它是一家铸件生产企业。这个月中，爱默公司从 Trako 公司接收了三批货物，每批货物有 3 600 个铸件。在这 3 600 个铸件中有 36 个废品，大多数废品是由于有细微的裂缝。在这些铸件喷漆之前，如果不进行视觉检查，几乎不可能发现缺陷，爱默公司的装配工人在装配线上发现了这些裂缝。

Loring 公司为爱默公司提供汽化器。Loring 公司在装运前进行一次流动检验，但有些缺陷直到汽化器被装到电锯上才能被发现。Loring 公司与爱默公司制定了一项退货协议，根据这份协议，有此类特别缺陷的汽化器要退回和返工，而爱默公司不承担任何费用。如果汽化器再次失灵，就要报废。爱默公司发布一份缺陷产品报告，通过它累积每月有缺陷的汽化器。在上面描述的每个例子中，爱默公司一直都认为，在签订合同的时候，对于 100%无缺陷的零件，其成本已经超过了其带来的收益。兰登·海尔担心，缺陷产品报告不能准确提供每个供应商的具体情况。如果他或者其他购买者/计划者不能解释每个供应商的情形，那么，根据这个信息可能会作出错误决策。缺陷产品报告可能会使供应商的质量，并且使爱默公司的质量，看起来比实际情况差。

兰登·海尔以及采购部门的其他成员最了解每个供应商的情况。兰登必须确保这份月度报告准确反映每个供应商的绩效表现。同时，他也要确保这些信息能为其他部门的成员提供帮助。他要做出决定，在这套质量追踪与报告系统中，是否需要作出改变以及怎样实行改变。

【案例思考题】

1. 爱默公司的采购部在缩减和重组之后，采购业务发生了哪些变化？

2. 该变化是如何促进爱默公司的采购质量管理的？如何促进爱默公司的采购质量管理保证体系的进一步完善？供应商的质量管理有哪些改善？

3. 如何保证产品缺陷报告能准确说明供应商的绩效？根据这个报告如何进一步加强供应商的质量管理？谈谈你对爱默公司采购质量管理的看法。

【本章小结】

本章介绍了采购质量和采购质量管理的概念，详细阐述了采购质量分析的内容；介绍了采购质量管理的内容和方法；重点介绍了采购质量体系的内容和运作过程；重点介绍了采购质量管理保证体系的构成及主要内容；简要介绍了采购质量管理制度的基本内容及质量控制内容。

【复习思考题】

1. 什么是采购规格？采购规格有哪些描述方式？
2. 为什么要实施采购标准化？
3. 质量的定义是什么？什么是采购质量？
4. 采购质量管理的含义是什么？包括哪些内容？
5. 采购认证体系是如何运作的？
6. 采购质量管理的原则是什么？
7. 什么是采购质量管理保证体系？包括哪些内容？
8. 采购质量成本是什么？包括哪些内容？
9. 采购质量管理制度有哪些内容？
10. 如何进行采购质量控制？

第四章　采购数量管理

【知识目标】

了解库存的基本概念，库存管理的基本知识；熟悉影响库存的因素；掌握库存控制的基本方法；重点掌握定期订货法、订货点法和 ABC 分类控制法的基本原理和方法。

【技能目标】

能够熟练运用定期订货法原理确定订货周期和订货量，完成订货；能够运用定量订货法原理确定订货点，从而确定订货时间、订货批量，完成订货；能够将货物进行 ABC 分类，确定重点采购物资，完成分类采购。

第一节　库存管理概述

一、采购数量与库存

1、采购数量与采购数量管理

采购数量是指采购商为保证企业正常生产经营活动而向供应商所购买货物的多少。采购数量有狭义与广义之分：狭义的采购数量是指采购商每次向供应商所购买的物资多少；广义的采购数量除采购商每次向供应商所购买的物资多少外，还包括现有库存数量情况。采购数量多少与是否合理直接影响到企业的生产经营与总成本水平。

采购数量管理是指根据本企业生产需要，结合库存现有水平，在确保企业采购总成本最小的前提下，确定一个合适的、订货批量、订货周期等的有关计划、组织、协调和控制活动。因此，采购数量管理的核心就是库存控制与管理。

2、库存基本概念

库存是一种暂时处于闲置状态的应用于将来的资源。通俗地讲，库存是指企业在生产经营过程中为现在和将来的耗用或者销售而储备的资源。广义的库存包括处于制造加工状态和运输状态的物品。设置库存的目的是预防不确定性的、随机的资源需求变化，保持生产的连续性、稳定性。

3、库存分类

（1）按照状态分类　库存可以分为：

1）原材料库存。

2）半成品库存。

3）成品库存。

（2）按照作用分类　库存可以分为：

1）周转库存。为了降低采购成本或生产成本，进行批量性采购或批量性生产，由此产生的批量性周期库存，称之为周转库存。平均周转库存量等于 $Q/2$，其中，Q 为订货批量。

2）安全库存。为了解决因需求不正常变化引起的缺料，而设置一定数量的库存，称之为安全库存。

3）调节库存。用于调节供需不平衡而设置的库存，称之为调节库存。

二、库存的作用

库存的主要作用在于能有效地促进供需平衡，保证生产正常进行。具体有：

（1）维持销售商品的稳定　销售型企业必须保持一定数量的库存，以应付市场变化，保证正常供应，改善服务质量。

（2）维持生产的稳定　企业按销售订单与销售预测来安排生产计划，并制订采购计划，下达采购订单。因采购物品需一定的提前期，但仍然存在有可能拖后或延迟的风险，影响企业正常的生产等，因此，需要一定的材料库存。

（3）平衡企业物流　库存在企业采购、供应、生产和销售各物流环节中起着很好的平衡作用。

（4）平衡企业流动资金占用　库存材料、在制品和成品是企业流动资金的主要占用部分，所以库存量的控制实际上就是进行流动资金的平衡。

第二节　影响库存的因素

一、客户服务水平

众所周知，为了最大限度地满足客户可得性而大量提高库存克服需求的波动性是非经济的。库存要考虑行业竞争企业间的标准惯例，同时就一般情况而言，信守交货承诺比交货速度对客户更重要，更能体现客户服务水平。人们也意识到通过对库存管理水平的提高，同样可以达到提高客户水平的目的。但相对而言，客户服务水平的提高与库存数量等依然存在正相关的关系。

二、订货批量

由于采购策略的不同，对库存的影响也不同。如果采购次数频繁，采购批量小，库存数量就小；采购次数少，采购批量大，库存数量就大。因此，采购策略对库存有直接影响。在此基础上，产生了通过控制采购批量来控制库存的方法——经济订货批量法，就是对采购时间、数量等进行控制，从而达到对整个库存控制的目的。

三、物流渠道中货物流转的速度

由于生产和销售的连续性，必须考虑物流渠道中货物流转的速度。货物流转速度快，对库存的依赖就会减少，库存数量就可以下降；货物在渠道中流转速度慢，不确定因素随时间的增加而增加，导致周转和安全库存度都必须有相应的增加。

四、预测精确度

对相关需求的预测由于最终产品的确定是非常准确的，库存也是固定的；对独立需求的预测则由于需求的不规律性而导致预测不可能精确。因此，对独立需求库存而言，预测越精确，不必要库存就会越少，安全库存量也会越小。事实上，如果可以100%精确地预测补货提前期和需求，就不需要安全库存。

五、供应和销售的波动幅度

供应和销售都会因为各种原因产生波动：意外事件、市场的价格波动、消费者偏好的变化、新产品的推出等。此外，供应和销售本身就存在一定的波动幅度。因此，为了保证生产和销售，不得不按照波动幅度保有一定的库存以保证生产和销售的需求。对此，可以根据产品在不同的生命周期波动幅度不同等性质和其他因素随波动幅度的变化调节库存。

六、库存成本

成本是决定库存量的最根本的因素，适当的库存量控制是在实现总成本最低的情况下实现的。因此，成本因素对库存产生以下重要影响。

1、采购成本

补货时采购商品的相关成本往往是决定再订货数量的重要经济因素。发出补货订单后，就会产生一系列与订单处理、准备、传输、操作、购买相关的成本。确切地说，采购成本（Procurement Costs）可能包括不同订货批量下产品的价格或制造成本；生产的启动成本；订单经过财务、采购部门的处理成本；订单（常常通过邮寄或电子方式）传输到供应地的成本；货物运输成本（若采购价格不含运输费用）；在收货地点的所有物料搬运或商品加工成本。如果企业由内部供货，如企业的工厂为自己的成品库补货，采购成本就要反映生产启动成本随之发生的变化。如果采用的是运到价格，那么就不涉及运输成本。

上述有些采购成本相对每个订单而言是固定的，不随订单订货规模而变化。其他的一些情况，如运输成本、生产成本和物料搬运成本则不同程度地随订货规模变化。分析时，需要对各种情况加以区别对待。

2、库存持有成本

库存持有成本（Carrying Costs）是因一段时期内存储或持有商品而导致的，大致与所持有的平均库存量成正比。该成本可以分成 4 种：空间成本、资金成本、库存服务成本和库存风险成本。

（1）空间成本　空间成本（Space Costs）是因占用存储建筑内立体空间所支付的费用。如果是租借的空间，存储费用一般按一定时间内存储产品占据的空间来计算，如元/平方米·月。如果是自有仓库或合同仓库，则空间成本取决于分担的运营成本，这些运营成本都是与存储空间相关的（如供暖和照明）；同时还取决于与存储量相联系的固定成本，如建筑和存储设施成本。在计算在途库存的持有成本时，不必考虑空间成本。

（2）资金成本　资金成本（Capital Costs）是指库存占用资金的成本。该项成本可占到总库存成本的 80%，同时也是各项库存持有成本中最捉摸不定的、最具主观性的一项。其原因有两个：第一，库存是短期资产和长期资产的混合，有些存货仅为满足季节性需求服务，而另一些则为迎合长期需求而持有。第二，从优惠利率到资金的机会成本，资金成本差异巨大。人们对用于库存的资金成本的确切数额已争论多时。许多企业使用资金成本的平均值，另一些则使用企业投资的平均回报率。也有人认为最低资金回报率（Hurdle Rate）最能准确反映真实的资金成本。最低资金回报率是企业所放弃的获利最高的投资项目的回报率。

（3）库存服务成本（Inventory Service Costs）　保险和税收也构成库存持有成本的一部分，因为他们的水平基本上取决于持有的库存量。保险作为一种保护措施，帮助企业预防火灾、风暴或偷盗所带来的损失。税收评估水平只能粗略反映一年的平均库存水平。一般而言，税收只占总持有成本的很小比重。税率很容易从会计报表或公共记录中获得。

（4）库存风险成本　库存风险成本（Inventory Risk Costs）是与产品变质、短少（偷窃）、破损或报废相关的费用构成库存持有成本的最后一项。在保有库存的过程中，一部分存货会被污染、损坏、腐烂、被盗或由于其他原因不适于或不能用于销售。与之相关的成本可用产品价值的直接损失来估算，也可用重新生产产品或从备用仓库供货的成本来估算。

3、缺货成本

当客户下达订单，但所订货物无法由平常所指定的仓库供货时，就产生了缺货成本（Out Of Stock Costs）。缺货成本有两种：失销成本（Lost Sales Costs）和延期交货成本（Back Order Costs）。每种都事先假定客户会做出某种反应，但由于客户的反应无法捉摸，所以准确衡量缺货成本非常困难。

当出现缺货时，如果客户选择收回他或她的购买要求，就产生了失销成本。该成本就是本应获得的这次销售的利润，也可能包括缺货对未来销售造成的消极影响。那些客户容易以其他竞争性品牌来进行替代的商品（如面包、汽油或软饮料等）最容易产生失销成本。

如果客户愿意等待订单履行，那么就不会发生失销的情况，只会出现订单履行的延期，那么就会产生延期交货成本。如果延期交货的订单不是通过正常的分拨渠道来履行，那么可能由于订单处理中，额外的运输和搬运成本而产生额外的办公费用和销售成本。这些成本是实际发生的，因而衡量起来并不困难。同时也会有无形的失去未来销售机会的成本，这是很难衡量的。那些在客户心目中有差异的产品（汽车和大型仪器）更容易出现延期交货情况，而客户不会去选择替代品。

七、其他因素

（1）需求变化　生产时对原材料的需求发生变化，如产品技术规格、品种结构等。

（2）市场预期　市场预期包括随着时间的变化，货物的价格及稀缺性呈现出一定的变化规律，如季节性等。

（3）供应商的相关情况　供应商的相关情况包括供应商的可靠性、生产能力及采购周期等的变化，将对库存产生一定的影响。

（4）产品更新　产品更新包括采购方终端产品的更新趋势及供应商所供应货物的更新趋势。

（5）安全库存　为应付各种意外情况的发生而影响生产，所设置的最低库存量。安全库存量设置的多少，对库存量产生直接影响。

（6）采购提前期　在确定库存量或安全库存量时，要充分考虑采购提前期，以便为供应商的生产准备、生产及运输过程预留时间。

（7）商品价格　商品价格是库存成本的重要构成部分，商品价格的高低直接影响着库存商品的成本，因此，对库存成本产生重要影响。

第三节　库存控制方法

一、库存控制概述

所谓库存控制，是在保障供应的前提下，使库存物品的数量最少进行的有效管理的技术经济措施。

（一）储存的分类

所有的进销（出）存系统都有储存这个环节。企业的储存有各种形态。

1．按储存状态分类

按储存状态分类，可以分成仓库储存和临时堆放。

（1）仓库储存　仓库储存一般是指存储在正规的仓库中的储存，一般储存数量庞大、存储时间较长。这种储存由于占用资金，要负担流动资金利息，还要占用仓库，需要负担保管费，而且随着储存数量的增加、储存时间的延长，负担的费用也就越高。例如，生产企业的成品库、原材料库、中间品库等，流通企业的商品仓库、批发仓库、零售仓库等，储存企业的储存仓库、仓储企业的仓库等都属于这种仓库储存类型。一般把仓库储存的物资叫做库存物资。库存物资的数量或金额称库存量，简称库存。

（2）临时堆放　临时堆放一般是指在工作地临时堆放的物资，一般是少量的、临时的、没有进入仓库保管的物资。例如，临时堆放于工序岗位上的工件、零售柜台、货架上的商品等。这些东西虽然也占用流动资金，但是不需要占用仓库、不需要负担保管费。

2．按储存性质分类

按储存性质分类，可以分成安全储备、中转储备和周转储备。

（1）安全储备　安全储备是指为预防日后的不测事件而进行的有计划的物资储备。例如，为预防战争、灾害而进行的粮食储备、钢材储备等，如国家储备仓库，这种仓库单纯以储存保管为目的，一般实行较长时间的储存，短时间内不打算动用，除非遇到紧急情况。即使动用，也要以新换旧，保持物资的使用价值。

（2）中转储备　中转储备是指为衔接不同动力方式、不同运输环节而设立的物资中转运输储存。例如，火车运输换汽车运输、轮船运输换汽车运输、京广铁路运输换陇海铁路运输时，在交接口往往设有中转物资仓库，进行运输中转储存用。中转仓库也是要收仓储费或中转费的。

（3）周转储备　周转储备是指生产企业或者流通企业为进行生产或流通周转而进行的一些临时的、不断流转的储备，包括仓库储备和临时堆放。例如，流通企业的商品仓库以及柜台上存放的货品，不断地销售出去，又不断地补充进来。生产企业的原材料库、中间品库、成品库以及生产工序旁的临时堆放，不断地被领用消耗，又不断地采购进货补充。这些储备物资都是周转库存。没有这些物资，流通企业的销售就没法进行，生产企业的生产也没办法进行。这些库存物资是保证生产或流通顺利进行的前提条件。

（二）周转库存系统需要进行库存控制

安全储备、中转储备、周转储备这三类储备，它们的性质互不相同，因此储存追求的目标也互不相同。

1、安全储备

安全储备是有意识、有计划的储备，所以安全储备追求的目标，主要是要争取达到既定的储备数量，保护好物资的使用价值。在经济效益上的考虑，主要靠提高库存利用率、降低保管损耗来降低库存成本、节省费用。

2、中转储备

中转储备主要是为运输服务的，在不同运输方或不同运输环节的接口处设立仓库，为中转物资的集散组配、暂时储存等作业提供场所。中转储备追求的目标，主要是提高中转作业效率、集散快、节省费用、降低中转成本。

3、周转储备

周转储备和以上两种储备方式不同。它们是在生产或流通作业的各个环节上为保证上下各个作业环节顺利开展而进行的临时性储备，是生产和流通的前提条件。周转库存追求的目标，是要提高库存周转率、降低库存成本、提高经济效益。而提高经济效益最重要的一点，就是要进行库存量的控制。周转库存物资的数量不能少，也不能多，要努力追求一个合适的数量。这也是周转储备区别于安全储备和中转储备的一个显著特点：周转储备要进行库存量的控制，而安全储备和中转储备则不需要进行库存量控制。

为什么唯独周转储备要进行库存量的控制呢？因为周转储备是为生产或流通环节服务的。而生产企业、流通企业是为了追求经济效益的。为了降低成本、提高经济效益，都希望库存保持一个合适的水平。库存不能太小，因为库存太小了，则会产生缺货，影响生产或销售。不能满足生产或销售的需要，直接影响企业的经济效益，这显然不好。但是库存也不能太大，因为太大了，要占用仓库，需要人保管，要承担一定的保管费。另外，储存的物资，从价值形态上看，它是一种资金的积压。而作为资金的积压，不但占用了流动资金，而且这些占用资金还要付银行利息。这些费用就构成了企业的负担，增加了企业的生产成本或流通成本，降低了经济效益。同时超库存量还存在库存风险，因为库存积压品，在市场需求日新月异的今天，很容易成为过时的淘汰产品，变成“死”库存。积压越多，费用越高，浪费越大，风险越高。因此企业的周转库存量不能过小，也不能过大，一定要适量。也就是说，周转储备一定要进行库存控制，才能使企业利润最大化。

（三）库存过程概述

既然周转储备需要进行库存控制，那么企业从哪里入手进行控制呢？这就需要研究一下库存过程本身，看它的哪些环节可以影响库存量的大小。

从研究中可以看出，一个完整的库存过程，可以包括以下 4 个过程。

1、订货过程

一个库存过程的开始，总是先要采购订货。订货一般有一个时间过程，称为订货过程。所谓订货过程，是指从决定订货起，到出差订货或发出货单，然后进行订货谈判，直到订货生效、签订订货合同为止的一段过程。订货过程实现了商品所有权转移，即将一定批量的物资的所有权由供方转移到仓库手中的过程，因此订货过程是一个商流过程。订货过程在账面上成了自己的库存量。这种账面上的库存量又称“名义库存量”，它还不是仓库中实际库存量。

2、进货过程

订货生效以后，就要进货，即把订货生效的货物用运输工具从供方所在地运进自己仓库的过程。进货过程是一个物流过程，即克服空间距离，将产品从供方转移到自己仓库的过程，进货入库后，所采购的物资就成了仓库的实际存量。因此，进货过程实际上是增加了库存量。

3、保管过程

物资入库后就进入了物资保管过程，仓库保管员使用各种各样的保管措施，使物资的使用价值不变，直到物资销售出去为止。因此，保管过程也是保持库存物资数量不变的过程。保管过程也是一个物流过程。

4、销售过程

物资保管一段时间后，就要被销售或被领用出库。出库过程是库存物资数量减少的过程，此过程既是商流过程，又是物流过程。因为这个过程既发生物资所有者的转移，又发生物资空间位置的转移。

（四）库存费用概述

在库存全过程中，全部经营活动所发生的费用大致可分为以下几点。

1、订货费用

订货费用即在订货过程中发生的全部费用，包括差旅费用、各种手续费、通信费、招待费及因为订货而支付给订货人员的有关费用等。订货费与订货次数成正比，而与每次订货量的多少无关。

2、保管费

保管费即在保管过程中所发生的一切费用，如出入库时的装卸、搬运、验收、堆码、检验费用；保管用具、用料费用；仓库房租、水电费用；保管人员的有关费用；保管过程因货损、货差等支付的费用；不定期费用包括被保管物资作为流动资金的积压和应支付的银行利息费用告示。显然，保管费用的大小与被保管物资数量的多少和保管时间的长短有关。

3、缺货费

所谓缺货，是指当用户购买货物时，仓库没有现货供应，称为缺货。缺货会造成缺货损失，也就是缺货费用。缺货对供应商、对客户都会造成不同程度的经济损失。对供对应商来说，错过了销售机会，减少了盈利；或违背了合同条约，遭受罚款；或加班加点，紧急补救；多次缺货，还会影响信誉，失去客户，从而影响了市场竞争能力。对客户来说，增加了采购费用。在最简单的情况下，可以认为缺货费与缺货量成正比，缺货量越大，缺货费越高。

4、补货费

人们不常使用补货这个叫法，但是这种做法却是很常用的。所谓补货，就是指用户购买货物，仓库没有现货供应。但是，为了不让顾客空手而归，而是劝顾客仍然在这里订货，自己承诺马上去采购，待采购回来马上补给顾客。这种先订货、后补货是很多经营者常用的做法。补货方式对经营者有利，它可以少占用库存、占用资金，因此经营成本低、效益高。但是要实现补货，也不那么容易。首先，要有一批很信任自己的顾客，这就要求自己在经营时，有很好的客户关系。其次，有较高的信誉。而要做到这两点，是需要花费费用的。例如，平时花在顾客上的感情费用、优惠服务费用等。这些就构成了补货费用。例如，免费送货、优惠的价格、优越的售后服务等都是补货费用的具体表现形式。

5、进货费与购买费

进货费用是在进货过程中发生的费用。在从供应站将所订的物资运到仓库的途中，要经过包装、运输、中转等活动，途中还可能有货损、货差情况等。这些运杂费之和，就是进货费用。它的特点是与进货的数量成正比。除进货费外，还有物资购买费，用物资的购买单位来表示。物资的购买成本也与购买物资的数量成正比。

进货费与购买费成本的共同特点是只与物资数量有关。在计划期间订购量一定的情况下，两项总费用都与批量无关。因此，把这两项费用合起来称为固定成本。依据这种思想，把物资购买成本放在进货费里一起加以考虑，即进货费包括购买成本。

相应地，由于订货费、保管费、缺货费和补货费都与订货批量有关，批量不同，费用也不同，因此，把它们称为可变成本；因为只有可变成本才与订货批量有关，在考虑计算订货批量时，只考虑可变成本，而不考虑固定成本。

由以上分析可知，库存过程的全部费用应当包括订货费、保管费、补货费（缺货费）、进货费和购买费。在制定库存策略时，应综合考虑这些费用。

（五）库存控制原理和方法

1、库存控制原理

从库存控制的角度看，在库存的 4 个过程中，能影响库存量大小的只有订货、进货过程和销售供应过程。订货、进货过程使库存量增加，销售供应过程使库存量减少。要进行库存控制，既可以控制订货过程，也可以控制销售出库过程，都可以达到库存控制的目的。

相对而言，通过对销售控制来控制库存，意味着要以用户的需求进行限制的供应，这样自然会影响客户需求的满足度。这种情况一般适用于紧缺物资、供不应求物资的进销存系统。这一做法虽然是比较被动的，但是对于紧缺物资还不得不采用这种方法。

而通过对订货和进货过程的控制来控制库存，是在保证用户需求的情况下，通过控制进货、订货的批量和频率来达到控制库存的目的。由于它保障了用户的需要，所以它是可行的、主动的；但是它只适用于供大于求的物资市场情况。也就是说，在物资比较富余的市场经济社会中，由于商品的极大丰富，所以什么时候想订货，就能订到货；想订多少，就可以订到多少。在这种情况下，可以采用这种办法来进行库存控制。

市场经济条件下，我们的库存控制方法一般采用后一种方法，即通过控制进货、订货过程来进行库存控制。

2、采购订货策略

通过控制订货、进货过程来控制库存方法的基本思想，是要制定一个合适的采购订货策略。这种采购订货策略，就是要对采购订货的时间、数量、操作方法等进行规范化控制，从而达到对整个库存水平进行控制的目的。

采购订货策略的基本内容包括三个方面：

1）什么时候订货，即订货时机。

2）订多少，即订货量。

3）一个采购订货策略，既是一个采购策略，又是一个库存控制策略。

3、如何制定采购订货策略

这种采购订货策略制定的原理，就是要针对各种具体的经营模式，考虑各种具体情况和约束条件，求出使得经营总费用最省的订货参数方案。

（1）制定采购订货策略应考虑的问题　具体如下：

1）需求者的需求类型。

2）经营者的经营方式分析。

3）选用合适的控制方法。

（2）采购订货策略分析　具体如下：

1）要分析需求者的需求类型，要弄清需求的性质和规律。不同性质的需求应当采用不同的订货策略。

分析需求类型，就是要弄清：它属于什么需求类别，是独立还是相关需求？它属于什么需求性质，是确定型还是随机型？它属于什么需求分布，是正态分布还是其他分布？

其中，需求的性质可以分为确定型和随机型两种。所谓确定型需求，就是单位时间内的需求量均匀稳定，而且是确定不变的需求，是指单位时间内的需求量随机变化、时大时小，没有一个稳定值。仔细分析起来，发现它的取值是在一个范围内变化，在这个范围内取值都以一定的概率出现。也就是说，我们不能知道它确定的取值，但能知道它大概的取值范围和取值的可能性。我们把变种需求叫做随机型需求，随机型需求的变量叫做随机变量。

随机变量必须服从一定的随机分布，在库存控制理论中，把它们的分布分成两类：正态分布和其他分布。正态分布的特征，就是需求量的数值分布在以其平均值为中心的一个对称区域内，中间密度大，越往两端密度越小，分布概率密度曲线呈钟形分布。除正态分布以外的各种分布，统归于其他分布。其他分布的特点是它们总可以用一个分布表来描述，这个表中能够列出所有各个值出现的概率。对于不同的需求分布，应当采用不同的库存控制模型。但是正态分布用得最多。

2）要弄清经营者的经营方式。在库存控制理论中，把经营者的经营方式分为以下三种。

① 不允许缺货：不允许缺货就是用户的所有需求都能由仓库实行现货供应，不能缺货。不允许缺货，就意味着整个物资供应期间，库存量不能等于或小于 0，仓库里总是有现货供应用户。

② 可以缺货：可以缺货即允许不保证对用户的现货供应，用户来买货，仓库中有现货，就供应，没有现货就不供应，不会实行欠账供应。缺货就意味着整个物资供应期间，库存量可以等于 0，但不能小于 0。

③ 实行补货：所谓补货，就是当用户来买货时，仓库中没有现货供应，但是却不丧失这次销售，而是实现欠账供应，答应马上进货，待进货后马上予以补货。补货就意味着整个物资供应期间，库存量能够等于 0，也能够小于 0，也就是仓库里有现货就供应用户，消除所欠的账。实行欠账供应，并采取赶紧进货的措施，待进货后再补货给用户，消除所欠的账。

这三种经营方式，每种都还可能采取两种进货方式：

① 瞬间到货方式：瞬间到货方式即将一次所订货物一次全部到货，并且订货、进货过程不需要花时间，也就是随订随到，一次到货。

② 持时到货：持时到货是指一次所订货物按一定的规格进货速率进货。整个进货订货过程需要持续一段时间，最起码要有一个以上的进货速率逐渐进货。整个进货过程需要持续一段时间，最起码要有一个以上时间单位。货物持续到货入库。

（3）选择合适的库存控制方法　在独立需求物资的订货点技术中，最基本的库存控制方法有两种，即定量订货法和定期订货法。它们都是订货点技术中的采购订货方法，但是各自运行的机制不同。定量订货法是基于物资数量的控制，而定期订货法是基于时间的控制。

这样，按不同的需求对象、不同的经营方式和不同的物资资源配置方法，可以将独立需求物资的物资配置模型分成 20 种模型，如图 4-1 所示。

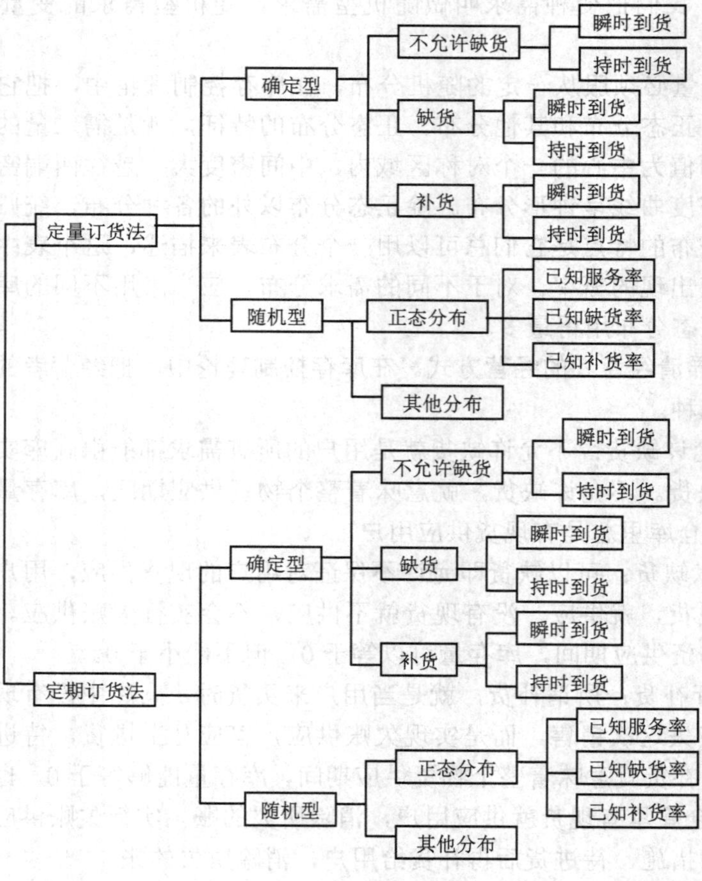

图 4-1　订货点技术的模型体系

其中，把所有的库存控制方法可以分成两大类，一是定量订货法；二是定期订货法。这两类方法各自按需求对象分，又分成确定型定货法和随机型订货法，又可按经营方式和进货方式分成三大类六种模型。即

不允许缺货，瞬时到货模型；

不允许缺货，持时到货模型；

允许缺货，瞬时到货模型；

允许缺货，持时到货模型；

实行补货，瞬时到货模型；

实行补货，持时到货模型。

在随机型订货法当中，定量订货法和定期订货法都是两类四个模型，其中两类包括正态分布需求和其他分布需求。正态分布又有三个模型：已知服务率，已知缺货费和已知补货率的模型，其他分布需求只讨论一个模型。其中，所谓已知报告率，就是已知服务水平。在库存控制中的所谓服务水平，主要是指库存满足水平，即由库存量来满足用户需求程度，也称库存满足率。因为，库存满足率与缺货率是互补的，都跟安全系数有一一对应的关系，所以有时候，不是直接知道服务率，而是知道缺货率或安全系数，这些都是等价的。针对给定的需求分布，根据所需要达到的库存满足率（或缺货率或安全系数）制定订货策略，是这一类模型的任务。已知缺货率和已知补货率，不直接知道服务水平的情况下求订货策略的模型。它们的共同特点是把缺货费和补货费转化成服务率或缺货率或安全系数。

除定量订货法和定期订货法之外，也还有其他一些方法，主要有价格折扣和联合订购，这些方法在原理上是对定量订货法和定期订货法的补充，在实际工作中很有用处，所以把它们列入物资资源配置方法体系之中。

价格折扣主要涉及价格随着订货批量而变化的情况，这时要在经济订货批量和折扣数量之间做一个权衡，它们是对经济订货批量的一种补充。

联合订购是涉及多品种的订购策略；它是对以上的单品种订货策略的补充，也具有很大的现实性。

二、库存控制功能与原则

（一）库存控制的功能

1）保证生产经营的正常运作需要。企业对有关物资的需求，是随着生产经营活动的进行而不断发生的。但往往由于生产车间领料的数量和时间与企业向外订购物资的数量和时间都是不确定的，且不同步的。因此，只有相应数量的库存周转，才能保证企业生产经营活动的正常运作。

2）稳定生产经营的规模。企业只有按照适量的数量，即一定的规格组织

产品生产和物资供应，才能获得良好的经济效益。这样，当生产或供货的批量大于同期的需求量时，则外加其存货量以吸收之；反之，则减少其存货量以满足之。

3）降低供需所带来的经营风险。在企业生产经营的实践中，由于某些客观的因素，如计划失误、生产事故、运输故障、不合格原料的退货、入库货的不及时等，出现了供需失误是难以避免的。这时若有足够的、适量的库存储备量，则可大大降低经营的风险。保证生产经营活动正常而有效地进行，以获得良好的经济效益，是完全必要的。

（二）库存控制的原则

1. 经济效益原则

企业进行库存控制的主要目的是为了获得良好的经济效益。它包括确定合理的订货时间和订货数量。总费用成本包括每次订购成本、购入货物成本、存货成本（存货资金应计利息、保险费、仓库保管费、存货损耗费）和缺货成本（供应中断而使产生经营上的需要不能满足所造成的经济上的各种损失）。

2. 完整性原则

企业的存货必须保证企业生产所需的各项物资的供应，既要有适量的原材料的储备，又要有一定的辅助材料、生产器具、燃料等的储备，不能因为采购量小或物资的价值量小而想当然地认为可以临时购置，瞬间的环境变化可能完全改变采购的条件。

3. 安全原则

企业在进行库存控制管理过程中，要确保库存物资账实相符、质量稳定，不应使货物在储备中质量下降，如由一级品质变成二级品质、二级品质变成次品，甚至一堆垃圾等，从而使企业的有效资产迅速减少，直接影响到企业的经济效益。由于库存货物收发频繁，经常出库、入库及存储，容易导致在库存中发生计量误差、检查疏忽、自然损耗、非法侵占、被盗丢失等现象。因此，企业的库存控制必须加强安全意识，确保库存的安全。

4. 时效性原则

对库存的物资要进行经常检查、及时更新，特别是对于保险储备物资。企业制订物资供应计划之后，企业的日常生产品经营活动所消耗的物资主要是经常性储备。只有当发生无法预料的事情时，企业才能用保险储备；因此，保险储备作为企业长年累月的库存积累，经常可能发生质变、自然损耗等，从而降低物资的使用率，经常对保险储备进行更换，则成为库存控制，提高经济效益和安全性的重要保证之一。

三、订货点法

订货点法也称定量订购方法，是指对库存状况进行连续性的记录、观察、核对，一旦发现库存量下降到一定的标准时，就填发订货单进行固定数量的订货，是一种订货数量确定，而订货时间不固定的订购方法。具体办法是预先规定一个订货点量，当实际库存量下降到订货点量时，就按固定的订购数量，即预先确定的经济订购批量，提出订货或采购。

1、订购点的确定

订购点是指配送中心进行补货时的库存量，它取决于交货期或订货提前期的需求量和安全库存量。图 4-2 表明了基本的再订货水平模型，显示了库存以不变的速度减少，下次到货正好发生于安全库存水平。

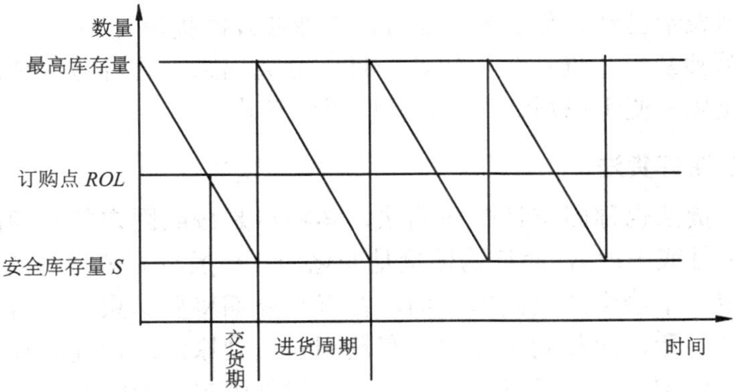

图 4-2　定量库存控制模型

对于有规律性且确定性的物料库存，订货点库存量的数学表达式如下：

$$ROL=R_dT+S$$

式中　ROL——定货点库存量；

R_d——交货期内物料平均需求或使用速度（件/年或月或周或天）；

T——交货期或定货提前期（年/月/周/天）；

S——安全库存量（紧急订单周期内物料的消耗量）。

2、定货量的确定

定货量的确定应遵循总成本最低时对应的采购批量的原则，对于有规律性且确定性的物料库存（满足一定的假设条件），总成本主要由采购实物成本、库存保管成本和采购管理成本（订购成本）。

总成本数学表达式为：

$$TC=DP+DC/Q+QH/2$$

利用高等数学的求导和最小二乘法，可计算出总成本最小时对应的定货量，即为经济定货批量。

经济订货量：$Q=\sqrt{\dfrac{2CD}{H}}$

式中 D——库存物料的年需求量（件/年）；

C——单位订货费用（元/次）；

H——单位库存保管费（元/件·年）。

订货点法在现实生活中，又可以简单地称为“双堆法”或“三堆法”。具体做法是当一次订购货物抵厂时，库存量达到最大，这时可以将整个库存量分成两部分堆放、保管。第一堆是订货点储备量，第二部分是其余的量。在货物发放时，先动用第二堆，当第二堆没用完时，不必考虑订货。一旦第二堆用完，则表示已到订货点量。此时，企业应及时提出订购。“三堆法”是将保险储备单独从“二堆法”中的第一堆中分离出来。这种方法使库存控制形象化、简便化，便于识别订货点，及时组织订货。

四、定期订货法

定期订货法也称固定订购周期法，其特点是按照固定的时间间隔周期来订购（一个月或一周），而订购数量是变化的。一般事先依据对商品需求量的预测，确定一个恰当的最高库存额，在每个周期将要结束时，对库存进行盘点，决定订购量，商品到达后的库存量刚好达到原定的最高库存额。例如，每月或几周订购一次，而每次订购的数量则不固定，随时根据库存的情况来决定。

定期订货法的关键在于确定订购周期和最大库存量。订货周期是指从提出订购、进货、检查直至入库的整个周期所需的时间；订购间隔期是指前后两次订货日之间的时间间隔。最大库存量是满足订货周期和订货提前期的库存以及安全库存的要求。

1、定货周期的确定

根据经济定货批量的数学表达式，可计算出订货周期（最佳定货周期）如下：

$$T=\sqrt{\frac{2C}{DFP}}$$

式中 F——储存成本率；

P——单价；

D——单位商品储存成本。

2、最大库存量的确定

最大库存量应满足订货周期、交货期或提前订货期和安全库存的要求，计算公式如下：

$$I_{max}=R_d（T+L）+S$$

式中　L——平均订购时间；

R_d——需求速度；

T——订购间隔期；

S——安全库存。

3、订货量的确定

每次订货量 Q 的计算公式如下：

$$Q=R_d（T+L）+S-Q_0-Q_1+Q_2$$

式中　L——平均订购时间；

R_d——需求速度；

T——订购间隔期；

S——安全库存；

Q_0——现有库存量；

Q_1——在途库存量；

Q_2——已经售出尚未提货的库存量。

实际库存量为订购日的现有库存数量，订货余额为过去已经订购但尚未到货的数量。例如，某物资的订购间隔期为 2 个月，订货周期为 1 个月，每日企业需用量为20t，保险储备量为200t，订购之间实际库存量为450t，订货余额为 0，则：

$$订购量=［20×（30+60）+200-450-0］t=1\,550t$$

从上例中可以看出，物资的订购间隔为 2 个月 60 天，那么，在通常情况下，一次订购量为（20×60）t=1 200t，而按现在计划则为 1 550t，这是由于实际库存在采购间隔期内已降到保险储备定额以下，因而在订购时对订货量作了调整。按照采购定期计划的方法，在规定订购间隔期时，应与该物资的经济订购批量相适应，以提高物资库存的经济效益。例如，某项材料日平均需用量为 10t，如果计算出的经济订购量为 565t，则该材料订购间隔为 565÷10=56.5（天）。为方便起见，该物资的订购间隔可定为 2 个月，如果计算出的经济订购量为 315t，相当于 31.5 天的需用量，则订购间隔期可定为 30 天，即每日订购一次。

从上述可以看出，定期订购方法是对物资的库存量实行比较严格的控制，在每次订购时，都要检查实际库存，并对每次的订购量做出调整。这既保证了正常生产的需要，又可以避免物资超储，节省流动资金，但在保管上需要花费较多的精力，而订货点法其优缺点正好与上述方式相反，是一种比较粗放、简便的控制方式。企业采用什么样的控制方式，应根据物资的不同特点来决定。

五、ABC 分类控制法

ABC 分类控制法又称重点管理法或 ABC 分析法。其基本原理就是要把品种繁多的库存物资，按其重要性、占用金额的大小等情况，进行分类排列，然后分别采用不同的库存控制方法，以做到库存控制的最有效性。

下面结合实例加以讲述。

1）按库存品的品种在卡片上记入年供应金额，见表 4-1。

表 4-1 库存品年供应金额

库存品名	
年供应金额	
调查者	
调查 年 月 日	
备 注	

品种在 200 个以下时，每种都记入卡片，如果品种非常多，可分区段，并从每个区段中选择一个品种作为区段代表，并将其年供应额记入卡片，然后按供应金额的大小将卡片进行排序，再进一步将累计供应金额与年总供应金额相除，得出百分比，填入表 4-2 内。

表 4-2 ABC 分类计算法

品种 \ 使用	年供应金额	累计供应余额	累计供应金额（%）	品种累积数的百分比（%）
1 号		1 号年供应额		0.5%
2 号		（1+2）号年供应额		1%
3 号		（1+2+3）号年供应额		1.5%
…		…		…
200 号		（1+2+…+200）号年供应额		100%

具体算法见表 4-3（以 10 个品种为例）。

表 4-3　ABC 分类计算法

使用 品种	年供应金额/万元	累计供应余额/万元	累计供应金额（%）	品种累积数的百分比（%）
1．钢板	220	220	36.6	10
2．绝缘板	200	420	70	20
3．锡	100	520	86.6	30
4．电线	40	560	93.3	40
5．电子	20	580	96.6	50
6．晶体管	8	588	98	60
7．钢管	6	594	99	70
8．螺钉	4	598	99.6	80
9．支持器	4	599.4	99.9	90
10．钉子	0.6	600	100	100

累计金额的百分比（以锡为例）计算方法如下：

$$\text{锡累计供应额百分比（\%）} = \frac{\text{（1+2+3）号的累计供应金额}}{\text{(1+2+3+}\cdots\text{+200)号的累计供应金额}}\times 100\% = \frac{520}{600}\times 100\% = 86.7\%$$

品种累计数的百分比计算，在 10 个品种的情况下，第 1 号品种为 10%，第 2 号品种为 2×10%=20%，其余的依此类推。

2)把表 4-3 中的累计金额百分比和品种累计百分比绘成曲线，再分成 A、B、C 三类供应金额，如图 4-3 所示，以品种累计百分比为横坐标，累计占用金额为纵坐标，按 ABC 分类计算法计算表 4-3 所列关系，在坐标上取点并将所连直线修匀，如图 4-3 所示。

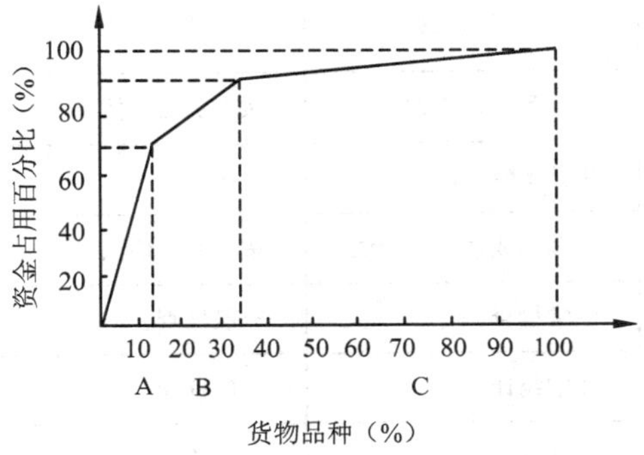

图 4-3　ABC 分类控制图

从图 4-3 可以看出，品种累计不足 20%，而资金占用金额约占 70%，称之为

A 类物资；品种累计达 60%以上，而资金占用金额约为 10%，称之为 C 类物资。

3）介于 A 类和 C 类之间的库存品，称之为 B 类物资，这就是 ABC 分类控制法。如果库存品种繁多，逐一列出很麻烦，而且由于混杂在一起，得不出明确概念。若是按金额大小排队之后，再按一定的标准把供应金额分成段，计算出各个段的百分比，就会一目了然。例如，基本厂供应品种为 722 个，年供应金额为 9 253.51 万元，分成 7 段，其 ABC 分类见表 4-4。

表 4-4　ABC 分类表

序号	供应金额区段/万元	品种数	累计数	占全部品种的百分比（%）	供应金额/万元	金额累计/万元	占总金额的百分比（%）	分类
1	大于 10	80	80	10	8 439.10	8 439.10	91	A
2	8～10	6	86	11	53.73	8 492.83	92	B
3	6～8	17	103	13	119.06	8 611.89	93	B
4	4～6	31	134	17	153.34	8 765.23	95	B
5	2～4	67	201	26	188.06	8 953.29	97	B
6	1～2	88	289	37	126.77	9 080.06	98	B
7	≤1	483	772	100	173.45	9 253.51	100	C
合计		772			9 253.51			

分析了三种类型的物资后，就需要采用不同的管理方式，即分类的库存控制法。控制的类别与要求见表 4-5。

表 4-5　ABC 分类控制法

分类 分项控制		A 类物资	B 类物资	C 类物资
品种的综合程度		按品种、规格控制	按大类品种控制	按区段总金额控制
定额制定方法	消耗	用技术定额法	用统计法	用经验估计法
	库存周期	按预测或数理统计法	按加权平均法	按统计法
检查情况		经常检查	一般检查	按季、年检查
统计		详细统计	一般统计	按金额统计
控制精度		严格控制	一般控制	按总金额控制
保险储备量		较低	较大	允许较高
订货法		定期订货法	定期或定量订购法	定量订货法

【案例】

海尔：零距离、零库存、零营运资本

海尔集团创造了中国制造业企业的一个奇迹。借助全面的信息化管理手段，整合全球供应链资源，快速响应市场，海尔取得了极大的成功。

其经验值得借鉴

海尔集团之所以取得今天的成绩，与实行全面的信息化管理是分不开的。借助先进的信息技术，海尔发动了一场管理革命：以市场链为纽带，以定单信息流为中心，带动物流和资金流的运动。通过整合全球供应链资源和用户资源，逐步向“零库存、零营运资本和（与用户）零距离”的终极目标迈进。

以市场链为纽带重构业务流程

海尔现有 10 800 多个产品品种，平均每天开发 1.3 个新产品，每天有 5 万台产品出库；一年的资金运作进出达 996 亿元，平均每天需做 2.76 亿元结算，1 800 多笔账；在全球有近 1 000 家供方（其中世界 500 强企业 44 个），营销网络 53 000 多个；拥有 15 个设计中心和 3 000 多名海外经理人。如此庞大的业务体系，依靠传统的金字塔式管理架构或者矩阵式模式，很难维持正常运转，业务流程重组势在必行。

通过总结多年的管理经验，海尔探索出一套市场链管理模式。简单地说，市场链就是把外部市场效益内部化。过去，企业和市场之间有条鸿沟；在企业内部，人员相互之间的关系也只是上下级或是同事。如果产品被市场投诉了，或者滞销了，最着急的就是企业领导人。下面的员工可能也很着急，但是又做不了什么。海尔不仅让整个企业面对市场，而且让企业里的每一个员工都去面对市场，把市场机制成功地导入企业的内部管理，把员工相互之间的同事关系和上下级关系变为市场关系，形成内部的市场链机制。员工之间实施 SST，即索赔、索酬、跳闸。意思是，如果你的产品和服务好，下道工序就给你报酬，否则会向你索赔或者“亮红牌”。

结合市场链模式，海尔集团对组织机构和业务流程进行了调整，把原来各事业部的财务、采购、销售业务全部分离出来，整合成商流推进本部、物流推进本部、资金流推进本部，实行全集团统一营销、采购、结算；把原来的职能管理资源整合成创新订单支持流程 3R（研发、人力资源、客户管理）和基础支持流程 3T（全面预算、全面设备管理、全面质量管理），3R 和 3T 流程相应成立独立经营的服务公司。

整合后，海尔集团商流本部和海外推进本部负责搭建全球的营销网络，从全球的用户资源中获取订单；产品本部在 3R 支持流程的支持下不断创造新的产品满足用户需求；产品事业部将商流获取的订单和产品本部创造的订单执行实施；物流本部利用全球供应链资源搭建全球采购配送网络，实现JIT订单加速流；资金流搭建全面预算系统；这样就形成了直接面对市场的、完整的核心流程体系和3R、3T等支持体系。

商流本部、海外推进本部从全球营销网络获得的订单形成订单信息流，传递到产品本部、事业部和物流本部，物流本部按照订单安排采购配送，产品事业部组织安排生产；生产的产品通过物流的配送系统送到用户手中，而用户的货款也通过资金流依次传递到商流、产品本部、物流和供方手中。这样就形成了横向网络化的同步的业务流程。

ERP+CRM：快速响应客户需求

在业务流程再造的基础上，海尔形成了“前台一张网，后台一条链”[前台的一张网是海尔客户关系管理网站（www.haiercrm.com），后台的一条链是海尔的市场链]的闭环系统，构筑了企业内部供应链系统、ERP系统、物流配送系统、资金流管理结算系统和遍布全国的分销管理系统及客户服务响应Call-Center系统，并形成了以订单信息流为核心的各子系统之间无缝连接的系统集成。

海尔ERP系统和CRM系统的目的是一致的，都是为了快速响应市场和客户的需求。前台的CRM网站作为与客户快速沟通的桥梁，将客户的需求快速收集、反馈，实现与客户的零距离；后台的ERP系统可以将客户需求快速触发到供应链系统、物流配送系统、财务结算系统、客户服务系统等流程系统，实现对客户需求的协同服务，大大缩短了对客户需求的响应时间。

海尔集团于2000年3月10日投资成立海尔电子商务有限公司，全面开展面对供应商的B2B业务和针对消费者个性化需求的B2C业务。通过电子商务采购平台和定制平台与供应商和销售终端建立紧密的互联网关系，建立起动态企业联盟，达到双赢的目标，提高双方的市场竞争力。在海尔搭建的电子商务平台上，企业和供应商、消费者实现互动沟通，使信息增值。

面对个人消费者，海尔可以实现全国范围内网上销售业务。消费者可以在海尔的网站上浏览、选购、支付，然后可以在家里静候海尔的快捷配送及安装服务。

CIMS+JIT：海尔e制造

海尔e制造是根据订单进行的大批量定制。海尔ERP系统每天准确自动地生成向生产线配送物料的BOM，通过无线扫描、红外传输等现代物流技术的支持，实现定时、定量、定点的三定配送；海尔独创的过站式物流，实现了从大批量生产到大批量定制的转化。

实现e制造还需要柔性制造系统。在满足用户个性化需求的过程中，海尔采用计算机辅助设计与制造（CAD/CAM），建立计算机集成制造系统（CIMS）。在开发决策支持系统（DSS）的基础上，通过人机对话实施计划与控制，从物料资源规划（MRP）发展到制造资源规划（MRP-Ⅱ）和企业资源规划（ERP）。还有集开发、生产和实物分销于一体的适时生产（JIT），供应链管理中的快速响应和柔性制造（Agile Manufacturing），以及通过网络协调设计与生产的并行工程（Concurrent Engineering）等。这些新的生产方式把信息技术革命和管理进步融为一体。

现在，海尔在全集团范围内已经实施 CIMS（计算机集成制造系统），生产线可以实现不同型号产品的混流生产。为了使生产线的生产模式更加灵活，海尔有针对性地开发了 EOS 商务系统、ERP 系统、JIT 三定配送系统等六大辅助系统。正是因为采用了这种 FIMS 柔性制造系统，海尔不但能够实现单台电脑客户定制，还能同时生产千余种配置的电脑，而且还可以实现 36h 快速交货。

订单信息流驱动：同步并行工程海尔的企业全面信息化管理是以订单信息流为中心，带动物流、资金流的运动，所以，在海尔的信息化管理中，同步工程非常重要。

例如，美国海尔销售公司在网上下达一万台的订单。订单在网上发布的同时，所有的部门都可以看到，并同时开始准备，相关工作并行推进。不用召开会议，每个部门只要知道与订单有关的数据，做好自己应该做的事情就行了。例如，采购部门一看订单就会做出采购计划，设计部门也会按订单要求把图样设计好。2000 年 3 月 24 日，河北华联通过海尔网站的电子商务平台下达了 5 台商用空调的订单，订单号为 5000541，海尔物流采购部门和生产制造部门同时接到订单信息，在计算机系统上，马上显示出负责生产制造的海尔商用空调事业部的缺料情况，采购部门与压缩机供应商在网上实现招投标工作，配送部门根据网上显示的配送清单 4h 以内及时送料到工位。2000 年 3 月 31 日，海尔商用空调已经完成定制产品生产，5 台商用空调室外机组已经入库。

海尔电子事业部的美高美彩电也是海尔实施信息化管理、采用并行工程的典型案例。传统的开发过程是串行过程，部门之间相互隔离，工作界限分明，产品开发按阶段顺序进行，导致开发周期长、成本高，这个过程需要 4～6 个月的时间。

海尔电子事业部为保证美高美彩电在 2000 年国庆节前上市，根据市场的要求，原定 6 个月的开发周期必须压缩为 2 个月。以 2 个月时间为总目标，美高美彩电开发项目组建立开发市场链，按信息化管理的思路，组建了两个网络：一个是由各部门参与的、以产品为主线的多功能集成产品开发团队；

另一个是由采购供应链为主线的外部协作网络。

在产品设计方面，美高美彩电就是通过技术人员到市场上获得用户需求信息，并把信息转化为产品开发概念。在流程设计方面，通过内部流程的再造和优化，整合外部的优势资源网络，在最短的时间内，以最低的成本满足了定单需求。在设计过程中，一个零部件设计出来后，物流就可以组织采购，而且物流参与到设计中，提高产品质量。

最终海尔美高美彩电从获得定单到产品上市只用了 2 个半月的时间，创造了产品开发的一个奇迹。

零距离、零库存——零运营资本

海尔认为，企业之间的竞争已经从过去直接的市场竞争转向客户的竞争。海尔 CRM 联网系统就是要实现端对端的零距离销售。海尔已经实施的 ERP 系统和正在实施的 CRM 系统，都是要拆除影响信息同步沟通和准确传递的阻隔。ERP 是拆除企业内部各部门的“墙”，CRM 是拆除企业与客户之间的“墙”，从而达到快速获取客户定单，快速满足用户需求。

传统管理下的企业根据生产计划进行采购，由于不知道市场在哪里，所以是为库存采购，企业里有许许多多“水库”。海尔现在实施信息化管理，通过三个 JIT 打通这些水库，把它变成一条流动的河，不断地流动。JIT 采购就是按照计算机系统的采购计划，需要多少，采购多少。JIT 送料是指各种零部件暂时存放在海尔立体库，然后由计算机进行配套，把配置好的零部件直接送到生产线。海尔在全国建有物流中心系统，无论在全国什么地方，海尔都可以快速送货，实现 JIT 配送。

库存不仅仅是资金占用的问题，最主要的是会形成很多的呆坏账。现在电子产品更新很快，一旦产品换代，原材料和产成品价格跌幅均较大，产成品积压的最后出路就只有降价，所以会形成现在市场上的价格战。不管企业说得多么好听，降价的压力就来自于库存。海尔用及时配送的时间来满足用户的要求，最终消灭库存的空间。

运营资本，国内把它叫做流动资产，国外叫做运营资本。流动资产减去流动负债等于零，就是零营运资本。简单地说，就是应该做到现款现货。要做到现款现货就必须按订单生产。

海尔有一个观念：“现金流第一，利润第二。”“现金流第一”是说企业一定要有现金流的支持，因为利润是从损益表看出的，但是资产负债表和损益表编制的原则都是权责发生制。产品出去以后就产生了销售，但资金并没有回来。虽然可以计算成销售收入，也可以计算利润或者是税收，但没有现金支持。所以国家有关部门提出，上市公司必须编制第三张表：现金流量表。

加入 WTO 以后，中国企业将面临更加激烈的竞争。海尔将保持 CRM 精神，优化 SCM 效果，推广 ERP 应用，支持海尔的第三方商流和第三方物流的发展要求，成为第三方的信息应用平台，使海尔融入“全球一体化”经济的大潮。

【本章小结】

本章介绍了库存的基本概念，库存管理的基本知识；分析了影响库存的主要因素及对库存产生的影响；阐述了库存控制的基本方法，重点介绍了定期订货法、订货点法和 ABC 分类控制法的基本原理和方法。

【复习思考题】

1. 什么是库存？什么是安全库存？安全库存具有什么重要作用？
2. 库存管理的概念是什么？具有什么特点？
3. 影响库存的因素有哪些？它对库存产生什么影响？
4. 什么是库存控制？库存控制具有哪些方法？
5. 定期订货法、订货点法的基本原理和方法是什么？
6. ABC 分类控制法的基本原理和方法是什么？

第五章　采购价格与成本管理

【知识目标】

正确理解采购价格的概念，熟悉影响采购价格的主要因素，熟悉市场经济条件下定价应考虑的因素，掌握市场经济条件下的定价方法；掌握采购成本的分析、采购成本的控制方法。

【技能目标】

能够采用不同的定价方法为企业开展定价工作；能够科学地进行采购成本分析；能够熟练运用多种成本控制方法实施有效的成本控制。

第一节　采购价格概述

确定最优的采购价格是采购管理的一项重要工作，采购价格的高低直接关系到企业最终产品或服务价格的高低。因此，在确保满足其他条件的情况下，力争最低的采购价格是采购人员的最重要的工作。

一、采购价格的概念

采购价格是指企业进行采购作业时，通过某种方式与供应商之间确定的所需采购物品或服务的价格。

（一）影响采购价格的因素

采购价格的高低受各种因素的影响。对于国内采购而言，尽管地区、商业环境、时间与人力关系等方面有所不同，但其价格变动还是比较易于预测与控制的。而对于涉外采购而言，来自世界各地市场的供应关系以及其他许多因素，包括规格、服务（如机器设备的长期服务）、运输及保险、交货期限等，都对价格有相当大的影响。

1、供应商成本的高低

供应商成本的高低是影响价格最根本、最直接的因素。供应商进行生产，其目的是获得一定利润，否则生产无法继续。因此，采购价格一般在供应商成本之上，两者之差即为供应商的利润，供应商的成本是采购价格的底线。一些采购人员认为，采购价格的高低全凭双方谈判的结果，可以随心所欲地确定，这种想法是完全错误的。尽管经过谈判供应商大幅降价的情况时常出现，但这只是因为供应商报价中水分太多的缘故，而不是谈判者随心所欲决定的价格。

2、规格与品质

采购企业对采购品的规格要求越复杂，采购价格就越高。价格的高低与采购品的品质也有很大的关系。如果采购品的品质一般或质量低下，供应商会主动降价，以求尽快出手，有时甚至会贿赂采购人员。采购人员应首先确保采购物品能满足本企业的需要，质量能满足产品的设计要求，千万不要只追求价格最低，而忽略了质量。

3、采购物品的供需关系

当企业需采购的物品为紧俏商品时，则供应商处于主动地位，它会趁机抬高价格；当企业所采购的商品供过于求时，则采购企业处于主动地位，可以获得最优的价格。

4、生产季节与采购时机

当企业处于生产的旺季时，对原材料需求紧急，因此不得不承受更高的价格。避免这种情况的最好办法是提前做好生产计划，并根据生产计划制订出相应的采购计划，为生产旺季的到来提前做好准备。

5、采购数量

如果采购数量大，采购企业就会享受供应商的数量折扣，从而降低采购的价格。因此，大批量、集中采购是降低采购价格的有效途径。

6、交货条件

交货条件也是影响采购价格非常重要的因素。交货条件主要包括运输方式、交货期的缓急等。如果货物由采购方来承运，则供应商就会降低价格，反之就会提高价格。有时为了争取提前获得所需货物，采购方会适当提高价格。

7、付款条件

在付款条件上，供应商一般都规定有现金折扣、期限折扣，以刺激采购方能提前用现金付款。

（二）采购价格的种类

依据不同的交易条件，采购价格会有不同的种类。采购价格一般由成本、需求以及交易条件决定，一般有送达价、出厂价、现金价、期票价、净价、毛价、现货价、合约价等。

1、送达价

送达价是指供应商的报价当中包含负责将商品送达企业的仓库或指定地

点时，期间所发生的各项费用均由供应商承担。以国际而言，即到岸价加上运费（包括在出口厂商所在地至港口的运费）和货物抵达买方之前一切运输保险费，其他有进口关税、银行费用、利息以及报关费等。这种送达价通常由国内的代理商，从国外原厂进口货物后，以人民币报价方式（形同国内采购）售给买方，一切进口手续皆由代理商办理。

2、出厂价

出厂价是指供应商的报价不包括运送责任，即由企业雇用运输工具，前往供应商的仓库提货。这种情形通常出现在企业拥有运输工具或供应商加计的运费偏高时，或当卖方市场时，供应商不再提供免费的运送服务。

3、现金价

现金价是指以现金或相等的方式支付货款，但是“一手交钱，一手交货”的方式并不多见。现金价可使供应商免除交易风险，企业也享受现金折扣。例如，交易条件若为2/10，*n*/30，即表示10天内付款可享受2%的折扣，否则30天内必须付款。

4、期票价

期票价是指企业以期票或延期付款的方式来采购商品。通常企业会把延期付款期间的利息加在售价中。如果卖方希望取得现金周转，就会将加计的利息超过银行现利率，以使供应商舍期票价取现金价。另外，从现金价加计利息变成期票价，用贴现的方式计算价格。

5、净价

净价是指供应商实际收到的货款，不再支付任何交易过程中的费用，这点在供应商的报价单条款中通常会写明。

6、毛价

毛价是指供应商的报价可以因为某些因素加以折让。例如，供应商会因为企业采购金额较大，而给予企业某一百分率的折扣。例如，采购空调设备时，商家的报价已含税，只要买方能提供工业用途的证明，就可减免50%的增值税。

7、现货价

现货价是指每次交易时，由供需双方重新议定价格，若签订有买卖合约，也以完成交易后即告终止。在企业众多的采购项目中，采用现货交易的方式最频繁；买卖双方按交易当时的行情进行，不必承担预立约后价格可能发生的巨幅波动的风险或困扰。

8、合约价

合约价是指买卖双方按照事先议定的价格进行交易，合约价格涵盖的期间依契约而定，短则几个月，长则一两年。由于价格议定在先，经常造成时价或现货价的差异，使买卖时发生利害冲突。因此，合约价必须有客观的计价方式或定期修订，才能维持公平、长久的买卖关系。

9、实价

实价是指企业实际上所支付的价格。特别是供应商为了达到促销的目的，经常提供各种优惠的条件给买方，如数量折扣、免息延期付款、免费运送等，这些优待都会使企业的采购价格降低。

二、适当价格的含义

采购的适当价格并不是采购的最低价格。若采购价格要求最低，可能材料品质会较差，交货期限会延误、配合会不太理想等。因此，采购的适当价格应为在既定物料品质、交货期限或其他条件下，所能得到的最低价格。采购价格以能达到适当价格为最高要求。在采购作业阶段，企业应当注意要使所需采购物资，在适当的品质、数量、交货时间及其他有关条件下，付出合适的价格。

因此，决定适当采购价格的目标，主要在于确保所购物资的成本，以期能树立有利的竞争地位，并在维持买卖双方利益的良好关系下，使原料供应持续不断，这是采购人员的主要责任。

第二节 市场经济条件下的定价

在市场经济体制下，绝大多数商品的定价权掌握在企业手上。作为谋取利润的市场主体，企业是否有能力控制住市场价格水平呢？决定这种控制能力的重要原因包括以下几点。

一、定价应考虑的因素

企业在制定价格决策时，必须全面考虑两个领域的因素：企业内部的因素和企业外部的因素，根据它们的影响，来合理制定价格。内部因素主要是指成本、市场定位和定价目标三方面；外部因素主要是指供求关系、货币价值、竞争与国家价格政策等。

（一）内部因素

1、成本

商品的生产与流通都需要消耗物化劳动和活劳动。在商品经济中，这些劳动消耗是通过货币来表现的，如原材料采购费用、劳动者工资、固定资产折旧等。在商品生产与流通中，物化劳动和活劳动消耗的货币表现就是商品成本。按照消耗发生的阶段，商品成本可分为生产成本和流通成本两大类。

在定价工作中所要考虑的成本是一个范围很广的概念，它包含产品生产中所有生产要素消耗所产生的成本。例如，资金占用的成本即利息、新产品开发费用、推销人员工资等。这种商品成本实际上是销售收入扣除净利润和税金以后的金额。

成本是企业制定商品价格的最低经济界限，价格高于成本将产生利润，价格低于成本将带来亏损。因为这个原因，越来越多的企业在价格制定中首先要考虑成本因素，或者采用成本加成定价法，以成本为基础，适当加上利润、税金，形成为商品价格。当然成本不是制定价格时所要考虑的唯一因素，但确实是必须考虑的重要因素之一。

2、市场定位

所谓市场定位，就是（拟）在消费者心目中建立的产品形象，其中包括对产品外观、内在质量以及价格诸方面的协调设计。当价格成为市场定位中的一项基本因素时，商品价格的制定要服从市场定位的要求。一般来说，产品的市场定位可以有 7 种选择：极品、奢侈品、精品、中档品、便利品、廉价品、次品。例如，在小汽车市场上，美西兹—奔驰牌汽车被认为是极品（金质质量）；奥迪、林肯、劳斯莱斯等汽车被认为是奢侈品；沃尔沃与宝绅是精品；属于中档汽车的有别克、蓝鸟等；也有一些汽车被定位在中档品以下三个档次上的，例如，有一种雨果牌汽车，不仅卖得便宜，其制造也过于节省，销售者不提供任何服务，堪称名副其实的“代步工具”。一旦商品的市场位置被选定，其价格水平就要适合相应市场位置的要求。

3、定价目标

定价目标是指导企业制定价格决策的目标。从某种意义上说，定价目标就是企业的经营目标，这是由价格与销售和利润的联系所决定的。显然，企业的目标越明确，它就越容易定价。不同的价格水平对企业的盈利目标、销售收入目标以及市场份额目标具有不同的影响。因此，明确企业的目标对于合理定价具有重要的意义。

一般认为，一个企业在定价中可能追求 6 个重要目标的一项或几项，即生存目标、最大即期利润目标、最大即期收入目标、最大化竞争优势目标、最大销售利润率目标、产品质量领袖地位目标等。

制定价格要有助于实现企业的各种经营目标。由于不同的价格水平对各种经营目标实现的影响是不同的。因此，制定价格要根据定价目标要求来进行。通常情况下，追求当前利润最大化的定价目标迫使把价格定在较高水平，追求市场份额最大化的定价目标则要求把价格定在较低水平。由于价格水平只能是一个，因而上述两个目标就不可能同时实现。于是，最后价格的确定，取决于定价目标的合理安排。

（二）外部因素

1、供求状态

商品的供求状态可以影响到价格的制定。这是因为商品供求状态可以影响市场物价水平。一般来说，当供应大于需求时，市场物价水平会下降，顾客会转向购买低价格商品而形成一种压力，迫使企业把价格降低；反过来，当供应小于需求时，市场物价水平上涨，高价下商品销路不受影响，企业可获超额利润的机会诱使企业把价格提高。

需要注意的是，价格变动也能改变供求状态。因此，市场上，一个商品的价格不可能总是处于上涨的变动方向上，也不可能总是处于下降的变动方向上。价格上涨，会引起供应量增加，需求量减少，很容易导致出现供过于求的状况；价格下降，会引起供应量减少，需求量增加，因而也容易导致出现供不应求的状况，从而引起价格发生与原来变动方向相反的变动。

2、竞争因素

竞争是来自市场的影响价格决策的另一个因素。一般来说，竞争激烈程度越高，可行的价格水平就越低。

供应者之间的竞争是围绕着争夺顾客这个中心来进行的。谁能赢得较多顾客，谁就能将产品更多地销售出去，就有机会实现较高销售收入和利润，这就是竞争优势。供应者为提高自己的竞争优势，要综合运用市场营销组合中的各种因素，于是会出现价格竞争和非价格竞争。由于在大多数情况下价格低可以提高竞争优势，因此，任何形式的竞争都会限制价格水平，在价格竞争中这一点将变得更为明显。

3、货币价值

价格是产品同货币的交换比。这种交换比计算的依据是价值量。产品价值量与单位货币所代表的价值量之间的比值，就是价格。在产品价值量不变的前提下，单位货币所代表的价值量越大，则商品价格越低；单位货币的价值量降低时，商品价格就会升高。

货币尤其是纸币的价值量通常是变动的。纸币发行量越多，则其代表的价值量就会越低。这就是经济中发生通货膨胀，物价普遍上涨的原因。如果政府紧缩通货发行（也称为紧缩银根），市场流通的货币就会减少，商品价格因此也会降低。

4、国家政策

党和国家的各项方针政策都是根据市场客观需要以及经济规律的要求科学制定的，有利于维持全国人民的长远利益，有利于促进经济正常运行和经济发展。贯彻执行这些方针政策，是每一个市场经营者义不容辞的责任。

价格是市场和经济生活中最敏感的因素，其涉及面广，影响深刻，因而总是国家或政府最关注的因素。对此，国家制定了一系列方针政策，对企业制定价格决策具有指导或约束作用，其中，最主要的方针政策有：稳定物价方针政策；反暴利政策；缩小工农产品交换价格剪刀差政策；按质论价政策；反对乱“收费”、乱摊派以及减轻农民负担的政策；最高限价和最低保护价政策；合理安排商品比价、差价的政策等。

企业定价工作，必须在党和国家方针政策规定的范围内进行，并自觉接受国家各级物价部门的管理和监督，正确行使价格自主权。

二、定价方法及其计算

在许多交易场合，价格是经由买卖双方协商谈判来制定的。卖者要“贵卖”而要高价；买者要“贱买”而要低价。通过讨价还价，最后达到双方都可以接受的价格。为所有买者制定一个价格的做法，据说只是在19世纪末大规模销售的零售商出现后才产生的。在这种相对“新”的做法中，销售者必须根据定价目标要求，掌握消费需求计划、成本函数以及竞争对手价格，通过综合各方面因素的影响或可能的效应，来制定一个统一价格。这里，将各种因素综合考虑的方法是特别重要的。在价格学中，定价方法按照强调的因素，可以分为成本导向定价法、需求导向定价法和竞争导向定价法三类。

（一）成本导向定价法

着重考虑成本的企业倾向于采用成本导向定价法，其基本特点是：关心对成本的充分补偿和盈利的可能性；以成本作为价格的最低界限，要求价格只能在成本之上；把外界对价格的影响通过成本类型和盈利率的选择反映出来，如完全成本定价法、变动成本定价法等。

1、成本加成定价法

最基本的定价方法是以单位产品完全成本为基础，再加上一定的盈利额，来计算价格的。这种方法通常称为成本加成定价法。其基本计算公式是：

价格=平均单位成本+平均利润

或 价格=（总成本+目标利润额）/总产量

目标利润或平均利润相对于成本，可以是固定的，也可以是变动的。当把目标利润作为与成本同比例增长，或作为销售额中一个固定比率部分时，价格计算公式需要作出修改。

（1）目标利润作为与成本同比例增长的部分　这里以成本作为计算的基数，按照利润随成本变动的比例，首先确定成本加成率（或称为成本利润率），然后计算价格。其公式是：

价格=平均成本×（1+成本加成率）

【例 5-1】 假设某企业生产单一产品，即某型号水泥。1995 年生产了 60 000 袋，每袋变动成本为 8 元，全年企业固定成本为 420 000 元。不难计算该产品平均成本，即：

总成本=（8×60 000+420 000）元=900 000 元

平均成本=（900 000÷60 000）元=15 元

假定成本加成率为 30%，因而价格为：

价格=[15×（1+30%）]元=19.5 元

（2）目标利润作为销售额中固定比率的部分　这时价格的计算公式略有不同。因为目标利润作为销售额中的固定比率（这个比率通常成为销售利润率），意味着价格作折扣后才是平均成本，即：

价格×（1–销售利润率）=平均成本

因此，　　价格=平均成本/（1–销售利润率）

【例 5-2】 假设例 5-1 中，企业按销售利润率 25%来计算价格。因为每袋水泥平均成本为 15 元，所以，

价格=[15÷（1–25%）]元=20 元

成本加成定价法不仅谋求补偿成本，而且可以取得一定量的利润。只要市场上缺乏竞争压力，产品销路很好，或者现处于卖方市场，企业就可以采用这种方法来制定价格决策。例如，建筑工程公司进行工程投标，就是在估算成本再加上标准加成率的基础上来报价的。

成本加成定价法忽视当前顾客需求特点、忽视市场供求关系和竞争状况，显然是不合理的，不仅在逻辑上不合理，在计算结果上也不能导致获得最佳价格。例如，它与按需求曲线制定的价格总是存在一定的差距，与市场通行价格相比也会不同。这些缺陷既可能降低企业销售收入和利润，也可能削弱企业竞争优势。

如果企业生产多种产品，就需要把全部固定成本在各种产品上进行分摊，以便准确计算每种产品成本。在实践中固定成本分摊可以有多种方式，如按产量的比例平均分摊、按变动成本总额的比例分摊、按制造产品所用时间的

比例分摊等，不同方式分摊结果不同，有时差异可达到 35%左右。这些差异说明，成本计算并不是那么简单易行的。如果简单地对待，就会使成本计算不准确，从而使成本加成定价法失去价值。

2、目标成本定价法

所谓目标成本定价法，是以企业期望可达到的成本目标作为制定价格的基础的定价方法。目标成本不同于制定价格时期的实际成本，它是为实现定价目标、谋求长远利益和整体利益而测定的一种“影子成本”。通常情况下，影子成本所反映的是在企业技术设备日臻完善，内部管理严格有序，整个经营过程处于正常状态下的生产成本。对于新产品来说，影子成本着重反映的是从小批量生产转向大批量生产过程中具有边际递减特征的阶段性成本。计算目标成本，消除了生产中不正常因素的影响，也排除了成本波动因素，因而比较合理。以目标成本为基础来制定的价格，既可容易地为消费者接受、达到可销的水平，又能实现企业的目标利润。其计算公式是：

价格=目标成本+目标利润+税金

或　　价格=总目标成本×（1+成本加成率）/总产量

【例 5-3】某洗衣机制造公司向市场推出一种全自动滚筒式洗衣机，由于新颖，缺乏充分、准确的成本资料。因此，该公司采用目标成本定价法来测定价格。在分析了固定成本、变动成本因素之后，公司主管部门认为该洗衣机在推出期的目标成本是 2 300 元。公司认为，该产品具有明显新颖性和适用性。顾客购买力会较大，因而成本加成率可定在 30%水平上。于是不难计算该洗衣机的可销价格：

价格=[2 300×（1+30%）]元=2 990 元

应当注意，目标成本的科学（合理）性对价格的合理性具有明显影响。换句话说，如果目标成本不合理，目标成本定价法就没有什么意义。制定合理的目标成本，必须明确“正常、有效的生产条件”的内涵，认真分析成本变化规律以及其他企业的成本水平，提出切实可行的控制成本的措施。这样，目标成本就具有科学依据，并具有可实现性和可接受性。按照这样的成本来定价，消费者乐于接受，企业也可以实现长足的发展。

3、收支平衡定价法

收支平衡定价法又称保本定价法，顾名思义，这种方法“放弃”了对利润的追求，只要求保本。该法主要适合于市场销售状况欠佳，谋求市场份额和保证一定销售量的目标占主要地位的场合。例如，在向市场推出新产品时，为使大多数消费者愿意购买，在消费中了解新产品，价格不能太高，但企业又不愿意在亏损状态下经营时，可采用收支平衡定价法。在市场普遍不景气，企业的产品以高价销售存在着明显困难时，为保证企业安全度过不景气时期，也必须考虑采用收支平衡定价法。

在收支平衡定价中，产品价格等于平均成本与单位产品税金之和。通常，首先应当按照保守原则或最大可能原则，估算产品销售量。这一销售量被称为保本销售量。其次，要认真搜集分析各类成本资料，成本资料是否全面准确对于销售价格是否有保本功能具有直接影响。由于，

总成本=固定成本+单位变动成本×销售量

因此，保本定价法下的价格按下式计算：

价格=（固定成本/保本销售量）+单位变动成本+税金

【例 5-4】一家企业主要生产规格为 51cm 黑白电视机。由于彩色电视机的逐步普及，黑白电视机市场很不景气。该企业预计 2010 年产品销售量只有 30 000 台。可是，生产该产品必须支付的固定成本为 7 500 000 元，单位变动成本为 1 000 元，该产品欲实现保本经营，价格应为多高呢？

按照上述计算公式，不难计算出保本价格：

价格=[（7 500 000÷30 000）+1 000]元=1 250 元

很多情况下，收支平衡定价计算公式被用于计算在一定价格水平下的保本销售量。因为上述计算得到的价格实际上有可能背离市场可行价格。如果价格高于市场可行价格，会使商品销售量锐减，降低销售收入，使入不敷出；如果价格过多地低于市场可行价格，事实上会使企业失去取得一定利润的机会。企业主管通常根据市场可行价格，反向推算保本销售量，作为企业销售目标。

计算保本销售量的公式如下：

保本销售量=固定成本/（市场可行价格−单位变动成本）

收支平衡定价法与前述成本加成定价法的区别仅仅在于利润有无这一点上。

4. 变动成本定价法

在竞争日益激烈、市场份额对于企业日益重要的经营条件下，按照补偿全部成本的原则来制定价格的做法通常会使企业失去竞争优势，尤其是在资本密集型、技术密集型产业，固定资产投资越来越高，技术开发与经营管理领域的固定成本开支越来越大。这样使企业形成很高的固定成本。但是，在市场竞争中，一个企业的商品销售量有很大伸缩性，价格是影响销售量的一个重要因素。如何使价格相对低一些，借以扩大商品销售量，通过大规模生

产降低商品成本来使企业盈利呢？在成本导向定价法中，最为有效的办法就是暂时撇开固定成本因素，采用变动成本定价法。

变动成本定价法是指以单位变动成本为最低界限，尽量使价格高于单位变动成本的定价方法。价格形成公式是：

价格=单位变动成本+单位贡献

由于要求，价格>单位变动成本

所以　　单位贡献>0

单位贡献也称为边际贡献，其经济学含义是边际收益超出边际成本的部分。当企业按照收益等于边际成本原则定价时，边际贡献=0，利润最大。但这只是一种理想中的状态。由于市场销售量的不确定性，边际收益=边际成本的状态很难控制。因此企业必须考虑在边际收益高于边际成本的状态下经营。

这必须考虑的问题是，企业可以容易地计算平均变动成本，而很难得到准确的成本曲线。这实际上是说，用平均收益与平均变动成本来定价具有很强的实用性。不论边际收益是否等于边际成本，平均收益必须大于平均变动成本。这显然是一条适用的定价规则。

为什么不能让价格等于单位变动成本呢？这涉及固定成本补偿问题。固定成本如果得不到充分补偿，企业就会在亏损条件下运行。这对于企业继续生存是不利的，更谈不上求发展了。作为一种定价规则，不能容许单位贡献等于零。其意义就是把补偿固定成本的任务交给单位贡献。只要单位贡献大于零，且商品销售量足够大，则补偿固定成本就不是不可能的。

（二）需求导向定价法

在价格制定工作中显然不能忽视消费者对价格的接受能力和可能在购买行为上作出的反应。侧重于使价格为消费者能够接受并且能产生良好的反应的定价方法，就是需求导向定价法。实施需求导向定价法的基本前提是，充分了解消费者的购买能力和购买欲望，并且能够预计消费者对某种价格水平的反应。换句话说，要弄清楚企业面临的需求曲线。

常见的需求导向定价法有三种形式，即直觉价值定价法、差别定价法和增量分析定价法。

1．直觉价值定价法

越来越多的企业正把价格的制定转向建立在购买者对产品的“感觉价值”（Perceived Value）基础上。他们发现，定价的关键是购买者的接受性，而不是企业的成本。购买者的接受性表现为消费者对产品价值的主观判断，当消费者觉得产品价值与价格一致或价格较低时，会认为购买是合算的，因而购买动机会强烈。否则，当消费者觉得产品价值低于价格，会有一种“上当”“吃亏”的逆反心理产生，因而购买动机会大大削弱。根据这个道理，企业经理们设法借助各种非价格的营销因素来影响消费者，或通过市场定位在消费者心目中建立较高大的产品形象，让消费者产生产品价值很高的概念，由这个途径来接受企业制定的产品价格。

直觉价值定价法与产品定位策略是一脉相承的。为一定目标市场服务的企业通常需要利用质量与价格两个“坐标”来建立其产品形象。可能有 9 种不同的产品质量价格选择，见表 5-1，每种选择实际上是有关质量水平、价格水平及其比例关系的决策或策略。主对角线上的策略 1、5、9 在同一个市场上能够相辅相成；但在同一个市场上，每一行上或每一列上的策略是不能同时存在的。例如，策略 1、2、3 不能在同一市场上同时出现，因为三种策略下的产品没有差别，仅仅只是价格不同。只要消费者充分了解这种关系，消费者就不会执意偏爱策略 1 或 2 中的产品，不会随意多“送”钱给实施策略 1 或 2 的企业，因为他们有最佳选择，即购买策略 3 下的产品。对于其他每行的策略及每列的策略也可以同样作出分析。这就是说，在同一市场上，商品价格最好与商品的“感觉价值”或质量水平相适应；在有竞争产品存在的情况下，还要考虑顾客感觉价值的变化。

表 5-1 产品质量价格

价格		高	中	低
质量	高	1. 优质优价策略	2. 高价值策略	3. 超价值策略
	中	4. 撇脂定价策略	5. 公平价值策略	6. 适度让价策略
	低	7. 暴利定价策略	8. “华而不实”策略	9. 经济节约策略

杜邦公司一直都在采用直觉价值定价法。它开发了地毯用的新合成纤维后，就极力宣传新纤维的优点，向地毯织造厂证明每磅新纤维付 1.40 美元是很合理的。杜邦称这种做法是“使用价值”定价法。据说，杜邦对某些化学品将采用平均水平的和优越水平的两种价格，当然后者意味着将提供附加价值。例如，某种商品两种价格依据表 5-2 来制定。希望获得“优越”满足水平的顾客可以付 105 美元来达到自己的目的。杜邦测算了每项附加好处的“感觉价值”，它们加起来正好是相对于平均水平价格，顾客多付出的费用 5 美元。这种做法有时也称为项目价值累计定价法。当然，顾客也可以不要求提供全部项目的附加价值而只是其中的一部分。项目价值累计定价法可以让顾客按其需要和愿付的价格来作出选择。

表 5-2 商品的两种价格

特　征	平 均 水 平	优 越 水 平	附加价值/美元
品　质	杂质含量低于百万分之十	杂质含量低于百万分之一	1.40
送　货	两周内	一周内	0.15
商品成套性	仅供化学品	供应化学品包装全套物品	0.80
技术创新	不提供 R&D 服务	高水平的 R&D 服务	2.00
培　训	只有初级培训	按对方要求培训	0.40
服　务	限于提货时服务	跟踪服务	0.25
价　格	$100/磅	$105/磅	5.00

感觉价值定价法的关键是对每一项商品特征的市场感觉价值的精确计量问题。自以为是的销售者通常高估其产品的价值而过高定价；保守的销售者通常低估其产品的价值而过低定价。因此，为指导企业合理定价，进行一些市场研究，建立市场感觉价值评价体系，是必要的和有意义的。

测算顾客对商品的感觉价值可以有以下三种方式：

（1）主观评估法　主观评估法即由企业内部有关人员参考市场上同类商品，比质比价，综合考虑市场供求趋势，对商品的市场销售价值进行评估确定。

（2）客观评估法　客观评估法即由企业外部有关部门的人员及消费者代表，对商品的性能、效用、寿命等进行评议、鉴定和估价。

（3）实销评估法　实销评估法即以一种或几种不同价格，在几个实验市场上进行实地销售，并征得消费者对产品价格的评估，然后通过对试销价格的顾客态度或反应进行分析，确定适销价格。

直觉价值定价法是以产品的最终用户或消费者的感觉价值为基础来定位的，不适用于流通领域中间环节定价。许多企业把“感觉价值”价格制定下来后，要反过来推算流通领域中间环节的价格以及企业出厂价。这时，直觉价值定价法又被称为“反向定价法”，或“倒剥皮定价法”。

2、*差别定价法*

差别定价法就是将同种产品以不同的价格销售给同一市场上的不同顾客。一般来说，这里的价格差异不是由于商品成本因素所引起的，也不是附加价值不同所引起的，而是销售者根据顾客的需求特征实行差别定价引起的。因此，又称为歧视性定价法。

（1）差别定价法的类型　根据消费者需求特征类型，差别定价有 4 种类型：

1）以顾客本身特征为基础的差别定价。例如，影剧院对大人与小孩规定不同的票价；歌舞厅对男士与女士规定不同的收费标准；航空公司对国内乘客与国外乘客制定不同的机票价格等。通常来说，这种类型的差别定价着重考虑顾客的支付能力与需求弹性的差异。

2）以产品用途为基础的差别定价。例如，电力、自来水与煤气等公司对企事业单位用户和居民家庭用户制定不同的收费标准；商店对礼品性的与顾客自用性的同种商品制定不同价格；具有收藏价值的邮票与普通邮票两者在价格上通常有很大差别。

3）以消费或购买地点为基础的差别定价。例如，同样的罐装“健力宝”饮料，在卡拉OK娱乐厅的售价要高于街头杂货店的售价，在装修豪华的饮食店售价也较高；宾馆客房因南北朝向不同，或因楼层不同而收费不同。

4）以消费或购买时间为基础的差别定价。例如，同一批制造的衣服，在消费旺季与消费淡季的售价是不同的；电视广告在黄金时间的收费特别高；挂历、贺年卡在元旦后销售价格普遍下降。

（2）实行差别定价法的条件　实行差别定价法必须具备一定的条件，以控制顾客的购买。这些条件包括：

1）价格不同的细分市场之间能够被完全隔离，不可能出现高价细分市场的顾客向低价细分市场流动的问题，也不可能出现低价细分市场的顾客把商品再转手卖给高价细分市场的顾客问题。

2）每个细分市场都具有独特的需求性质，细分市场之间需求弹性不同。换句话说，高价细分市场的顾客不会因为价格高而大量减少其需求。只要高价细分市场能够维持存在并且盈利，差别定价法就有意义。

一般来说，高价细分市场能够独立存在，并且能够与低价细分市场相隔离，不是企业主观意志能决定的。许多资料表明，企业自动创造某种条件造成高价细分市场与低价细分市场隔离的做法，往往要么很难成功，要么得不偿失。关键原因在于，细分市场是动态可变的，是企业不可控制的。任何“臆造”市场都是短命的。企业要实行差别定价法，必须进行市场调研，论证其可行性，并且要因时、因地、因势制宜。

【例 5-6】假定某企业在某一市场上同时出售某种产品。该市场可被分割为细分市场A和细分市场B。

已知，细分市场A的需求曲线为：

$$Q_1=1\,000-2P_1$$

已知，细分市场B的需求曲线为：

$$Q_2=1\,200-3P_2$$

已知，总成本函数为：

$$C(Q_1+Q_2)=350+2(Q_1+Q_2)+0.5(Q_1+Q_2)^2$$

首先考虑忽视顾客需求差异策略下的统一价格制定问题。按照利润最大化原则，统一价格 $P=P_1=P_2$ 的制定规则是边际收益等于边际成本，或者边际利润等于 0。

企业的利润 $Л=P_1Q_1+P_2Q_2-C(Q_1+Q_2)$

$\because P_1=P_2=P$

$Л=P(1\,000-2P)+P(1\,200-3P)-[350+2\times(1\,000-2P+1\,200-3P)+0.5\times(1\,000-2P+1\,200-3P)^2]$

$=(P-2)\times(2\,200-5P)-0.5\times(2\,200-5P)^2-350$

$dЛ/dP=2\,200-5P-5\times(P-2)+5\times(2\,200-5P)$

$=13\,210-35P$

令 $dЛ/dP=0$，即：

$$13\,210-35P^*=0$$

得：

$$P^*=13\,210\div35\text{ 元}=377\text{ 元}$$

于是可以算出：

细分市场 A 的销售量：$Q_1^*=1\,000-2\times377=246$

细分市场 B 的销售量：$Q_2^*=1\,200-3\times377=69$

$Л=[(377-2)\times(2\,200-5\times377)-0.5\times(2\,200-5\times377)^2-350]\text{元}=68\,162.5\text{ 元}$

必须注意到，对应于 $Q_1=246$，$Q_2=69$。边际成本 $MC=317$ 元，但细分市场 A 上 $MR_1=254$ 元。存在 $MR_1<MC$ 现象，适当提高细分市场 A 上的价格将可以使利润增加；在细分市场 B 上，$MR_2=354$ 元$>MC$，适当降低其价格也可以使利润增加（读者可以作图分析，论证这一观点）。

其次考虑重视顾客需求差异的策略，即实行差别定价法。

因为，

$$P_1=500-Q_1/2$$

$$P_2=400-Q_2/3$$

企业的利润 $Л$ 由下式计算：

$$Л=(500-Q_1/2)Q_1+(400-Q_2/3)Q_2-[350+2(Q_1+Q_2)+0.5(Q_1+Q_2)^2]$$

最大利润存在的条件是：

$$ЭЛ/ЭQ_1=498-2Q_1-Q_2=0$$

$$ЭЛ/ЭQ_2=398-Q_1-5Q_2/3=0$$

联立解出 Q_1 和 Q_2，分别为：

细分市场 A 的最优销售量：$Q_1^*=185$

细分市场 B 的最优销售量：$Q_2^*=128$

继而可得出：

$$P_1^*=（500-185\div2）元=408\ 元$$

$$P_2^*=（400-128\div3）元=357\ 元$$

$$Л^*=\{408\times185+357\times128-[350+2\times（185+128）+0.5\times（185+128）^2]\}元$$

$$=71\,215.5（元）$$

71 215.5 元>68 162.5 元，说明采用差别定价法比统一价格法更合理，能使企业获得更多利润。

3、增量分析定价法

根据顾客的需求弹性或需求曲线来定价，是许多企业常用的定价方法。这种方法以实现最大销售收入或最大利润为目标。分析价格变动与需求变动的相互关系以及它们对利润的影响。由于对价格与需求的变动按增量逐步计算，所以称之为增量分析定价法。

【例 5-6】 设某企业产品价格与需求量的互动关系见表 5-3。

表 5-3 价格与需求量的互动关系

价格/元	8	6	4	3
需求量/件	100	300	400	500

固定成本为 800 元，平均变动成本为一常数 2 元。

增量分析法可以有两种做法。

做法 1：分析收入增量与成本增量之间的关系，确定最优定价方法。

当价格由 8 元降至 6 元时，收入增量 R（8→6）与成本增量 C（8→6）分别为：

$$R（8\to6）=（6\times300-8\times100）元=1\,000\ 元$$

$$C（8\to6）=2\times（300-100）元=400\ 元$$

显然此时利润增量（边际贡献）$Л$（8→6）为

$$Л（8\to6）=R（8\to6）-C（8\to6）=1\,000\ 元-400\ 元=600\ 元$$

$Л$（8→6）>0，说明价格从 8 元降至 6 元是值得的。继续分析如下：

$$R（6\to4）=（4\times400-6\times300）元=-200\ 元$$

$$C（6\to4）=[2\times（400-300）]元=200\ 元$$

$$Л（6\to4）=[（-200）-200]元=-400\ 元$$

$$R（4\to3）=[（3\times500-4\times400）]元=-100 元$$

$$C（4\to3）=[2\times（500-400）]元=200 元$$

$$Л（4\to3）=-300 元$$

由于 Л（6→4）、Л（4→3）都为负数，说明价格从 6 元起继续下降对企业是不利的，有利润的损失。因此，企业应将价格定为 6 元。

做法 2：直接比较每一价格下的利润，择优定价。可以用表 5-4 予以直观说明。

表 5-4 比较每一价格的利润

价格/元	需求量/件	销售收入/元	变动成本/元	固定成本/元	总成本/元	利润/元
8	100	800	200	800	1 000	-200
6	300	1 800	600	800	1 400	400
4	400	1 600	800	800	1600	0
3	500	1 500	1 000	800	1 800	-300

表 5-3 说明，价格分别为 8 元、4 元和 3 元时，企业都是无利可图或有亏损的，只有定价为 6 元时，企业可盈利 400 元。此时，对应于定价 6 元，需求量为 300 件的企业盈利最大，因此，企业应将价格定为 6 元。

（三）竞争导向定价法

竞争导向定价法是以本企业的主要竞争对手的价格为定价基础，忽视企业的产品成本或需求的变化。只要竞争对手的价格不动，本企业的价格也不动。竞争导向定价法通常有两种形式，即流行水平定价法和竞争投标定价法。

1．*流行水平定价法*

流行水平定价法又称随行就市定价法，简单地说，别人定多高的价格，本企业也定多高的价格。企业要分析当前同一市场上主要竞争对手的价格，可以使本企业的价格等于、略为高于或低于主要竞争对手的价格，但处于最接近或等于市场平均价格水平的位置。这种方法特别适用于竞争较激烈、产品差异性不大的行业，如完全竞争行业。在寡头垄断市场上，各企业的产品价格通常是一致的，如在钢铁、石油、造纸或化肥行业。一些小企业跟随市场领袖定价，也是流行水平定价法的一种形式。企业采用流行水平定价法的原因主要是：

1）难以估算产品准确的成本。这种情况下，人们把流行价格视为本行业中能够获得合理利润的价格。

2）报复性竞争压力最小。因为按流行水平定价对竞争对手的攻击性最小，对行业内部的价格协调机制破坏作用也最小。

3）认为用户和竞争者对价格差异化的反应是不确定的，或者相信，他们对任何价格差异化的反应对本企业是不利的。

2、竞争投标定价法

投标是企业取得经济技术承包合同的一种方式。在多家企业参与竞争投标时，争取本企业投标的竞争优势成为所投标书设计的关键。竞争优势高的企业才有可能中标，取得承包合同并赢得经营收入。影响投标竞争优势的因素有企业的相对技术实力、知名度和声誉，标价高低也是一个重要因素。投标中的标价是招标方能否接受的价格。在承包合同质量、工期、服务大致相当的条件下，招标方谋求降低合同价格，因而标价低的投标书较容易中标。于是产生了竞争投标定价问题。

投标方法有公开报价和密封报价两种。招标方在投标企业的各个不同报价中，择优选定承包者。投标企业须根据竞争对手的公开报价或预计可能的报价来提出自己的报价。关键是要掌握好中标概率、利润与报价的关系。一般来说，报价越低，中标可能性越大，但企业盈利就越小，有时甚至导致企业亏损。如何确定合理价格呢？通常根据期望利润来定价。

所谓期望利润，是指某个报价的中标概率与相应的企业利润二者的乘积，即：

$$期望利润=中标概率\times相应的利润$$

【例 5-7】设某企业为一楼房建筑工程招标。根据楼房设计要求，估计建筑工程总费用为 80 万元。搜集可能的竞争对手及其所投标书的信息后，提出了 4 种可行的报价，并估算其中标概率与利润见表 5-5，继而可计算出每一报价下企业的期望利润，填于该表中。

表 5-5　每一报价下的期望利润

标价/万元	中标概率	可得利润/万元	期望利润/万元
90	0.6	10	6
95	0.5	15	7.5
100	0.3	20	6
105	0.2	25	5

表 5-5 中报价 95 万元的期望利润最大，即 7.5 万元，意味着中标概率与可得利润二者综合效果最好，按期望利润最大原则，企业应选择报价 95 万元。

第三节 采购成本分析

现今，企业的竞争日趋激烈，企业经营已到了毫厘必争的时代，为了能降低经营成本，让利于顾客，企业必须下大力气控制其经营成本。过量的采购也使商品积压而占用大量的资金。因此采购成本的控制不仅是采购管理，也是企业经营管理的重点所在。

商品的采购成本不仅是指商品本身的价值，而且还包括因采购而带来的采购管理成本和储存成本。

1、材料成本

材料成本是指材料的进价成本，又称购置成本，即材料本身的价值，等于采购单价与采购数量的乘积。在一定时期进货总量既定的条件下，无论企业采购次数如何变动，材料的进价成本通常是保持相对稳定的（假设物价不变且无采购数量折扣），因而属于决策无关成本。

2、采购管理成本

采购管理成本是指企业向外部的供应商发出采购订单的成本费用，是企业为了实现一次采购而进行的各种活动的费用，如办公费、差旅费、邮资、电话电报费、运输费、检验费、入库搬运费等支出。采购管理成本中有一部分与订货次数无关，如专设采购机构的基本开支等，这类固定性进货费用则属于决策的无关成本。另一部分与订货次数有关，如差旅费、邮资、电话电报费等费用与进货次数成正比例变动，这类变动性进货费用属于决策的相关成本。更详细地说，采购管理成本包括与下列活动相关的费用：检查存货水平；编制并提出采购申请；对多个供应商进行调查比较，选择最合适的供货商；填写并发出采购单；填写、核对收货单；结算资金并进行付款。

3、储存成本

企业为持有存货而发生的费用即为存货的储存成本，主要包括：存货资金占用费（以贷款购买存货的利息成本）或机会成本（以现金购买存货而同时损失的证券投资收益等）、仓储费用、保险费用、存货残损霉变损失等。与进货费用一样，储存成本可以按照与储存数额的关系分为变动性储存成本和固定性储存成本两类。其中，固定性储存成本与存货储存数额的多少没有直接联系，如仓库折旧费、仓库职工的固定月工资等。这类成本属于决策的无关成本；而变动性储存成本则随着存货储存数额的增减成正比例变动关系，如存货资金的应计利息、存货残损和变质损失、存货的保险费用等，这类成本属于决策的相关成本。

第四节 采购数量与价格变动对成本的影响

一、固定成本与变动成本

固定成本是指业务量在一定范围内增减变动，其总额始终保持不变的有关成本，如按直线法计算的厂房、机器设备的折旧费、管理人员工资、劳动保护费、职工培训费等。这就是说，作为固定成本，只要业务量不突破某一特定范围，其数额将会始终稳定在某一既定的水平上。

变动成本是指随着业务量的增减变动，总数额也将发生相应的正比例变动的有关成本，如直接材料费、直接人工费、产品包装费等。这就是说，作为变动成本，只要业务量发生某种变动，其总数额也要随之发生相应的变动，且变动方向和变动比率都与业务量的变化情况完全相同。

1、固定成本的主要特点

1）在相关范围之内，固定成本总额不受业务量变动的影响。

2）在相关范围之内，随着业务量的增加或减少，单位固定成本将随之相应降低或升高。

2、变动成本的主要特点

1）变动成本总额直接受到业务量变动的影响，与业务量保持正比例变动关系。

2）单位变动成本不因业务量变动而发生相应的变动，其数额将始终保持在某一特定的水平上。

变动成本额和业务量之间的依存关系，同固定成本一样，也存在着一定“相关范围”的限制。也就是说，在相关范围内，变动成本总额和业务量之间呈完全的线性关系；一旦超过相关范围，就可能表现为非线性的关系。

二、商业折扣和折让

供应商为了鼓励企业及早付清货款、大量购买、淡季购买，还可以酌情降低其基本价格，这种价格调整叫做商业折扣和折让。

（1）现金折扣　这是供应商给那些当场付清货款的采购企业的一种减价方法。

（2）数量折扣　这种折扣是供应商给那些大量购买某种产品的采购企业的一种减价方法，以鼓励企业购买更多的货物。

（3）功能折扣　这种价格折扣又称贸易折扣。功能折扣是供应商给某些采购企业的一种额外折扣，促使他们愿意执行某种市场营销功能（如推销、储存、服务）。

（4）季节折扣　这种价格折扣是供应商给那些过季商品或服务的采购企业的一种减价方法。

（5）促销折让　这是另一种类型的价目表价格的减价。促销折让是供应商根据市场供需情况，或针对不同的采购企业，在商品标价上给予的折扣。

第五节　采购成本控制

企业运营的主要目标是为股东创造最大的财务利润，所以，经营者在审核年度绩效时，投资报酬率便成了最好的参考数字。虽然投资报酬率有不同的计算方式，最普通的表示方法如下：

$$投资报酬率=利润率\times资产周转率$$

利润率代表了企业相对于收益的对成本控管的能力，而资产周转率则反映出管理阶层对企业可用资产有效利用的能力。所以，企业管理层可通过降低采购成本、利用现有资产来增加销售业绩或综合以上两项三个方面来达到增加投资报酬率。

根据统计资料显示，在制造业中，对原料、零部件机器设备的采购金额，平均占总销售额的 50%。换句话说，任何通过采购所节省的费用，都是对利润的直接贡献。

一、ABC 控制法

1、ABC 控制方法的基本思想

一般来说，企业的物资种类繁多、价格不等、数量不均，有的物资品种很多但价值不高。由于企业的资源有限，因此，对所有品种均给予相同程度的重视和管理是不可能的，也是不切实际的。为了使有限的时间、资金、人力、物力等企业资源能得到更有效的利用，应对物资进行分类，将管理的重点放在重要的物资上，进行分类管理和控制，即依据库存物资重要程度的不同，分别进行不同的管理，这就是 ABC 控制方法的基本思想。

2、ABC 控制方法的原理

ABC 分析法是 20/80 原理的一种应用。20/80 原理指出存在着重要的“少数”——20 和不重要的“多数”——80。这一思想就是将管理资源集中于重要的“少数”，而不是不重要的“多数”——花 80%的时间与精力在最重要的 20%上，将得到 80%的回报；而在另外的 80%上，只需花费 20%的精力，即

能得到不错的结果。

因此，利用ABC分析法可以保证确定更好的预测现场控制、供应商的信赖度以及减少安全库存和库存投资。通过将物料分级，采购经理就能为每一级的物料品种制定不同的策略，实施不同的控制。

3、ABC控制方法的应用

（1）ABC三类物品的区分 任何采购物品可区分为三个不同部分：

A类物品。高值——其价值占采购总值70%～80%的相对少数物品，通常为物品的15%～20%。

B类物品。中值——其总值占采购总值的15%～20%，物品数居中，通常占物品的30%～40%。

C类物品。低值——其采购总值几乎可以忽略不计，只占5%～10%，是物品的大多数，通常占60%～70%。

任何采购物品分为A、B、C三大类当然是任意的。许多公司作进一步的分类，如加一个D类或把A类再分为AAA、AA与A三等。每类物品，当然可以在该类之中作ABC分类。有些高值物品应引起工厂经理的特别重视。

（2）物品分类步骤 具体如下：

1）列出所需采购物品及其年度使用量，然后用单价乘以年度使用量，算出年度使用金额，见表5-6。

表5-6 计算年度使用金额

序 数	物品每年使用件数	单位成本/元	年度使用金额/元
F-11	40 000	0.07	2 800
F-20	195 000	0.11	21 450
F-31	4 000	0.10	400
L-45	100 000	0.05	5 000
L-51	2 000	0.14	280
L-16	240 000	0.07	16 800
L-17	16 000	0.08	1 280
N-8	80 000	0.06	4 800
N-91	10 000	0.07	700
N-100	5 000	0.09	450

2）按年度使用金额排列这些物品，并计算出累计年使用金额与累计百分数。如果任意地决定A类物品将是这些物品中最前面的20%，则A类将包括第一与第二两种物品。第三到第五这3类物品将属B类物品，它们占总物品数的30%。其余50%的物品将属于C类物品，见表5-7。

表 5-7 排序并计算累计百分数

物　品	年度使用金额/元	累计年使用金额/元	累计百分数	类　别
F-20	21 450	21 450	39.8%	A
L-16	16 800	38 250	71.0%	A
L-45	5 000	43 250	80.2%	B
N-8	4 800	48 050	89.3%	B
F-11	2 800	50 850	94.4%	B
L-17	1 280	52 130	96.7%	C
N-91	700	52 830	97.9%	C
N-100	450	53 280	98.9%	C
F-31	400	53 680	99.6%	C
L-51	280	53 960	100.0%	C

3）此 ABC 分析可归纳列表显示。如果把最大精力集中于 A 类物品采购，就可使其库存压缩 25%，这就是总库存的相当可观的一笔压缩。即使 C 类物品由于控制不严而增加了 50%，也不要紧，见表 5-8。

表 5-8 分析归纳结果

分　类	物品的百分数	每组的年使用金额/元	金额的百分数
A（F-20，L-16）	20%	38 250	71.0%
B（L-45，N-8，F-11）	30%	12 600	23.4%
C（所有其他）	50%	3 110	5.6%
总　计	100%	53 960	100%

ABC 方法的 4 条基本法则见表 5-9。

表 5-9 ABC 方法的基本法则

法则名称	具体内容
控制程度	（1）对 A 类物品应尽可能地严加控制，包括最完备、准确的记录，最高层监督的经常评审，从供应商按订单频繁交货，对车间紧密跟踪去压缩提前期等 （2）对 B 类物品作正常控制，包括良好的记录与常规的关注 （3）对 C 类物品应尽可能使用最简便的控制，诸如定期目视检查库存实物、简化的记录或只有最简的标志法表明补充存货已经订货了，采用大库存量与订货量以避免缺货，另外安排车间日程计划时给予低优先级就可以了
采购记录	（1）A 类物品要求最准确、完整与明细的记录，要频繁地，甚至实时地更新记录。对事务文件、报废损失、收货与发货的严密控制是不可能缺少的 （2）B 类物品只需正常的记录处理、成批更新等 （3）C 类物品不同记录（或只用最简单的），成批更新，简化地记录
优先级	（1）在一切活动中给 A 类物品以高优先级以压缩其提前期与库存 （2）B 类物品只要去正常的处理，仅在关键时给以高优先级 （3）给 C 类物品以最低的优先级
订货过程	（1）对 A 类物品提供仔细、准确的订货量 （2）对 B 类物品，每季度或当发生主要变化时评审一次 *EOQ* 与订货点 （3）对 C 类物品不要求做 *EOQ* 或订货点计算，手头存货还相当多时就订上一年的供应量，使用评审、堆放等

二、定期采购控制法

所谓定期采购控制法，是指按预先确定的订货间隔期间进行采购，补充库存的一种采购成本控制方式。

1、定期采购控制法应用

企业根据过去的经验或经营目标预先确定一个订货间隔期间。每经过一个订货间隔期间就进行订货；每次订货数量都不同，定期订货方式中定货量的确定方法如下：

定货量=最高库存量–现有库存量–订货未到量+顾客延迟购买量

定期采购控制法是从时间上控制采购周期，从而达到控制库存量目的的方法。只要订货周期控制得当，既可以不造成缺货，又可以控制最高库存量，从而达到成本控制的目的，即使采购成本最少。

2、定期采购控制法的优点

由于订货间隔期间确定，因而多种货物可同时进行采购，这样不仅可以降低订单处理成本，还可以降低运输成本。另外，这种方式不需要经常检查和盘点库存，可节省这方面的费用。

3、定期采购控制法的缺点

由于不经常检查和盘点库存，对商品的库存动态不能及时掌握，遇到突发性的大量需要，容易造成缺货现象带来的损失，因而企业为了对应订货间隔期间内需要的突然变动，往往库存水平较高。定期采购控制法适用于品种数量大、占用资金较少的企业的商品采购成本控制。

三、定量采购控制法

所谓定量采购控制法，是指当库存量下降到预定的最低库存数量（采购点）时，按规定数量（一般以经济批量 *EOQ* 为标准）进行采购补充的一种采购成本控制方式。

1、定量采购控制法应用

当库存量下降到订货点（也称为再订货点）时马上按预先确定的定货量（Q）发出货物订单，经过交货周期（T），收到订货，库存水平上升。采用采购控制法必须预先确定订货点和订货量。

通常采购点的确定主要取决于需求率和订货、到货间隔时间这两个要素。在需要固定均匀和订货、到货间隔时间不变的情况下，不需要设定安全库存，订货点的计算公式如下：

$$E=LT\cdot D/365$$

式中　D——每年的需要量。

当需要发生波动或订货、到货间隔时间是变化的情况，订货点的确定方法较为复杂，且往往需要安全库存。

订货量通常依据经济批量的方法来确定，即以总库存成本最低时的经济批量（*EOQ*）为每次订货时的订货数量。

2、定量订货方式的优点

由于每次订货之前都要详细检查和盘点库存（看是否降低到订货点），能及时了解和掌握商品库存的动态。因每次订货数量固定，且是预先确定好了的经济批量，方法简便。

3、定量订货方式的缺点

经常对商品进行详细检查和盘点工作量大且须花费大量时间，从而增加了库存保管维持成本。该方式要求对每个品种单独进行订货作业，这样会增加订货成本和运输成本。定量订货方式适用于品种数目少但占用资金大的商品。

四、经济订货批量控制法

订货数量的决定影响到企业的订货次数。企业大量订货，通常可减少采购费用，但会提高存货占有成本。企业少量订货常可使存货占用成本达到最小，但却会提高订货成本（除非进行电子数据交换并使用快速反应存货系统）。

经济订货批量是使订单处理和存货占用总成本达到最小的每次订货数量（按单位数计算）。订单处理成本包括使用计算机时间、订货表格、人工及新到产品的处置等费用。占用成本包括仓储、存货投资、保险费、税收、货物变质及失窃等。企业无论大小都可采用 *EOQ* 计算法。订单处理成本随每次订货数量（按单位数平摊的增加而下降，因为只需较少的订单就可买到相同的全年总数），而存货成本随每次订货数量的增加而增加，因为有更多的商品必须作为存货保管，且平均保管时间也更长，这两种成本加起来就得到总成本。

考虑到需求、价格上涨、数量折扣及可变的订货成本和占用成本等方面的变化，必须经常修订 *EOQ*，具体可参见相关书籍。

【案例】

某公司的采购成本分析及改进

某生产婴儿食品的大型公司过去每年花在采购方面的开支接近 8 亿美元。由于该行业利润较高，因此该公司对采购成本的管理并没有在意，而且认为这种详细的审查在一个发展态势良好的经济环境中显得也没什么必要。然而，当经济开始回调、市场增长减慢时，该公司终于意识到，它现在不得不花费更大的力气以求保住利润了。由于过去几年的采购过程未经严格的管理，因此现在看来，采购方面无疑是挖潜的首要方向了。

该公司首先从保养、维修及运营成本入手，很快做出决定：请人制定了一套电子采购策略。这一做法有助于通过集中购买及消除大量的企业一般行政管理费用来达到节省开支的目的。然而在最后的分析中，节省的效果却并未达到该公司的预期。

为了寻求更佳的节省效果，该公司开始转向其主要商品，如原料、纸盒、罐头及标签。公司分析了可能影响到采购成本的所有因素，包括市场预测、运输、产品规格的地区差异、谈判技巧及与供应商关系等。通过深入的调查，一些问题开始浮出水面。结果显示，在材料设计、公司使用的供应商数量和类型、谈判技巧以及运输方面均存在着相当明显的缺陷。

1）公司采购的谈判效率很低。人们对是否该处于有利的谈判地位并不关心，而且公司对供应商所处行业的经济状况或成本结构的研究也几乎是空白的。因此，采购经理极少对现状提出质疑。采购经理们通常习惯于在一个垂直一体化的卖家中购买各种原料，而不是去寻找每种原料最佳的供应商。

2）公司几乎从不将自己的采购成本与竞争对手的采购成本进行比较。

3）公司缺乏将营销及购买部门制度化地集合在一起的机制。这也就意味着，公司没有对市场营销所需要的材料的成本和收益进行评估的系统。

4）公司节省成本的机制不灵活。即使当采购经理发现了节省成本的机会（机会可能是需要改变机器规格或本操作流程），他们也很难让整个企业切实地实施自己的想法。任何一次对系统的调整所耗去的时间都会比实际需要长得多。

当意识到未能进行采购成本管理而造成诸多损失时，公司开始对这个问题进行全面的处理。

1）设定了商品的优先次序，随后进行了一系列成本收益的统计，并运用6个驱动力指标对竞争对手的情况进行了比较。

例如，按照营销部门对包装材料的规格要求，公司在制作包装盒时，其使用的纸材比竞争对手的纸材更厚而且昂贵得多。这样的规格要求其实并无道理，因为高质量的纸材并不会给公司带来任何额外的好处。公司还发现，在给铁罐上色的过程中，整个流程需要 4 道工序，而事实上一道工序就足够了，这样的话自然也会减少很多开支。

除此以外，公司在低价值品牌的产品包装上使用了 2 张标签（前后各一），事实上只用 1 张也已足够。最后，由于公司属下的品牌及规格品种繁多，并且考虑到地区性推广的时间问题及不同地区所采用的不同标签内容，公司所印制的标签的流通周期显得偏短。比较而言，延长印刷标签的周期会给公司节省很多钱。事实上，公司高达 80%的标签是用作短期运作的，而主要竞争对手 80%的标签却是用作长期运作的。

2）建立了一套积极的谈判方式。

这需要对现有及潜在供应商的成本及生产能力进行详细的评估，包括对供应商成本结构的分析。尽管大多数经理认为他们在谈判桌上已经足够强硬，但是几乎没有人真正在谈判中保持了应有的一丝不苟的态度。结果，在过去这些年里，商务谈判通常显得过于轻松惬意。因此，为了克服这种思想上的松懈，采购经理们在进行谈判前应做好准备，充分了解供应商成本并对供应商的成本结构做深入分析。在这些方面做好精心准备是非常重要的：对于大多数商品而言，70%的成本是由产品特质决定的，30%才是由供应商的竞争力决定的。

例如，公司发现在购买一种主要原料时，其供应商的要价是最高的。在对供应商的成本结构进行分析后，公司发现事实上供应商是在其自身相对较高的成本基础上给产品定价的，对于该供应商而言这一定价确实已不能再低了。于是，公司对其他供应商的成本结构进行了研究——这实在是复杂的“侦察”工作，研究中除了涉及一些普通的要素外，还将诸如农场位置、精练设施、电力和劳动力成本及企业规模等因素考虑在内。研究结果显示，有一些企业的成本结构使它们能够以较低的价格出售产品，从而占据有利的市场地位。

公司同样对它的一家“一站式”供应商进行了研究，这家供应商不仅供应纸盒，而且还生产纸盒用的纸材并承揽纸盒印刷业务。经过对其他纸业及印刷业厂家成本的研究，公司发现，其实它能够以低得多的价格买到纸材并进行印刷。当公司在谈判中指出这一点时，供应商不得不降低了产品价格，否则它就将失去该公司的生意。事实证明，解剖纵向供应链以研究分散的成本实在是一种有价值的谈判手段。

这些工作的结果是使公司的原料成本节省了 12%。节省下来的这些钱被平分至产品规格的改进及谈判技巧的完善工作上。此外，为了控制流失的采购成本，公司需要一个整体采购策略，这一战略将包括优化的规格及强硬的供应商谈判。

【本章小结】

本章简要介绍了采购价格的基本知识，分析了市场经济条件下定价应考虑的因素，详细阐述了市场经济条件的定价方法及其计算；重点进行了采购成本分析，包括采购成本的构成，成本分析内容等；分析了采购数量和价格的变动对采购成本的影响；介绍了成本控制的内容、原则和基本方法。

【复习思考题】

1. 简述成本加成法的原理和优缺点。
2. 什么是直觉价值定价法？
3. 影响企业定价的因素有哪些？
4. 简要回答采购成本控制的方法。

第六章　供应商管理

【知识目标】

了解供应商管理的基础知识；明确供应商的调查、开发及评估的有关方法；掌握供应商的选择与关系的管理。

【技能目标】

能够独立开展供应商与开发等操作性工作；能够熟练运用有关考核指标对供应商进行评估，并在此基础上选出将要与其合作的供应商；能够很自如地与供应商打交道。

第一节　供应商管理概述

一、供应商与供应商管理

供应商是指那些向买方提供产品或服务并相应收取货币作为报酬的实体，是可以为企业生产提供原材料、设备、工具及其他资源的企业。供应商可以是生产企业，也可以是流通企业。企业要维持正常生产，就必须要有一批可靠的供应商为企业提供各种各样的物资供应。因此，供应商对企业的物资供应起着非常重要的作用，采购管理就是直接和供应商打交道，而从供应商那里获得各种物资。

所谓供应商管理，就是对供应商的了解、选择、开发、使用和控制等综合性的管理工作总称。其中，了解是基础，选择、开发、控制是手段，使用是目的。供应商管理的目的就是要建立起一个稳定可靠的供应商队伍，为企业生产提供可靠的物资供应。

企业在供应链管理环境下与供应商的关系是一种战略性合作关系，提倡一种双赢（Win-Win）机制。企业在采购过程中要想有效地实施采购策略，充分发挥供应商的作用就显得非常重要，采购策略的一个重要方面就是要搞好供应商的关系管理，逐步建立起与供应商的合作伙伴关系。

二、供应商管理的具体目标及战略

1、供应商管理的具体目标

1）获得符合企业质量和数量要求的产品或服务。

2）以最低的成本获得产品或服务。

3）确保供应商提供最优的服务和及时的送货。

4）发展和维持良好的供应商关系。

5）开发潜在的供应商。

2、供应商管理的战略

1）设计一种能最大限度地降低风险的合理的供应结构。

2）采用一种能使采购总成本最小的采购方法。

3）与供应商建立一种能促使供应商不断降低成本、提高质量的长期合作关系。

三、供应商管理的内容

供应商管理应当包含以下几方面的基本内容。

（1）供应商调查　供应商调查的目的，就是要了解企业有哪些可能的供应商，各个供应商的基本情况如何，为了解资源市场以及选择企业的正式供应商做准备。

（2）资源市场调查　资源市场调查的目的就是在供应商调查的基础上，进一步了解掌握整个资源市场的基本情况和基本性质：资源市场是买方市场还是卖方市场；是竞争市场还是垄断市场；是成长的市场还是没落的市场；资源生产能力、技术水平、管理水平以及价格水平等。资源市场调查为制定采购决策和选择供应商做准备。

（3）供应商开发　在供应商调查和资源市场调查的基础上，还可能发现比较好的供应商，但是不一定能马上得到一个完全合乎企业要求的供应商，还需要在现有的基础上继续进一步加以开发，才能得到一个基本合乎企业需要的供应商。将一个现有的原型供应商转化成一个基本符合企业需要的供应商的过程，这是一个开发过程。

（4）供应商评估与考核　供应商评估与考核是一项很重要的工作。它分布在各个阶段：供应商开发过程、供应商选择阶段、供应商使用阶段。不过每个阶段评估考核的内容和形式并不完全相同。

（5）供应商选择　在供应商评估考核的基础上，选定合适的供应商。

（6）供应商使用　与选定的供应商开展正常的业务活动。

（7）供应商激励与控制　在使用过程中激励与控制供应商，以建立一种理想的合作关系。

第二节　供应商调查

供应商管理的首要工作，就是要了解供应商、了解资源市场。要了解供应商的情况，就是要进行供应商调查。

供应商调查，在不同的阶段有不同的要求。供应商调查可以分成三种：第一种是初步供应商调查；第二种是资源市场调查；第三种是深入供应商调查。

一、初步供应商调查

所谓初步供应商调查，是指对供应商的基本情况的调查。主要是了解供应商的名称、地址、生产能力、能提供什么产品、能提供多少、价格如何、质量如何、市场份额有多大、运输进货条件如何。

1. 初步供应商调查的目的

初步供应商调查的目的，是为了了解供应商的一般情况。而了解供应商的一般情况的目的，一是为选择最佳供应商做准备，二是为了了解掌握整个资源市场的情况，因为许多供应商基本情况的汇总就是整个资源市场的基本情况。

2. 初步供应商调查的特点

初步供应商调查的特点有：一是调查内容浅，只要了解一些简单的、基本的情况；二是调查面广，最好能够对资源市场中所有各个供应商都有所调查、有所了解，从而能够掌握资源市场的基本状况。

3. 初步供应商调查的方法

初步供应商调查的基本方法，一般可以采用访问调查法，通过访问有关人员而获得信息。例如，可以访问供应商单位市场部有关人员，或者访问有关用户，或有关市场主管人员，或者其他的知情人士。进行供应商初步的调查，可通过访问建立起供应商卡片，供应商卡片见表 6-1。

表 6-1 也可以作为调查表的形式，由供应商填写。

供应商卡片的建立很有必要，由供应商填写是采购管理的基础工作。我们在采购工作中，经常要选择供应商，就可以利用供应商卡片来进行选择。当然，供应商卡片也要根据情况的变化，经常进行维护、修改和更新。

在实行了计算机信息管理的企业中，供应商管理应当纳入计算机管理之中去。把供应商卡片的内容输入到计算机中去，利用数据库进行操作、维护和利用。计算机管理有很多优越性，它不但可以很方便地储存、增添、修改、查询和删除，而且可以很方便地统计汇总和分析，可以实现不同子系统之间的数据共享。计算机有处理速度快、计算量大、储存量大、数据传递快等优点，利用计算机进行供应商管理具有很多的优越性。

表 6-1　供应商登记卡片（表）

<table>
<tr><td colspan="3">公司全称：</td><td colspan="3">法人代表：</td></tr>
<tr><td>经济性质：</td><td colspan="2">成立时间：</td><td colspan="3">总经理：</td></tr>
<tr><td colspan="2">技术负责人：</td><td colspan="4">职称职务：</td></tr>
<tr><td colspan="3">营业执照号：</td><td colspan="3">注册资金（万元）：</td></tr>
<tr><td colspan="5">详细地址：</td><td>邮编：</td></tr>
<tr><td colspan="2">联系电话：</td><td colspan="2">联系人：</td><td colspan="2">传真：</td></tr>
<tr><td colspan="3">公司网址：</td><td colspan="3">电子邮件：</td></tr>
<tr><td colspan="6">公司简介：</td></tr>
<tr><td colspan="6">产品情况（包括产品名、规格、质量、价格、市场份额等）：</td></tr>
<tr><td colspan="6">资质和认证：</td></tr>
<tr><td colspan="6">运输方式：</td></tr>
<tr><td colspan="6">过去三年的主要经营业绩：</td></tr>
</table>

在初步供应商调查的基础上，要利用供应商初步调查的资料进行供应商分析。初步供应商分析的主要目的，是比较各个供应商的优势和劣势，选择适合于企业需要的供应商。

4．供应商分析的主要内容

1）产品的品种、规格和质量水平是否符合企业需要，价格水平如何。只有产品的品种、规格、质量水平都适合于企业，才算得上企业的可能供应商，才有必要进行下面的分析。

2）企业的实力、规模如何？产品的生产能力如何？技术水平如何？管理水平如何？企业的信用度如何？

企业的信用度是指企业对客户、对银行等的诚信程度，表现为供应商对自己的承诺和义务认证履行的程度，特别是像产品质量保证、按时交货、往来账目处理等方面能够以诚相待、一丝不苟地履行自己的责任和义务。

对信用度的调查，在初步调查阶段可以采用访问制，从调查中得出一个大概的、定性的结论。在详细调查阶段，可以通过大量的业务往来，来统计分析供应商的信用程度，这是可以得到定量的结果。

3）产品是竞争性商品还是垄断性商品？如果是竞争性商品，则供应商的竞争态势如何？产品的销售情况如何？市场份额如何？产品的价格水平是否合适？

4）供应商相对于本企业的地理交通情况如何？进行运输方式分析、运输时间分析、运输费用分析，看运输成本是否合适。

在进行以上分析的基础上，为选定供应商提供决策支持。

二、资源市场调查

1、资源市场调查的内容

初步进行供应商调查是资源市场调查的内容之一，但资源市场调查不仅只是供应商调查，资源市场还应包括以下一些基本内容。

1）资源市场的规模、容量、性质。例如，资源市场究竟有多大范围？有多少资源量？多少需求量？是卖方市场，还是买方市场？是完全竞争市场，还是垄断竞争市场，或是垄断市场？是一个新兴的成长的市场，还是一个陈旧的没落的市场？

2）资源市场的环境如何？例如，市场的管理制度、法制建设、市场的规范化程度、市场的经济环境、政治环境等外部条件如何？市场的发展前景如何？

3）资源市场中各个供应商的情况如何，也就是指前面进行的初步供应商调查所得到的情况如何。把众多供应商的调查资料进行分析，就可以得出资源市场自身的基本情况，如资源市场的生产能力、技术水平、管理水平、可供资源量、质量水平、价格水平、需求状况以及竞争性质等。

资源市场的调查目的，就是要进行资源市场分析。资源市场分析，对于企业制定采购策略以及产品策略、生产策略等都有很重要的指导意义。

2、资源市场分析的内容

1）要确定资源市场是紧缺型的市场还是富余型市场？是垄断性市场还是竞争性市场？对于垄断性市场，将来应当采用垄断性采购策略；对于竞争性市场，应当采用竞争性采购策略，如采用投标招标制、一商多角制等。

2）要确定资源市场是成长型的市场还是没落型市场。如果是没落型市场，则要提早准备替换产品。不要等到产品被淘汰了再去开发新产品。

3）要确定资源市场总的水平，并根据整个市场水平来选择合适的供应商。通常选择在资源市场中处于先进水平的供应商、选择产品质量优而价格低的供应商。

三、深入供应商调查

深入供应商调查是指对经过初步调查后，准备发展为自己的供应商的企业进行的更加深入仔细的考察活动。这种考察是深入到供应商企业的生产线、各个生产工艺、质量检验环节，甚至管理部门，对现有的设备工艺、生产技术、管理技术等进行考察，看所采购的产品是否能够满足本企业所应具备的生产工艺条件、质量保证体系和管理规范要求。有的甚至要根据所采购的产品的生产要求，进行资源重组并进行样品试制。试制成以后，才算考察合格。只有通过这样深入的供应商调查，才能发现可靠的供应商，建立起比较稳定的物资采购供需关系。

进行深入的供应商调查，需要花费较多的成本、时间和精力。通常在以下情况进行。

1、准备发展成紧密关系的供应商

例如，在进行准时化（Just In Time，JIT）采购时，供应商的产品准时、免检、直接送上生产线进行装配。这时，供应商已经成为企业一个生产车间一样的紧密关系。如果企业开始要选择这样紧密关系的供应商，就必须进行深入的供应商调查。

2、寻找关键零部件产品的供应商

如果我们所采购的是一种关键零部件，特别是如精密度高、加工难度大、质量要求高、在产品中起核心功能作用的零部件产品，在选择供应商时，就需要特别小心，要进行反复认真地深入考察审核，只有经过深入调查证明确实能够达到要求时，才确定发展它为企业的供应商。除以上两种情况以外，对于一般关系的供应商，或者是非关键产品的供应商，一般可以不必进行深入的调查，只需要进行简单初步的调查。

四、供应商调查案例

力诺集团有限责任公司供应商的调查

填表说明

各供应商：

本调查表为我集团在供应商定点前对供应商整体状况的调查，请务必认真、如实填写。填写之前，请仔细研读此填表说明：

1）本调查表在如实填写后，交回供应公司认证部。

2）在填表前，请首先填写填表承诺（后附）。

3）本调查表的必填项为供应商体系的整体概括，不得漏项。

4）填写此调查表时，若需添加附页，附页纸张大小必须与本调查表相同，表格格式、项目、内容等也必须与调查表中的完全一致，并在附页上加盖公章确认，附于调查表之后。

5）认证证书包括 ISO9001、ISO9002、ISO14001、UL、VDE、EMC、CCEE、CE 等所有认证。

6）本调查表在填写完毕后，请将附页中所要求资料与本调查表一齐交回供应公司认证部。

7）资格初审及初审结论项，由认证部或采购中心业务人员、及认证部或业务部长分别审核、签字确认。

8）资格初审根据厂家填写的基本资料予以判定，本调查表 6-2～表 6-5 为否决项，否决项有一项不达标即视为不合格；表 6-6～表 6-11 为基本项，基本项超过三项不合格即视为不合格；表 6-12 为最终结论。

表 6-2　供应商调查表

表　号：LN2003—001

生效期：

供 应 商 调 查 表

（代理及辅料类供应商）

供应商名称：________________________________

供应商编码：________________________________

填表时间：_____年_____月_____日

表 6-3 填表承诺

填 表 承 诺 谨承诺：此调查表所填内容皆属实，若有任何弄虚作假，愿接受力诺集团任何处罚。 法人代表签字： 年 月 日 承诺单位盖章：

表 6-4 供应商基本信息调查表

供应商名称（户头）：	盖公章：	
税号：	盖税号章：	
企业曾用名：		
所属国家：	所属地区（省）：	
所属城市（市）：	联系人：	
邮政编码：	电子信箱：	
详细地址：		
联系电话 1：	联系电话 2：	传真：
以下为财务信息：		
国家：	开户行：	银行账户：
付款条件：	币种：	付款方式：

填写人： 业务员审核：

注意：1．此表请用正楷字认真填写；
2．书写务必清晰准确，不得漏项；
3．联系电话 1 为供应商厂家电话（必带区号）；
4．财务信息须与发票一致，其他信息不得错、漏、添字；
5．若因填写不清晰出现财务等问题由填写方负责。

表 6-5 企业概况（必填项）

企业全称____________地址______________________E-mail____________
企业曾用名____
邮编________电话____________传真____________企业性质__________
主管部门__________仓储面积__________企业规模________企业信誉________
企业创立日期______________ 去年销售总额（万元）________________
企业固定资产（万元）____________ 流动资金（万元）____________

附：单位现场照片；仓储区域照片；营业执照复印件（工商局盖章确认）；税务登记证复印件。

表 6-6 整体实力（必填项）

所代理企业： 1．□是□否为国内/省内前五名。排名_____位 2.□是□否为国外知名企业在中国的分公司或设立的独资合资企业	A 请列出所代理企业同行业国内/省内前五位 1．__________2．__________3．__________ 4．__________5．__________ B 请列出国际上同行业前五位 1．__________2．__________3．__________ 4．__________5．__________ C 产品年产量：__________年产值/万元：__________ D 请提供 ABC 三条的见证性资料（必须是行业协会排名，政府部门统计年鉴，第三方权威机构排序或新闻媒体公布）

附：见证性资料；企业信誉证明复印件（可加附页）；委托代理授权书或长期经销合同（可加附页）。

表 6-7 企业产品情况（必填项）

产品主要技术指标：	项　目	指　标
	__________	__________
	__________	__________
	__________	__________
	__________	__________

附：主要代理企业及其产品介绍；主要代理企业及代理产品明细。

表 6-8 企业供货历史状况

为力诺集团或其他企业供货明细					
力诺集团	供货分公司名称	物资名称	单价	年供货量	占该分公司比例
其他单位	其他供货单位名称	物资名称	单价	年供货量	占该厂比例

表 6-9 质保能力

同被代理商的质量协议/质量承诺： □有 □无
若有，请将复印件附后

附：与代理企业签定的质量协议或质量承诺复印件（可加附页）。

表 6-10 企业人员构成情况

企业主要负责人						
职 务	姓名	年龄	任职时间	学历	职称	联系电话
职工人数：______其中本科以上______人，中专以上______人 其中工程技术人员______人，比例______ 班制： □一班 □二班 □三班； 职工月平均工资：______元						

附：企业员工培训材料记录（可附后）。

表 6-11 仓库环境情况

1．本单位是否符合相关的法律法规及其他要求 □是 □否
2．对环境有污染的活动是否采取相应的污染消除措施与活动 □是 □否
3．单位从事特殊岗位的职工是否进行教育培训 □是 □否
4．产品包装物或容器为
5．废品处理形式 □重新利用 □废料卖出 □其他
6．单位内部是否设置危险物识别标志 □是 □否
7．单位内部应急电话：________安全控制
8．对生产环境的要求是什么：________是否能达到 □是 □否
9．本单位是否属化工类单位 □是 □否
若是，请提供地方环保局提供的检测报告

附：地方环保局提供的检测报告（可加附页）。

表 6-12 最终结论

1	初审结论	全部考核项为______项，被调查供应商为____项 否决项____项，其中合格____项，不合格____项 基本项____项，其中合格____项，不合格____项 结论： □合格 □不合格	签字：
2	复审结论	□合格 □不合格	签字：

第三节 供应商开发

一、供应商开发概述

供应商管理的一个重要任务就是要开发供应商。所谓开发供应商，就是要寻找新的供应商，建立起适合于企业需要的供应商队伍。

一批适合企业需要的供应商是企业的宝贵资源。供应商企业适时、适量地为企业提供物资供应，保证企业生产和流通的顺利进行，这是企业最大的需要。企业生产需要物资，供应商就相当于企业的后勤队伍。供应商开发和管理实际上就是企业后勤队伍的建设。

二、供应商信息的来源

要开发供应商，首先就必须扩大供应商来源。换句话说，供应商越多，选择供应商的机会就越大。现将寻求供应商的主要信息来源列示如下：

1）国内外采购指南。

2）国内外产品发布会。

3）国内外新闻传播媒体（报纸、刊物、广播电台、电视、网络）。

4）国内外产品展销会。

5）政府组织的各类商品订货会。

6）国内外行业协会会员名录、产业公报。

7）国内外企业协会。

8）国内外各种厂商联谊会或同业工会。

9）国内外政府相关统计调查报告或刊物。例如，工厂统计资料、产业或相关研究报告。

10）其他。各类出版物的厂商名录。

11）整体性的媒体招商广告。利用电视、报纸做全国性或区域性的招商广告，在预定期举办说明会，介绍公司状况，先与供应商接触再慢慢选择。这也是一种供应商信息来源之一。

12）媒体广告。可以在电视或报纸杂志的广告商品上，通过媒体上联络电话、地址来作为信息来源。

13）同行市调。采购人员可通过对同行业（竞争对手）的供应商情况调查，可通过以下方式得到此商品的供应商：① 包装上的制造商或进口代理公司的电话联络；② 如果没有电话，利用包装上制造商或进口代理公司的名称，向 114 查询电话号码联络。

14）厂商介绍。想要引进的商品向同行厂商询问，厂商可提供相关信息。

15）供应商自行找上门。

三、开发供应商的步骤

开发一个供应商，通常要经过以下几个步骤。

1、产品 ABC 分类

首先将采购物料分类，确定关键的重要零部件、原材料及其资源市场：

1）将主生产物料和辅助生产物料等按采购金额比重分成 ABC 三类，求出关键物资、重点物资，进行重点管理。根据物资重要程度决定供应商关系的紧密程度。对于关键物资、重点物资，要建立起比较紧密的供应商关系；

对于非重点物资，可以建立起一般供应商关系，甚至不必建立起固定的供应商关系。

2）按材料成分或性能分类，如塑胶类、五金类、电子类、化工类、包装类等，确定资源市场的类型性质。

2、供应商调查

搜集厂商资料。根据材料的分类，搜集生产各类物料的厂家，每类产品在 5～10 家左右，填写在供应商调查表上。也可以编制供应商调查表，用传真或其他方式交供应商企业自己填写并反馈回来。

3、资源市场调查

资源市场要走访供应商、客户、政府主管部门或经济统计部门，了解资源市场的基本情况。具体包括供应量、需求量、可供能力、政策、管理规章制度、发展趋势等。

4、分析评估

1）成立供应商评估小组。由副总经理任组长，采购部门、品质管理部门、技术部门的经理、主管、工程师组成评估小组。

2）供应商分析。把反馈回来的供应商调查表进行整理核实，如实填写供应商资料卡。将合格厂商分类按顺序统计记录。然后由评估小组进行资料分析比较和综合评估，按 ABC 物料采购金额的大小，按供应商规模、生产能力等基本指标进行分类，对每个关键物资、重点物资初步确定 1～3 家供应商，准备进行深入调查。

3）资源市场分析。在供应商分析的基础上，结合资源市场调查的有关资料分析资源市场的基本情况，包括资源能力情况、供需平衡情况、竞争情况、管理水平、规范化程度、发展趋势等。并根据资源市场的性质，确定相应的采购策略、产品策略和供应商关系策略。例如，对于垄断性市场，采用合作和据理谈判策略；对于竞争性市场，采用招标竞争策略等。

5、深入调查供应商

对初步调查分析合格、被选定为被选供应商的 1～3 家供应商，要采取深入调查。深入调查分三个阶段：

1）第一阶段，送样检查。通知供应商生产一批样品，随机抽样检查。检查合格进入第二阶段。检查不合格，允许再改进生产一批送检，抽检合格也可以进入第二阶段。抽检不合格，供应商落选，到此结束。

2）第二阶段，考察生产工艺、质量保障体系和管理体系等生产条件是否合格。合格者中选供应商，到此结束。不合格者进入第三阶段。

3）第三阶段，生产条件改进考察。愿意改进并限期达到了改进效果者中选，不愿意改进，或愿意改进但在限期内没有达到改进效果者落选。深入调查阶段结束。

6、价格谈判

对送样或小批量合格的产品、材料，要评定品质等级，并进行比价和议价，确定一个最优的价格性能比。

进行价格谈判的指导思想，就是要合理，要“双赢”，自己不要吃亏，也不要让供应商吃亏，要考虑长远合作。大家都不吃亏，才能得到共同发展，才会有共同的长远合作和长远利益。要实事求是地进行计算，求出一个合理的价格。

价格谈判成功以后，就可以签订试运作协议，进入物资采购供应试运作阶段，基本上以一种供需合作关系运行起来。试运行阶段根据情况可以是 3 个月至 1 年不等。

7、供应商辅导

价格谈好以后的试运行供应商，将与企业建立起一种紧密关系，参与试运作。这时企业要积极参与辅导、合作。企业应当根据企业生产的需要，也要根据供应商的可能，来共同设计规范相互之间的作业协调关系，制定一定的作业手册和规章制度。并且为使供应商适应企业的需要，要在管理、技术、质量保障等方面进行辅导和协助。

8、追踪考核

在试运作阶段，要对供应商的物资供应业务进行追踪考核。这种考核主要从以下几个方面进行：

（1）检查产品质量是否合格　可以采用全检或抽检的方式，求出质量合格率。质量合格率用质量合格的次数占总检查次数的比率描述。

（2）交货是否准时　检查供应商交货是否准时，用误时的交货次数占总交货次数的比率来描述。

（3）交货数量是否满足要求　用物资供应满足程度或缺货程度来描述。

（4）信用度的考核　信用度的考核主要考查在试运作期间，供应商是否认真履行自己承诺的义务，是否对合作事业高度认真负责，在往来账目中，是否不欠账、不拖账。

信用度一般可以用失信次数与总次数的比率来描述。这时失信可以包含多种含义，如没有履行事先的承诺，没有按约定按时交款或还款等，都是失信。

9、供应商选择

以上指标每个月考核一次，一个季度或半年综合考核评分一次，各个指标加权评分综合，按评分等级分成优秀、良好、一般、较差几个等级。优秀者可以通过试运作，结束考核期，签订正式供需关系合同，成为企业正式的供应商，建立一个比较稳定的供需关系。其他的则不能通过试运作，应当结束考核、终止供需关系。

10．供应商的使用

当供应商选定之后，应当终止试运作期，签订正式的供应商关系合同，开始正常的物资供应业务运作，建立起比较稳定的物资供需关系。在业务运作的开始阶段，要加强指导与配合，要对供应商的操作提出明确的要求，有些大的工作原则、守则、规章制度、作业要求等应当以书面条文的形式规定下来，有些甚至可以写到合作协议中去。起初还要加强评估与考核，不断改进工作和配合关系，直到比较成熟为止。在比较成熟以后，还要不定期地检查、合作和协商，以保持业务健康、有序地进行。

11．供应商的激励和控制

在供应商的整个使用过程中，要加强激励和控制，既要充分鼓励供应商积极主动地搞好物资供应业务工作，又要采用各种措施，约束防范供应商的不正当行为给企业造成损失。从而保证与供应商的合作关系和物资供应业务健康正常地进行，保证企业利益不受影响。

四、供应商关系的开发

供应商关系的开发是指与供应商建立战略性合作伙伴关系，把供应商纳入企业的供应链管理中来。

保持好的供应商关系作为维持竞争优势的重要因素日渐为人所知，许多企业正在采纳视供应商为伙伴关系的观点。这种观点强调的是和少数可靠供应商建立稳定战略型合作伙伴关系，这些供应商能够进行高质量供应，严格按照交付时间运作、保持与生产规格变化、交付时间等相关的柔性。

建立战略性合作伙伴关系的供应商可在以下 9 个方面，为企业提出建议并提高竞争优势：

1）降低购买成本。

2）降低运输成本。

3）降低生产成本。

4）提高产品质量。

5）改进产品设计。

6）减少产品抵达市场所花费的时间。

7）提高顾客满意度。

8）减少存货成本。

9）引进新产品或新工序。

供应商伙伴关系也存在许多障碍。由于利益大量涌向企业，供应商在加入这种关系时可能会犹豫不决。有时，供应商必须流出现金，增加设备的投资。另外还有一种可能，买卖双方文化差异太大，无法形成伙伴关系。

供应商伙伴关系只有在合作方互利互惠并共同压缩存货、计划和稳定生产时才能合作愉快。通常，买方或供应商是大型企业，因为大型企业更有可能从合作关系中获利，而且这样的规模更有助于合作。

第四节 供应商评估

一、供应商评估概述

企业因为采购业务的需要，而对供应商进行的管理，有着不同的挑战和要求。产品的质量、价格、交货、运输、包装、服务以及一些特殊的要求，使企业对供应商的要求也会不一样。要选择合适的供应商，就要对供应商做出系统全面的评价，也就必须有一套完整、科学、全面的综合评价指标体系。只有客观、科学地评估供应商和进行供应链采购管理，才能提供最大价值的产品和服务，才能选择到合适的供应商以更好地为本企业业务服务。

供应商管理成为关系企业物流采购质量的关键，而供应商评估则是做好供应商管理，使供应链合作关系正常运行的基础和前提条件。

二、供应商评估标准

1、建立有效的评估指标体系

供应商评估的指标体系是企业对供应商进行综合评价的依据和标准，不同行业、企业、产品需求、不同环境下的供应商评价应是不一样的，但基本都会涉及供应商的业绩、设备管理、人力资源开发、质量控制、价格、成本控制、技术开发、用户满意度、交货协议等可能影响供应链合作关系的方面。

建立评估体系，通常要确定评估的项目、评估的标准、要达到的目标。这些问题明确以后，要有一个评估小组。一个评估小组可以负责某些项目的评估工作，并可针对每一类评估项目制定相应的管理办法，才能以此建立评估体系。进行评估的一个重要原则，就是要求公开、公正、公平和科学。目前，很多企业在供应商评估工作中存在个人权力太大，一人说了算的现象，主观成分过多，同时还存在一些个人的成分在里面，容易产生消极的后果。建立规范的评估体系可以有效地解决这个问题。

供应商评估对象主要有两类：一类是现有供应商；一类是新的潜在供应商。对于现有合格的供应商，每个月做一个调查，着重就质量、价格、交货期、进货合格率、事故、配合度、信用度等进行正常评估。1～2 年做一次现场评估。要接纳新的供应商，其评估过程要复杂一些，通常是产品设计提出了对新材料的需求，然后再要求潜在的目标供应商提供基本情况，内容包括：公司概况、生产规模、生产能力、给哪些企业供货、ISO9000 认证、安全认证、相关记录、样品分析等，然后就是报价。随后，公司就要对该供应商做一个初步的现场考察，看看所说的和实际情况是否一致，现场考察基本上按对新材料采购质量认证的要求进行。最后汇总这些材料交采购评估小组讨论。在供应商资格认定之后，公司各相关部门，品质部、采购部门等再进行正式的考察。如果正式考察认为没有问题，就可以进行供货期考察，然后就可以小批量供货了。

2．保持动态平衡

在实施供应链合作关系的过程中，市场需求和供应都在不断变化，必须在保持供应商相对稳定的条件下，根据实际情况及时修改供应商评价标准，或重新开始新的供应商评估。合格的供应商队伍不应该总是静态的，而应该是动态的，这样才能引入竞争机制，也就是说要优胜劣汰，是一个动态的过程。按动态方法选择的供应商基本上是行业内出类拔萃的，也有不少供应商是自荐而来，这也体现了市场经济的特点。

3．确定关键的评估因素

在所有的评估要素中，毫无疑问，质量是最基本的前提。如果产品质量过不了关，其余一切都无从谈起。企业要求自己的产品质量能满足客户的需求，所以就要保证上游供应商提供的货物能满足产品的品质要求。当然价格因素也很重要，但只有在质量得到保证的前提下，谈论价格才有意义。

只有当供应商对产品的质量有了保证，价格才能成为评估的主要因素。这时要求新的供应商提供一个成本分析表，内容包括生产某一种货物由哪些原材料组成、费用是如何构成的、价格空间还有多少。如果认为包含有不合理的因素，就会要求供应商进行调整。

三、供应商评估的指标体系

这里的供应商考核主要是指供应商签订正式合同以后正式运作期间对供应商整个运作活动的全面考核。这种考核应当比试运作期间更全面。这个期间应该从哪些方面来对供应商进行考核呢？主要应从以下几个方面进行考核：

1．产品质量

产品质量是最重要的因素。在开始运作的一段时间内，主要加强对产品质量的检查。检查可分为两种：一种是全检；一种是抽检。全检工作量太大，一般采用抽检的方法。质量的好坏可以用质量合格率来描述。如果在一次交货中一共抽检了 n 件，其中有 m 件是合格的，则质量合格率为 p，其公式为：

$$p=\frac{m}{n}\times 100\%$$

显然，质量合格率 p 越高越好。

如果在 N 次的交货中，每次的产品合格率 p 都不一样，则可以用平均合格率 $\overline{P}$ 来描述：

$$\overline{P}=\frac{\sum_{i=1}^{N}p^{i}}{N}$$

有些情况下，企业采取对不合格产品退货的措施。这时质量合格率也可以用退货率来描述。所谓退货率，是指退货量占采购进货量的比率。如果采购进货 n 次（或件、个），其中退货 r 次（或件、个），则退货率可以用公式表示：

$$退货率=\frac{r}{n}\times 100\%$$

显然，退货率越高，表明其产品质量越差。

2、交货期

交货期也是一个很重要的考核指标参数。考察交货期主要是考察供应商的准时交货率。准时交货率可以用准时交货的次数与总交货次数之比来衡量：

$$交货准时率=\frac{准时交货的次数}{总交货次数}\times 100\%$$

3、交货量

考察交货量主要是考核按时交货量。按时交货量可以用按时交货量率来评价。按时交货量率是指给定交货期内的实际交货量与期内应当完成交货量的比率：

$$按时交货量率=\frac{期内实际完成交货量}{期内应当完成交货量}\times 100\%$$

也可以用未按时交货量率来描述：

$$未按时交货量率=\frac{期内实际未完成交货量}{期内应当完成交货量}\times 100\%=1-按时交货量率$$

如果每期的交货量率不同，则可以求出各个交货期的平均按时交货量率：

$$平均按时交货量率=\frac{\sum 按照交货量率}{N}$$

考核总的供货满足率可以用总供货满足率或常缺货率来描述：

$$总供货满足率=\frac{期内实际完成供货量}{期内应当完成供货量}\times100\%$$

$$总缺货率=\frac{期内实际未完成供货量}{期内应当完成供货量}\times100\%=1-总供货满足率$$

4、工作质量

考核工作质量，可以用交货差错率和交货破损率来描述：

$$交货差错率=\frac{期内交货差错量}{期内交货总量}\times100\%$$

$$交货破损率=\frac{期内交货破损量}{期内交货总量}\times100\%$$

5、价格

价格是指供货的价格水平。考核供应商的价格水平，可以和市场同档次产品的平均价和最低价进行比较，分别用市场平均价格比率和市场上最低价格比率来表示：

$$平均价格比率=\frac{供应商的供货价格-市场平均价}{市场平均价}\times100\%$$

$$最低价格比率=\frac{供应商的供货价格-市场最低价}{市场最低价}\times100\%$$

6、进货费用水平

考核供应商的进货费用水平，可以用进货费用节约率来考核：

$$进货费用节约率=\frac{本期进货费用-上期进货费用}{上期进货费用}\times100\%$$

7、信用度

信用度主要考核供应商履行自己的承诺、以诚待人、不故意拖账、欠账的程度。信用度可以用公式来描述：

$$信用度=1-\frac{期内失信的次数}{期内交往总次数}\times100\%$$

8、配合度

配合度主要考核供应商的协调精神。在和供应商相处的过程中，常常因为环境变化或具体情况的变化，需要把工作任务进行调整变更。这种变更可能要导致供应商工作方式的变更，甚至导致供应商要做出一些让步。这一点可以考察供应商在这些方面积极配合的程度。另外，如果工作出现了困难，或者发生了问题，可能有时也需要供应商配合才能解决。这时，都可以看出供应商的配合程度。

考核供应商的配合度，主要靠人们的主观评分来考核。主要找与供应商打交道的有关人员，让他们根据这方面的体验为供应商评分。特别典型的，可能会有上报或投诉的情况。这时可以把上报或投诉的情况也作为评分的依据之一。

四、供应商的系统评估方法

不论是经销商还是生产厂商，许多企业对供应商的选择、评估以及采购量的分配（同一产品有多家供应商），还是由总经理或采购部经理等少数人以人为的、感性的行为来决定。其结果并不能准确地体现供应商在各个方面的表现。同时，带有个人主观色彩的评估，也使得供应商之间并不真正具有可比性。因此，只有通过建立规范的评估体系，才能合理地选择供应商。下面通过金阳公司的案例来展示一种对供应商评估较为系统的评估方法。

金阳公司是一个有六年历史的生产制造型企业。通过不断的自我完善，他们意识到以往的由采购部经理进行供应商评估的体制，已经不适应公司的发展需要，并很难做到公平地对待供应商。同时，这也可能导致暗箱操作等腐败现象。金阳公司除了采购部以外，还有储运部、质量部、生产部、财务部和销售部等多个业务部门。

在工作中，他们逐渐注意到材料的价格已不再是决定供应商或评估供应商的唯一因素。许多的其他非价格因素，如质量、售后服务、技术支持等，最终还是影响着公司的成本和效率。因此，金阳公司的管理层决定由多个部门的代表共同组成一个供应商评估小组，主要选择了采购部、质量部、生产部（工程部）、财务部四个部门来进行供应商的评估。

（1）列出各自关心的项目　评估小组的几个代表分别列出了各自关心的项目，见表 6-13。

表 6-13　评估小组代表所关心的项目

部　　门	关心的项目
采 购 部	价格、交货数量的稳定性、按时交货
质 量 部	送货规格的准确性、质量的稳定、包装和外观、供应商的质检报告和文件的准确性、书面投诉情况
生产部（工程部）	质量、技术支持、按时交货
财 务 部	财务结算制度、单证的准确

（2）根据权重评估项目 经过多次讨论，评估小组统一了思想，并将所需评估的项目根据其权重排列见表 6-14。

表 6-14 根据权重排列项目

项目	质量	价格	按时交货	书面投诉	技术支持	包装/外观	送货规格的准确性	单证文件的准确性	交货数量的稳定性	总分
分值	25 分	25 分	10 分	10 分	7 分	7 分	6 分	5 分	5 分	100 分

（3）制定评估标准 接下来，小组成员们要做的是为各个评估项目制定评估标准。

1）质量。因质量问题的退货率：一段时间内，退货数量占收货数量的比率。例如，一段时间内，从供应商 A 共有 5 次收货。收货数量和退货数量见表 6-15。

表 6-15 收货数量和退货数量

收货次别	第 1 次	第 2 次	第 3 次	第 4 次	第 5 次
收货数量/件	2 000	1 500	2 000	1 000	3 000
退货数量/件	16	15	12	6	33
退货率（%）	0.8	1	0.6	0.6	1.1

而供应商 A 的质量分值：25×（1–退货率×β）

这里引入参数，是因为对金阳公司来说，其供应商的质量退货率一般都远小于 1%。β 值可对退货率进行调整放大，以使得质量分值能体现退货率的细小差别。根据金阳公司质量部门的建议，β 值取为 10。这意味着，一旦供应商的退货率大于10%，供应商的质量分值则为负数。在实际操作中，金阳公司对应负数的分值均取零。

2）价格。金阳公司考核供应商的价格因素时，又将其分为三个方面：价格的表现（10 分）、对新材料或新项目价格的反应（10 分）、供应商价格的开放程度（5 分）。

① 价格表现见表 6-16（10 分）。

表 6-16 价格表现

序号	价格表现类型	分值
1	供应商的价格具有竞争力。价格总是很稳定并从不主动提价（价格的提升仅在双方同意之后）	10 分
2	价格基本保持稳定，偶尔涨价	7.5 分
3	价格基本保持稳定，但供应商经常提出涨价的愿望。价格还是可以保持在合理的水平或之下	5 分

（续）

序　号	价格表现类型	分　值
4	价格很少能保持稳定。供应商定期根据其愿望提价，但价格还是可以保持在合理的水平或之下	2.5 分
5	价格很少能保持稳定。供应商经常根据其愿望不合理地提价，供应商的送货状况表现很坏	0 分

② 对新材料或新项目价格的反应见表 6-17（10 分）。

表 6-17　对新材料或新项目价格的反应

序　号	对新材料或新项目价格的反应	分　值
1	供应商的报价总是低于金阳公司的目标成本或供应商对报价的差异提供补偿的方法。即使在没有目标成本的情况下，供应商的报价总是低于市场上的竞争对手	10 分
2	供应商的报价多数情况低于金阳公司的目标成本或供应商对报价的差异提供补偿的方法。即使在没有目标成本的情况下，供应商的报价总是低于市场上的竞争对手	7.5 分
3	供应商的报价很少会低于金阳公司的目标成本。在没有目标成本的情况下，供应商的报价与市场上竞争对手的报价一致	5 分
4	供应商的报价几乎没有低于金阳公司目标成本的时候。在没有目标成本的情况下，供应商的报价多数时候高于市场上的竞争对手	2.5 分
5	几乎不能提供与金阳公司目标成本相近的报价，也无法降低其报价的差异。在没有目标成本的情况下供应商的报价总是高于市场上的竞争对手	0 分

③ 供应商价格的开放程度见表 6-18（5 分）。

表 6-18　价格的开放程度

序　号	价格的开放程度	分　值
1	供应商有价格开放、透明的政策，能提供其价格组成的完整的成本分析文件以及他们的计算方法或模型。发生变化时，供应商能主动地提供有关信息	5 分
2	供应商有部分的（不太完善的）价格开放、透明政策。供应商每次能根据金阳公司的请求提供基本的信息。当价格的成本结构发生变化时，供应商不会主动地通知金阳公司，但如果金阳公司有请求，供应商会提供相应的信息	2.5 分
3	供应商没有价格开放、透明的政策，并拒绝提供任何有关其成本的信息	0 分

3）按时交货。按时交货即在规定时间范围内的交货比率。规定的时间范围情况如下：如果合同交货期为 T，则对于本地供应商，时间范围为：$T\pm1$ 天；对于外地（国内）的供应商，时间范围为：$T\pm1$ 周；对于境外的供应商，交货时间范围为：$T\pm15$ 天。例如，在一段时间内，外地供应商 A 有 5 次交货。合同交货期 T 为 20 天，而其实际交货周期表现见表 6-19。

表 6-19　实际交货周期

交货次别/次	第 1 次	第 2 次	第 3 次	第 4 次	第 5 次
实际交货周期/天	25	27	26	27	30
是否在规定范围	是	是	是	是	否

因此，供应商在规定时间内的交货比率为：（4÷5）×100%=80%

其按时交货的分值 = 80%×10 分=8 分

4）书面投诉。来自质量部门的记录，其评估标准如下：

投诉次数（次）：	3	2	1	0
分　值（分）：	0	3	6	10

5）技术支持。该项目主要是评估供应商对金阳公司人员有关材料的技术询问以及研发中遇到的问题的反映速度和效率。金阳公司的供应商评估小组成员一致认为，目前这一项目尚很难建立一套量化的分值评估，暂由生产部、质量部和采购部的三个代表共同给供应商打分。

6）包装/外观。金阳公司的质量部已经有了一套对供应商送货的包装/外观的 5 级（A～E）评估体系，因此评估小组同意沿用过去的系统。只是将每次评估换算成新的分值体系如下，以便统一比较。

包装/外观的等级：	A	B	C	D	E
分　值　（分）：	7	5	3	1	0

7）送货规格的准确性。该项目主要用来评估供应商每次送货按订货的规格送货的准确性。

例如，在一段时间内，供应商 A 有 5 次送货，其送货规格准确性的表现如下：

送货次别：	第 1 次	第 2 次	第 3 次	第 4 次	第 5 次
是否按规格：	是	是	否	是	是

则：送货规格的准确率=4÷5×100%=80%

供应商 A 的该项分值=6×80%分=4.8 分

8）文件单据的准确性。由于金阳公司的质量部门要求供应商在每次送货时都要提高品质证明、生产合格证等文件；而财务部要求供应商每次的增值税发票都要开具准确。这些要求对于公司的质量体系和税务的要求均是十分重要的，因此金阳公司把每次文件单据是否齐全准确列入了供应商评估的范围。例如，在一段时间内，供应商 A 有 5 次送货，其评分情况如下：

送货次别：	第 1 次	第 2 次	第 3 次	第 4 次	第 5 次
是否齐全准确：	是	否	是	是	否

则：文件单据齐全准确率=3÷5×100%=60 %

供应商 A 的该项分值=6×60 %分=3.6 分

9）送货数量的稳定性。送货数量的稳定性即每次送货数量与订货数量差异的比率。评估小组认为，供应商送货数量的溢短装在 5%以内是可以接受的。评分方法如下：

数量差异：	<5%	≥5%
分　值：	5 分	0 分

金阳公司的供应商评估小组根据以上各个因素，定期（每季度）对供应商进行评估考核。

在实际工作中，企业应结合自身的目标和情况制定考核的因素和权重，以及评估的标准。

第五节　供应商选择

一、供应商选择概述

供应商选择是供应链合作关系运行的基础。如今，供应商的业绩对企业的影响越来越大，在交货、产品质量、价格、提前期、库存水平、产品设计、服务等方面都影响着企业经营的成功与否。传统的供应关系已不再适应全球竞争加剧、产品需求日新月异的环境，企业为了实现低成本、高质量、柔性生产、快速反应，企业采购业务管理就必须包括供应商的选择。

同时，供应商选择是供应商管理的目的。供应链采购管理强调企业之间的战略合作，对于下游企业来说，它的上游企业 —— 供应商的质量将直接影响它的运行质量，供应商的评价选择无疑是一个重要的工作。选择一批好的供应商，不但对企业的正常生产起着决定作用，而且对企业的发展也非常重要。因此，企业要采用各种方法选择好供应商。

供应商选择的来源是供应市场，供应商的选择对于企业来说是多目标的，选择的过程与根据则是供应商的评价，包含许多可见和不可见的多层次的因素。实际上，供应商选择融合在供应商开发的全过程中。供应商开发的过程包括了几次供应商的选择过程。在众多的供应商中，每个品种要选择 5～10 个供应商进入初步调查。初步调查以后，要选择 1～3 个供应商，进行深入调查。深入调查之后又要做一次选择，初步确定 1～2 个供应商。初步确定的供应商试运行，又需要进行试运行的考核和选择，确定最后的供应商结果。

二、集成化供应链管理环境下供应商的类型

在集成化供应链管理环境下，供应链合作关系的运作需要减少供应源的

数量（短期成本最小化的需要，但是供应链合作关系并不意味着单一的供应源），相互连接变得更紧密（紧密合作的需要），并且制造商会在全球市场范围内寻找最杰出的供应商。这样可以把供应商分为两个层次：重要供应商和次要供应商。重要供应商是少数的、与采购企业关系密切的供应商，而次要供应商是相对多的、与采购企业关系不很密切的供应商。供应链合作关系的变化主要影响重要供应商，而对次要供应商的影响较小。

在继续深入分析的基础上，根据供应商在供应链采购中的增值作用和竞争实力对供应商做了分类，分类矩阵如图 6-1 所示。

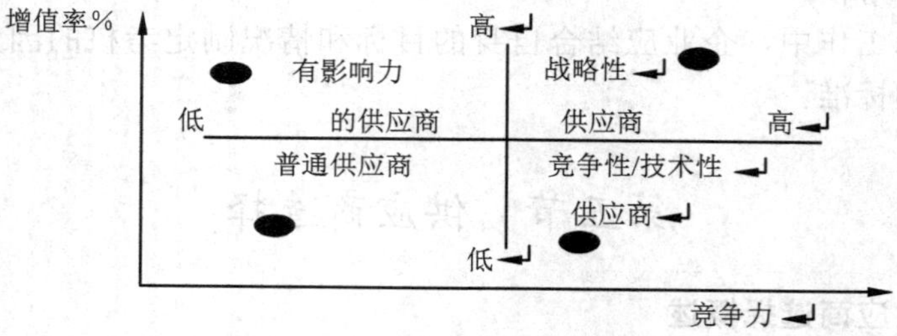

图 6-1　供应商分类矩阵

纵轴代表的是供应商在供应的产品的增值情况。对于供应商来说，如果他不能增值，他在供应链中就不可能存在。横轴代表某个供应商与其他供应商之间的区别，主要是设计能力、特殊工艺能力、柔性、项目管理能力等方面的竞争力的区别。

实际运作中，根据不同的目标选择不同类型的供应商。对于长期而言，要求供应商能保持较高的竞争力和增值率，因此最好选择战略性供应商；而对于短期或某一短暂市场需求而言，只需选择普通供应商满足需求则可，以保证成本最小化；而对于中期而言，可根据竞争力和增值率对供应链的重要程度的不同，选择不同类型的供应商（有影响力的或竞争性/技术性的供应商）。

三、供应商选择的标准

（一）目前我国企业选择供应商标准的调查

由华中科技大学管理学院 CIMSSCM 课题组 1997 年的一次调查统计数据可知：目前我国企业在选择供应商时，主要的标准是产品质量，这与国际上重视质量的趋势一致；其次是价格，92.4%的企业考虑了这个标准；69.7%的企业考虑了交货提前期；批量柔性和品种多样性也是企业考虑的因素之一。主要统计数据如图 6-2 所示。

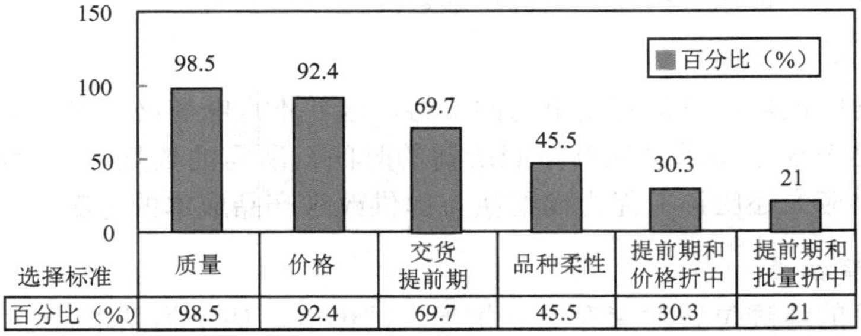

图 6-2 供应商的标准统计图

从调查数据以及通过与一些企业管理人员的交谈中发现，我国企业评价选择供应商时存在较多问题：企业在选择供应商时，主观的成分过多，有时往往根据供应商的印象而确定供应商的选择，供应商选择中还存在一些个人的成分；供应商选择的标准不全面，目前企业的选择标准多集中在供应商的产品质量、价格、柔性、交货准时性、提前期和批量等方面，没有形成一个全面的供应商综合评价指标体系，不能对供应商做出全面、具体、客观的评价。

（二）选择供应商标准

衡量一个供应商好坏的标准，最重要的指标就是其产品好坏。而产品好又表现在：① 产品质量好；② 产品价格合适；③ 产品先进、技术含量高、发展前景好；④ 产品货源稳定、供应有保障。这样的好产品，只有那些有实力的企业才能够生产出来。因此，一个好的供应商需要具备以下条件。

1、技术水平

技术水平是指供应商提供商品的技术参数是否达到了要求。供应商拥有一支技术队伍有能力去制造或供应所需的产品吗？供应商有产品开发和改进项目的能力吗？供应商能够帮助改进产品吗？这些问题都很重要。选择具有高技术水准的供应商，对企业的长远发展是有好处的。

2、产品质量

供应商提供的产品质量是否可靠，是一个很重要的评估指标。供应商的产品必须能够持续稳定地达到产品说明书的要求，供应商必须有一个良好的质量控制体系。对供应商提供的产品除了在工厂内进行质量检验外，还要考虑实际使用效果，即检查在实际环境中使用的质量情况。

3、供应能力

供应能力即供应商的生产能力。企业需要核准供应商是否具有相当的生产规模与发展潜力，这意味着供应商的制造设备必须能够在数量上达到一定的规模，能够保证供应所需数量的产品。

4、价格

供应商应该能够提供有竞争力的价格，这并不意味着必须是最低的价格。这个价格是考虑了要求供应商按照所需的时间，所需的数量、质量和服务后确定的。供应商还应该有能力向购买方提供改进产品成本的方案。

5、地理位置

供应商的地理位置对库存量有相当大的影响。如果物品单价较高，需求量又大，距离近的供应商有利于管理。购买方总是期望供应商离自己近一些，或至少要求供应商在当地建立库存。地理位置近，送货时间就短，意味着紧急缺货时，可以快速送到。

6、可靠性

可靠性是指供应商的信誉，在选择供应商时，应该选择一家有较高声誉的、经营稳定的以及财务状况良好的供应商。同时，双方应该相互信任，讲究信誉，并能把这种关系保持下去。

7、售后服务

良好的售后服务是建立和维护供需双方的战略合作伙伴关系的关键，同时，也能使供需双方对产品质量等其他方面的信息交流提供条件。

8、供货提前期

为了应付一些紧急缺货情况的发生，不论在传统条件下，还是在供应链管理条件下，供应商的供货都应当有一个合理的提前期，而在供应链管理的环境下，这种供货的提前期大大缩短了。

9、交货准确率

由于供应双方间信息沟通的及时、战略伙伴关系的建立，所以供应商供应的商品的返退率也比以往大幅度降低，交货的准确率大幅度提高。

10、快速响应能力

随着信息技术在供应链管理中的应用，供应商对客户的需求信息的响应力比传统管理下的供应商的响应力要高许多倍，从而大大提高了供应商对客户需求变化的适应能力，所以供应商对客户信息的响应能力如何是评价供应商的一项重要因素。

要选择出合乎这样要求的供应商，需要采用一些科学和严格的方法。选择供应商的方法，要根据具体情况采用合适的方法。常用的方法主要有两类：一是考核选择，二是招标选择。

四、供应商选择的步骤

供应商的选择可以归纳为以下几个步骤，企业必须确定各个步骤的开始时间，每一个步骤对企业来说都是动态的（企业可自行决定先后和开始时间），并且每一个步骤对于企业来说都是一次改善业务的过程。

步骤1：分析市场竞争环境（需求、必要性）

供应商的选择建立基于信任、合作、开放性交流的供应链采购长期合作关系，必须首先分析市场竞争环境。目的在于找到针对哪些产品市场开发供应链采购合作关系才有效，必须知道现在的产品需求是什么，产品的类型和特征是什么，以确认用户的需求，确认是否有建立供应链采购合作关系的必要。如果已建立供应链采购合作关系，则根据需求的变化确认供应链采购合作关系变化的必要性，从而确认供应商选择的必要性。同时分析现有供应商的现状，分析、总结企业存在的问题。

步骤2：建立供应商选择目标

企业必须确定供应商评价选择程序如何实施、信息流程如何、谁负责，而且必须建立实质性、实际的目标。其中，产品质量、降低成本是主要目标之一。供应商评价、选择不仅仅是一个简单的评价、选择过程，它本身也是企业自身和企业与企业之间的一次业务流程重构过程。实施得好，它本身就可带来一系列的利益。

步骤3：建立供应商评价选择标准

供应商评价选择的指标体系是企业对供应商进行选择的依据和标准，是反映企业本身和环境所构成的复杂系统不同属性的指标，是按隶属关系、层次结构有序组成的集合。根据系统全面性、简明科学性、稳定可比性、灵活可操作性的原则，建立供应商的评价指标体系。不同行业、企业、产品需求、不同环境下的供应商评价应是不一样的，但不外乎都涉及供应商的业绩、设备管理、人力资源开发、质量控制、价格、成本控制、技术开发、用户满意度、交货协议等可能影响供应链合作关系的方面。

步骤4：建立评价小组

企业必须建立一个小组来控制和实施供应商的评价与选择。组员以来自采购、质量、生产、工程、财务等与供应链采购合作关系密切的部门为主。组员必须有团队合作精神、具有一定的专业技能。评价小组必须同时得到制造商企业和供应商企业最高领导层的支持。

步骤5：供应商参与

一旦企业决定实施供应商评价，评价小组必须与初步选定的供应商取得联系，以确认他们是否愿意与企业建立供应链采购合作关系，是否有获得更高业绩水平的愿望。企业应尽可能早地让供应商参与到评价的设计过程中来。然而，往往因为企业的力量和资源有限，企业只能与少数的、关键的供应商保持紧密的合作，所以参与的供应商数量不宜多。

步骤 6：选择供应商

选择供应商的一个主要工作是调查、收集有关供应商的生产运作等全方面的信息。在收集供应商信息的基础上，就可以利用一定的工具和技术方法进行供应商的评价，并可根据供应商的评价结果，采用一定的技术方法来选择合适的。如果选择成功，则可开始与供应商实施供应链采购合作关系；如果没有合适的供应商可选，则返回步骤 2 重新开始评价选择。

步骤 7：实施供应链采购合作关系

在实施供应链采购合作关系的过程中，市场需求将不断变化，可以根据实际情况及时修改供应商评价标准，或重新开始供应商评价选择。在重新选择供应商的时候，应给予旧供应商以足够的时间适应变化。

五、供应商选择的方法

选择供应商常用的方法主要有两类：一是考核选择，二是招标选择。

（一）考核选择

所谓考核选择，就是在对供应商充分调查了解的基础上，再进行认真考核、分析比较而选择供应商的方法。

1、要调查了解供应商

供应商调查可以分为初步供应商调查和深入供应商调查。每个阶段的调查对象都有一个供应商选择的问题，而且选择的目的和依据是不同的。

初步供应商调查对象的选择非常简单，选择的基本依据就是其产品的品种规格、质量价格水平、生产能力、地理位置、运输条件等。在这些条件合适的供应商当中选择几个，就是企业初步供应商调查的对象。

深入供应商调查对象的选择，一是根据企业产品的 ABC 分类确定的产品重要程度，二是根据供应商企业的生产能力水平的实际情况。对于企业的关键产品、重要产品，要认真地选择供应商，要对这些产品的供应商进行深入研究、考察、考核，选择真正能够满足企业要求的供应商。对于那些不太重要的产品，可以不需要进行深入供应商调查。

2、要考察、考核供应商

初步确定的供应商还要进入试运行阶段，进行考察、考核，试运行阶段的考察、考核更实际、更全面、更严格。因为这是直接面对实际的生产运作。在运作过程中，就要进行所有评价指标的考核评估，包括产品质量合格率、按时交货率、按时交货量率、交货差错率、交货破损率、价格水平、进货费用水平、信用度、配合度等的考核评估。在单项考核评估的基础上，还要进行综合评估。

3、要考核选择供应商

通过试运作阶段，得出各个供应商的综合评估成绩，基本上就可以最后确定哪些供应商可以入选，哪些供应商被淘汰了。一般试运作阶段达到优秀级的应该入选，达到一般或较差级的供应商，应予以淘汰。对于良好级的供应商，可以根据情况，将其列入候补名单。候补名单中的成员可以根据情况处理，可以入选，也可以落选。

现在一些企业为了制造供应商之间的竞争机制，创造了一些做法，就是故意选两个或三个供应商，称作 AB 角或 ABC 角。A 角作为主供应商，分配较大的供应量；B 角（或再加上 C 角）作为副供应商，分配较小的供应量。综合成绩为优的中选供应商担任 A 角，候补供应商担任 B 角。在运行一段时间以后，如果 A 角的表现有所退步，而 B 角的表现有所进步的话，则可以把 B 角提升为 A 角，而把原来的 A 角降为 B 角。这样无形中就造成了 A 角和 B 角之间的竞争，促使他们竞相改进产品和服务，使得采购企业获得更大的好处。

总之，考核选择供应商是一个较长时间的深入细致的工作。这个工作需要采购管理部门牵头负责、全厂各个部门的人员共同协调才能完成。当供应商选定之后，应当终止试运作期，签订正式的供应商关系合同，进入正式运作期后，就开始了比较稳定正常的物资供需关系运作。

（二）招标选择

选择供应商也可以通过招标的方式。招标选择是采购企业采用招标的方式，吸引多个有实力的供应商来投标竞争，然后经过评标小组分析评比而选择最优供应商的方法。

招标选择的主要工作包括：一是要准备一份合适的招标书；二是要建立一个合适的评标小组和评标规则；三是要组织好整个招标、投标活动。

当前，公开招标和邀请招标是企业采购中选择供应商两种主要的招标形式。由于公开招标周期长，采购成本高，而且参与投标的供应商数量不易掌握，因而在日常采购中，邀请招标这种招标方式被较多的采购机构所采用。通过近年来的实践，邀请招标既较好地体现了采购的“公开、公平、公正”原则，同时在降低采购成本、提高工作效率等方面发挥了较好的作用。但是，邀请招标的选择范围较窄，并且需要大量的供应商信息作支撑，因而在邀请招标中，特别是在供应商选择方面还存在着不少困难，影响了采购工作的开展。

第六节　供应商关系管理

企业在供应链管理环境下与供应商的关系是一种战略性合作关系，提倡一种双赢（Win-Win）机制。企业在采购过程中要想有效地实施采购策略，充分发挥供应商的作用就显得非常重要。采购策略的一个重要方面就是要搞好供应商的关系管理，逐步建立起与供应商的合作伙伴关系。要搞好供应商的关系管理，主要注重以下几个方面的问题。

一、建立准入制度

企业在采购过程中必须对众多的供应商进行选择。设立供应商准入制度，目的是从一开始就淘汰和筛选掉不合格的供应商，节约谈判时间。供应商准入制度一般由采购业务部制定、商品采购小组审核、总经理签发后实施。

供应商准入制度的核心是对供应商资格的要求，包括供应商的产品质量、产品价格、资金实力、服务水平、技术条件、资信状况、生产能力等。这些条件是供应商供货能力的基础，也是将来履行供货合同的前提保证。这些基本的背景资料要求供应商提供，并可通过银行、咨询公司等中介机构加以核实。

在通过对供应商的考核并认定供应商资格达到基本要求后，采购人员应将企业对具体供货要求的要点向供应商提出，初步询问供应商是否能够接受。若对方能够接受，方可准入，并且将这些要点作为双方进一步谈判的基础。这些要点主要包括：商品的质量和包装要求；商品的送货、配货和退货要求；商品的付款要求等。

二、合理使用供应商

供应商经过考核成为企业的正式供应商之后，就要开始进入日常的物资供应运作程序。

与入选的供应商要做的第一个工作，就是要签订一份与供应商的正式合同。这份合同既是宣告双方合作关系的开始，也是一份双方承担责任与义务的责任状，也是将来双方合作关系的规范书。所以，双方应当认真地把这份合同书的合同条款协商好，然后双方签字盖章。协议生效后，它就成为直接约束双方的法律性文件，双方都必须遵守。

在供应商使用的初期，采购企业的采购部门应当和供应商协调，建立起供应商运作的机制，相互在业务衔接、作业规范等方面建立起一个合作框架。在这个框架的基础上，各自按时、按质、按量完成自己应当承担的工作。在日后供应商使用的整个期间，供应商当然尽职尽责，完成企业规定的物资供应工作。采购企业的采购管理部门应当按合同的规定，严格考核检查供应商执行合同、完成物资供应任务的情况。既充分使用、发挥供应商的积极性，又进行科学的激励和控制，保证供应商的物资供应工作顺利健康地进行。

采购企业在供应商使用管理上，应当摒弃“唯我”主义，建立“共赢”思想。供应商也是一个企业，也要生存与发展，因此也要适当盈利。企业不能只顾自己降低成本、获取利润，而一味供应商企业损失。因为害惨了供应商，会导致我们企业自身物资供应的困难，不符合企业长远的利益。因此，企业的合作宗旨，应当尽量使双方都能获得好处、共存共荣。从这个宗旨出发，处理合作期间的各种事物，建立起一种相互信任、相互支持、友好合作的关系。并且把这个宗旨，这种思想落实到供应商使用、激励和控制的各个环节中去。

三、建立供应商会见制

在与供应商建立合作关系以后，为了规范采购和提高采购质量，企业应在同供应商接洽中建立严格的供应商接待制度，供应商接待制度包括三方面要求：

1、接待时间要求

为了保证采购业务人员有足够的时间去进行市场调查并制订采购计划，而不是将绝大多数时间、精力放在接待供应商上。企业应确立供应商接待日，最好定在物资采购小组召开例会的前一天，以便新物资采购的审核工作能及时进行，尽快给供应商一个是否进一步谈判的答复。

2、接待地点要求

为了规范采购人员和供应商的行为，接待地点一般定在公司采购业务部供应商接待室，不要在供应商提供的会议室，更不要在供应商的招待宴席上或娱乐场所中洽谈业务。

3、洽谈内容要求

首先，要按采购的物资类别设置专职洽谈人员，负责接洽相关类别供应商；同时洽谈内容要紧紧围绕采购计划、促销计划和供应商文件进行，不能随意超越权限增加商品谈判内容。

四、建立战略性的双赢供应合作关系

双赢关系已经成为供应链企业之间合作的典范。因此，要在采购管理中体现供应链的思想，对供应商的管理就应集中在如何和供应商建立双赢关系以及维护和保持双赢关系上。

1．信息交流与共享机制

信息交流有助于减少投机行为和促进重要生产信息的自由流动。为加强供应商与制造商的信息交流，可以从以下几个方面着手：

1）在供应商与制造商之间经常进行有关成本、作业计划、质量控制信息的交流与沟通，保持信息的一致性和准确性。

2）实施并行工程。制造商在产品设计阶段让供应商参与进来，这样供应商可以在原材料和零部件的性能和功能方面提供有关信息，为实施 QFD（质量功能配置）的产品开发方法创造条件，把用户的价值需求及时地转化为供应商的原材料和零部件的质量与功能要求。

3）建立联合任务小组解决共同关心的问题。在供应商与制造商之间应建立一种基于团队的工作小组，双方的有关人员共同解决供应过程以及制造过程中遇到的各种问题。

4）供应商和制造商经常互访。供应商与制造商采购部门应经常性地互访，及时发现和解决各自在合作活动过程中出现的问题和困难，建立良好的合作气氛。

5）使用电子数据交换（EDI）和互联网技术进行快速的数据传输。

2．供应商的激励机制

要保持长期的双赢关系，对供应商的激励是非常重要的，没有有效的激励机制，就不可能维持良好的供应关系。在激励机制的设计上，要体现公平、一致的原则。给予供应商价格折扣和柔性合同，以及采用赠送股权等，使供应商和制造商分享成功，同时也使供应商从合作中体会到双赢机制的好处。

3．合理的供应商评价方法和手段

没有合理的评价方法，就不可能对供应商的合作效果进行评价，将大大挫伤供应商的合作积极性和合作的稳定性。对供应商的评价要抓住主要指标或问题，如交货质量是否改善了，提前期是否缩短了，交货的准时率是否提高了等。通过评价，把结果反馈给供应商，和供应商一起共同探讨问题产生的根源，并采取相应的措施予以改进。

五、供应商激励与控制

为了保证供应商使用期间日常物资供应工作的正常进行，须采取一系列的措施对供应商进行激励和控制。对供应商的激励与控制应当注意以下工作。

1．逐渐建立起一种稳定可靠的关系

企业应当和供应商签订一个较长时间的业务合同关系，如 1～3 年。时间不宜太短，时间太短让供应商不完全放心，不可能全心全意为搞好企业的物

资供应工作而倾注全力。只有合同时间长，供应商才会感到放心、才会倾注全力与企业合作，搞好物资供应工作。特别是当业务量大时，供应商会把本企业看作是它自己生存和发展的依靠和希望，这就会更加激励它努力与企业合作。企业发展，它自己也得到发展；企业亏损，它自己也得亏损，双方之间形成一种休戚与共的关系。

合同时间一般以一年比较合适。如果合适，第二年可以再续签。第二年不合适，则合同终止。这样签合同，就是既要让供应商感到放心，可以有一段较长时间的稳定工作，又要让供应商感到有危机感，不要放松竞争进取精神，才能保住明年的工作。

2、有意识地引入竞争机制

有意识地在供应商之间引入竞争机制，促使供应商之间在产品质量、服务质量和价格水平方面不断优化而努力。

例如，在几个供应量比较大的品种中，每个品种可以实行 AB 角制或 ABC 角制。所谓 AB 角制，就是一个品种设两个供应商：一个 A 角，作为主供应商，承担 50%～80%的供应量；一个 B 角，作为副供应商，承担 20%～50%的供应量。在运行过程中，对供应商的运作过程进行结构评分，一个季度或半年进行一次评比。如果主供应商的月平均分数比副供应商的月平均分数低10%以上，就可以把主供应商降级成副供应商，同时把副供应商升级成主供应商。ABC 角制则实行三个角色的制度。原理与 AB 角制一样，同样也是一种激励和控制的方式。

3、与供应商建立相互信任的关系

建立信任关系包括很多方面。例如，对信誉高的供应商的产品进行有针对性的免检，显示出企业对供应商的高度信任；或不定期地开一些企业领导的碰头会，交换意见，研究问题，协调工作，甚至开展一些互助合作。特别对涉及企业之间的一些共同的业务、利益等有关问题，一定要开诚布公，把问题谈透彻。彼此之间需要树立起“双赢”的指导思想，一定要兼顾供应商的利益，尽可能让供应商有利可图。只有这样，双方才能真正建立起比较协调可靠的信任关系。

4、建立相应的监督控制措施

在建立起信任关系的基础上，也要建立起比较得力的、相应的监督控制措施。特别是一旦供应商出现了一些问题，或者一些可能发生问题的苗头之后，一定要建立起相应的监督控制措施。根据情况的不同，可以分别采用以下措施：

1）对一些非常重要的供应商，或是当问题比较严重时，可以向供应商单位派常驻代表。常驻代表的作用就是沟通信息、技术指导、监督检查等。常驻代表应当深入到生产线各个工序、各个管理环节，帮助发现问题，提出改进措施，确实保证把有关问题彻底解决。

对于那些不太重要的供应商，或者问题不那么严重的单位，则视情况分别采用定期或不定期到工厂进行监督检查，或者设监督点对关键工序或特殊工序进行监督检查；或者要求供应商自己报告生产条件情况、提供产品的检验记录，用让大家进行分析评议等办法实行监督控制。

2）加强成品检验和进货检验，做好检验记录，退还不合格品，甚至追究赔款或罚款，督促供应商改进。

3）组织本企业管理技术人员对供应商进行辅导，提出产品技术规范要求，使其提高产品质量水平或企业服务水平。

【案例】

Kodak 公司的伙伴战略选择

Kodak 公司一直是影像技术行业的领导者。它的成功来自于公司员工 5 个方面的价值观：尊重个人尊严、真诚、信任、信誉、持续地改善与个人的提高。

这种理念，人们也就不会奇怪为什么 Kodak 公司选择了伙伴战略来改善同供应商之间的关系。本文通过逐步分析 Kodak 公司同供应商伙伴关系的实施过程，介绍了 Kodak 公司是如何在采购领域实施全球性伙伴战略的。

1. Kodak 公司的伙伴关系开发策略

伙伴关系的开发应先从其必要性的确认开始，Kodak 公司也不例外。

阶段 1

由于竞争的日益加剧，Kodak 公司不得不时刻注重降低成本。而降低成本的重要途径之一就是精简供应商数量，这又要求公司必须与更少的供应商保持更密切的合作。Kodak 公司在这方面的切入点就是对电气和流程控制设备进行标准化，以及对其供应商的合并。

首先，负责这一行动的工作小组得到了高层管理的全力支持。因为所有人士都意识到，Kodak 公司要获取最大收益，必须制定全球性的，而不仅仅是美国化的标准。所以来自全球的控制工程师们都要对今后可能用于所有生产工厂的标准进行讨论并提出建议。全球性工作小组下一步的工作就是确定选择供应商的标准及其管理措施。整个过程还邀请了固定资产设备和 MRO 的采购人员一起参加，以确保有关的商业和技术问题都被考虑进去。

阶段 2

公司指定的工作小组拥有充分权力采取任何必要的行动。首先，它要决定哪些标准是需要的，同时要能洞悉伙伴关系所带来的好处。经过分析，工作小组估计设备价格应不高于总拥有成本的1/3。由于工程、安装及维修等都是总成本的重要因素，所以公司参照了非竞争对手的同类产品，然后对典型的流程控制安装的总拥有成本进行分析。分析的结果是，安装的成本几乎等于设备的价格，而工程和维修成本分别为价格的75%和50%。基于这些情况，Kodak公司对控制系统的成本重新做了估计，其中包括技术的标准化和供应商基础的重新组合。工作小组发现，每年完全可以节约10%的总成本。工作小组还一改以往的根据单个产品进行采购的方法，采用一个供应商提供一系列类似产品的方法来降低成本和改善绩效。

接下来的任务就是寻找和选择伙伴型供应商。工作小组首先确定了伙伴关系的目标，其中最关键的前提是Kodak公司和供应商之间必须是双赢关系，因为只有这样，双方才能互相吸引，长期有效地合作。

阶段 3

定下目标供应商后，Kodak公司就向它的供应商征求方案。公司向最大的9个电气和控制硬件和软件的全球供应商发出提案请求。这些供应商必须做1～2h的介绍，内容包括产品/服务范围，地域的覆盖，以及全球客户的管理。Kodak公司的目标就是让这些伙伴供应商成为全球化的资源。具体的选择标准有：

1）在世界范围内提供广泛的产品和服务。

2）最大限度地节约非价格性成本。

3）同意一年制的，而不是一个个项目的谈判议价。

4）有加入伙伴关系的愿望。

5）提供能与现有Kodak公司的设备相匹配的成套产品/服务。

在初期，工作小组只是试验性地开发了两家世界性供应商，以积累经验，并力争为公司创造最大的利益。

阶段 4

在签订互惠协议之前，公司必须做大量的调查分析。首先，就是将新资源的价格同现有的进行比较，确保比目前的价格低。另外就是保持世界范围内价格结构的一致性，即同一供应商就同一产品在不同地区的价格应该相同。而且，资本设备的OEM厂家都被要求使用Kodak公司指定的供应商。被选中的供应商应该提供培训、咨询以及有充足及时的库存。

高层管理光在初期的支持是远远不够的，这种支持还应该用于对旧机制的改造上。例如，取消项目层次上的竞标，而专注于全球性的协议和定价。而且，工程师间的技术斗争也要制止。因为很多工程师总是纠缠于谁的技术更先进的争论中而影响产品的开发进程。其实，新技术的生命周期已越来越短，从这方面的收益也正逐步减弱，所以重点是放在供应商开发等其他的管理上。因此，为了打破这种格局，负责全球生产制造事务的公司副主席向所有生产厂发了一封信，向他们解释公司对这一过程的承诺和对工作小组的支持。每个生产厂的负责人必须同意对这一行动给予极大的支持与配合。最终，公司的各地生产厂共举行了一百多次介绍会，讲解自己的措施，同时还要求供应商一同参加并解答有关问题。

公司内部还印发了很多小册子，向人们解释该如何配合这次行动。同时还以线上和电子简报的方式回应与更新伙伴协议的有关问题。工作小组的成员定期在世界各地不同生产厂举行会议，制定有关的寻购决策和措施。为了强化这一工作，Kodak 公司在各分厂组建了专门小组。凡是向协议之外的供应商进行采购必须经该小组审批同意。当以上机制全部建立之后，Kodak 公司接下来就进入了下阶段的工作——评估。

阶段 5

这一阶段就是对伙伴关系的持续监督和评估。这也许是最困难的一项工作，哪些因素该加以评估？由谁来评估？多久评估一次？很多公司在这方面都不能取得满意的成效。而 Kodak 公司却很成功，所有的评估标准由工作小组讨论制定，每6个月评估一次，结果向高层管理者汇报，同时也反馈给对应的供应商。

伙伴策略实施一年后，Kodak 公司的国际采购量（占年采购量比例）从 1993 年的 54%上升到 1994 年的 74%。而供应商总数则减少了 30%。在头 6 个月中，成本节约（相对于总采购量）下降了 25%。生产周期也大大缩短，各种质量问题和管理成本也明显减少。其效果远远超出了 Kodak 公司的预期。

2、总评述

通过实施伙伴策略，Kodak 公司与其供应商所获得的益处与经验总结如下。

益处：

1）时间和总拥有成本都显著节约。

2）公司内部与供应商之间交流沟通明显改善，供应商能尽早地参与（ESI）产品开发和采购流程。

3）ESI 同时为 Kodak 公司解决了很多技术问题。

4）Kodak 公司能较容易说服供应商持有和保管库存，使公司的库存成本大大下降。

同样，供应商也从中获得了诸多好处：

1）长期的伙伴关系，使供应商能更好地筹划未来的投资和资源的利用，有利于自身的长期发展。

2）伙伴供应商有更多的机会开发 Kodak 公司的 OEM 生意。

3）没有了竞标和报价请求，供应商的管理成本也显著减少。

4）Kodak 公司的“公司客户管理”系统能创建更强的国际性客户/供应商网络，使伙伴关系能进一步得到改善与加强。

Kodak 公司的伙伴策略也验证了有关研究结果，即：

1）高层管理者对每一步骤的支持和承诺关系到整个过程的成败，工作小组应被充分授权。

2）工作小组代表着各个受影响的地域的利益，所以它必须负责全面的关系开发和管理。

3）极好的沟通交流至关重要。

4）供应商的配合必不可少，尤其是其高层管理者的支持。

在实际营运和管理中，虽然还有很多东西要加以补充改善，但伙伴关系的基本前提仍然不变，那就是：

1）信任。

2）交流。

3）互惠互利。

4）长远眼光。

5）双方高层领导者的支持。

正如 Kodak 公司的 CEO——George Fisher 所说，“我们对供应商的期望正如我们对公司本身的期望一样”。供应商要将客户满意度放在首位，同时要永无止境地追求质量和绩效的改善。本文开头所列的 Kodak 公司员工的价值观，能否贯穿于企业内部及其外界的客户和供应商，是伙伴关系成功与否的前提。

【本章小结】

本章较全面地介绍了供应商管理体系，表现了供应商管理在采购管理中的重要地位。主要介绍了供应商、供应商管理、供应商开发、供应商评估、供应商选择等概念，分别详细阐述了供应商调查与分析的内容与方法；供应商开发的意义与基本方法；供应商评估的必要性、评估标准的确立、评估指标体系的建立、评估方法等；选择供应商的标准、步骤和方法；加强供应商关系管理的重要性，供应商管理的内容和方法以及进行供应商管理的主要措施。

【复习思考题】

1．什么是供应商管理？供应商管理的内容有哪些？

2．进行供应商管理的目标及战略有哪些？

3．进行供应商分析的主要内容有哪些？

4．举例说明如何进行供应商的调查工作？

5．开发供应商的主要信息来源有哪些？如何进行供应商的开发工作？

6．为什么要与供应商建立战略性合作伙伴关系？如何建立这种关系？

7．进行供应商评估的标准与指标体系各有哪些？

8．选择供应商的标准与步骤各有哪些？

9．试述供应商选择的方法。

10．要搞好供应商的关系管理，主要注重解决好哪几个方面的问题？

第七章　采购过程与采购合同管理

【知识目标】

掌握采购的程序与环节，熟悉采购表格；掌握采购合同的相关知识，熟悉采购合同的签订和履行过程；学会解决合同纠纷的办法和措施，以及进行索赔的主要手段和途径。

【技能目标】

能够独立完成全部采购业务，熟练使用和填写采购表格；能够独立完成采购合同的签定与执行；能够化解合同执行过程中的矛盾与纠纷，解决合同纠纷中的索赔问题和其他相关问题。

第一节　采购程序与环节

采购程序与环节通常是指对物料产生需求的企业选择和购买所需的各种原材料、零部件等各种物料的整个过程。在这个过程中，作为采购方，其采购程序与环节是整个采购工作的载体，是实现采购业务的基础。

一、采购程序

在企业建立一个高效的采购系统是保证市场经营活动正常进行的重要环节。因此，采购流程设计一定要科学合理，反映采购活动内在的逻辑关系，并且为应用现代计算机系统进行管理奠定基础。

采购程序通常包括以下 9 个步骤。

1、发现需求

发现需求是采购行为的前提。企业采购需求通常由物资使用部门提出采购申请单，说明需要什么、需要多少、何时需要。企业内部不同的职能部门提出的采购申请不同，这里主要指保证生产正常进行的物资采购需要。企业应制定统一规范的“请购单”，以便明确责任，防止出现物料供不应求或库存积压过多。请购单的内容应包括：申请部门、编号、预算额、日期、需要数量、需要日期等。

2、需求说明、制订采购计划

物料请购者需求确定后，为了采购部门工作能顺利进行，要求对所申请采购的物品细节作详细描述，如：数量、质量要求、包装、售后服务、运输、检验方式等给以准确描述，在描述时应采用统一术语以防止理解上的错误。为了保证术语的统一，采购部门应制定一份经常采购物品目录表，并将其输入计算机进行统一的管理。

在需求分析的基础上，应制订一份采购计划，包括市场采购资源分析、物资、价格调查、供应商分析、采购方法、日程计划、运输、交货结算等。

3、选择供应商

选择供应商是采购流程中的关键环节。企业应选择信誉好、产品质量高、交货期有保证的供应商，并开始和供应商联系，联系方式可派人前去采购看样品，也可以通过电话、电子邮件联系，也可以实现电子商务采购。

4、价格洽谈、签订采购合同

洽谈价格是采购的重要环节。洽谈的过程是一个反复讨价还价的过程，并就质量、数量、交货期、货款支付方式、违约责任等进行洽谈，在互利共赢的基础上，签订采购合同，实现成交。

5、采购订单安排

采购订单是采购商向供应商发出的书面通知，是在价格洽谈达成签订合约的基础上下达的，同样具有法律约束力。一般公司都有设计好的采购订单，但在洽谈中还须进行关键条款的修改，以最后双方认可的条款为准。采购单的要素主要包括：序列编号，发单日期，接收订单的供应商的名称、地址，采购商品名称、数量、质量、发货日期，运输要求，价格术语，价款支付方式，违约责任等。

6、订单跟踪

采购订单得到供应商确认（或签订合同）后，采购商的主要任务就是订单的跟踪及催货。跟踪是对订单进行的例行工作，目的是促使供应商能够履行发货承诺。大型采购跟踪可派人员实地跟踪，小额采购可通过电话或网上跟踪。催货是要求供应商履行发货承诺或加快被延误货物的发运。

7、接收和验货入库

供应商按承诺发货后，采购商负责接收和验货入库的人员应做好接货准备，一般由仓库管理部负责。接收管理员须填写“收货单”，上面应载明收货日期、供应商名称、物料数量、规格等主要数据。

8、结算

结算是指在收到供应商的货物，并进行了验收入库，以“入库单”作为货物结算的依据。保管部门将收货单一联反馈给采购部门，二联反馈给财务部门，三联反馈给供应商以备查询，四联存根。采购部门依照验收入库单，便可发指令通知财务部门按照合同规定向供应商支付货款。通常情况下以支票通过银行账户进行货款支付。

9、采购档案管理

经过以上流程，企业完成一次系统的采购活动，当这次采购工作结束后，要进行采购总结及采购文件、资料的分类归档，并做好长期保管和各项工作，通常采购部门档案管理主要有以下工作：①对采购合同（或采购定单）进行分类编号；②验收入库单；③核实供应商记录等。

二、主要环节

（一）要购

要购就是需要购买，首先要做到以下几点。

1、采购需求分析

在采购程序的初始阶段，首先要进行需求分析，确定采购需求。企业通常会面临这样一个问题，是自行制造还是外部购买，也就是哪些物料可以自己制造，哪些物料需要“外包”。

采购需求分析的传统方法主要是采购部门收集的采购需求计划表和请购单，然后进行分类整理统计。此外还可以采用需求分析法，需求分析法就是根据客户的需求历史或生产计划等归纳出需求规律。根据需求规律预测客户今后的需求品种和数量，作为编制采购计划的依据。

2、编制采购计划

采购计划编制的主要依据是根据需求分析所确定的采购需求量，以及相应的采购规格。采购规格可以由设计部门、使用部门或采购质量专职管理机构制定出相应的品牌、工程图样、市场等级、样品、技术文件、国际（国家、行业）标准来确认。

采购计划是企业进行采购的基本依据，是控制盲目采购的重要措施，也是做好现金流量预测的有效手段。因此，企业要根据采购需求、资金情况、采购时机、采购手段编制好采购计划，并且严格执行采购计划。

3、提出采购需求

采购需求主要包括三个方面：一是规格、图样和采购文件，这些内容要能够准确地对所采购的产品做出规定，同时也能使供应商准确无误的理解；二是对采购产品的要求，要准确地规定产品的类别、形式和等级，详细地制定产品的检验程序和规范，以及采用哪一种质量体系标准；三是明确主要的控制环节，即规格、图样和采购文件的编制、审批和发放；四是提出完整的采购文件，主要包括采购合同、图样、标准、样品和技术协议书等。

（二）定购

定购是指供应商调查、选择供应商，进行采购谈判，与之签订采购合同，并进行采购订单的管理，要监督供应商是否按照合约按时供货，对供应商的延期供货要及时催货，对供应商供货的质量问题要及时提出和处理，以避免给生产造成重大影响。

1. 供应商调查

供应商调查是指了解供应商和资源市场。它分为三个阶段，分别是初步供应商调查、资源市场调查和深入供应商调查。

（1）初步供应商调查　初步供应商调查是对供应商基本情况的调查，主要了解供应商的名称、地址、生产能力、产品品种、价格、质量以及运输条件等。调查的目的是了解供应商的一般情况，为选择供应商做好准备。调查的特点是内容浅，调查面比较广。调查的方法一般采用访问法，可以把调查的资料输入数据库，进行统计汇总和分析，供应商分析的主要内容包括产品的品种、规格、质量、运输条件以及企业的规模、技术能力、管理水平、信用度等。

（2）资源市场调查　资源市场调查的内容不仅包括供应商调查，还包括资源市场的规模、容量和性质以及资源市场的管理制度、法律制度、经济环境和政治环境等。结合供应商调查的情况，就可以了解整个资源市场的产品、价格、技术、质量、需求以及竞争状况。

（3）深入供应商调查　深入供应商调查是指对准备选择为合作伙伴的供应商进行更加深入仔细的考察活动。这种考察要深入供应商的生产线、生产设备、生产工艺、质量检验和管理部门进行调查，重点考察生产工艺设备、质量保证体系和管理水平。

建立采购认证体系主要是考察供应商的生产质量，从质量的角度进行采购控制。在这个体系下，通过对供应商提供的产品质量进行检验，从而控制供应商的供应质量。

1）对选择的供应商进行认证，具体内容包括以一定的技术规范考察供应商的软件和硬件。软件是指供应商的管理水平、技术能力、工艺流程、合作意识等；硬件是指供应商设备的先进程度、工作环境的完善性等。

2）对供应商提供的样品进行试制认证，分两个阶段：第一阶段，对供应商外协加工的过程进行协调监控，如设计人员制定的技术规格和供应商实际生产过程是否存在出入；第二阶段，认证部门组织设计、工艺、质量管理等部门相关人员对供应商提供的样品及检验报告进行评审，看其是否符合企业的技术规格和质量要求。

3）对供应商提供的小批量物料进行中试认证。这是由于对物料的质量检验主要是通过测量、检查、试验、度量，与以往规定的标准进行比较看其是否吻合。因为样品认证合格不代表小批量物料能符合质量要求，往往小批量物料的质量与样品的质量存在差异，因此，中试认证是必要的。

4）对供应商提供的批量物料的批量认证。其质量控制表现在两个方面：一是控制新开发方案批量生产的物料供应质量的稳定性；二是控制新增供应商的批量物料供应质量的稳定性。

深入供应商调查需要花费较大的人力、物力和财力，调查的成本较高，并不是对任何供应商都必须采用，但是在JIT采购中和对提供关键零部件的供应商就必须采取深入供应商调查。

2、供应商选择

选择供应商首先要考虑的是总包与分包的问题。所谓总包，就是把整个任务（包括设计）都交给一个供应商；所谓分包，就是把任务分成几个部分，分别交给不同的供应商，由采购方进行协调。总包和分包都各有其优缺点，见表7-1。

表7-1 总包和分包的优点和缺点

	优　点	缺　点
总包	在项目执行过程中受到委托人的干涉比较有限，不要求委托人有相似的项目经验，委托人只需付出有限的努力	对项目的成本/价格结构缺乏了解，只对所用的原料（质量和数量）存在有限的影响
分包	委托人对项目的成本/价格结构有深入了解，能够更好地对供应商和所用的原料加以控制，通常项目总成本较低	要求委托人对相关知识有深入的了解，并且经验丰富，项目的协调、监控需要付出较多的时间和努力，沟通问题造成的风险可能会对项目活动造成延误

选择供应商第二项要做的就是考虑采用固定价格、一次付款还是采用成本补偿。如果合同是固定价格、一次付款，采购方会要求供应商必须在预定的时间完成工作，同时以固定的价格一次性付款。这种方法的优缺点如下。

（1）优点　具体如下：

1）采购方确切地了解供应商的财务状况。

2）由于供应商承担了所有风险，所以工作完成之后没有结算的必要。

3）具有严格的完工日期。

（2）缺点　具体如下：

1）采购方如果不熟悉供应商的成本分析，就会出现采购价格偏高的情况。这个问题可以通过询价采购的方式加以解决。

2）需要有足够的时间来准备购货订单说明书，并进行正式的招投标程序。

3）事先不能预计哪一个是理想的供应商。

如果采用成本补偿合同，那么将要完成的工作的特性和范围是事先不能确定的，采购方要求采用事先确定的单位时间内的费率来计算报酬，或预先安排的百分比来冲销管理费。工作完成后以供应商每天的工时记录为基础来进行结算。这种方法的优缺点如下。

（1）优点　具体如下：

1）采购方了解整个工作的成本构成。

2）采购方可以事先了解供应商，自由地选择供应商。

（2）缺点　具体如下：

1）没有事先确定的固定价格，采购方对财务成果不能肯定。

2）由于供应商是按工时计价，因此没有加紧工作的动力，因为延误还可以向采购方收取费用。

3）完成日期无法确定。

成本补偿合同方法的缺点是采购方往往对采购的目的不明确，通常会把说明书交给供应商。由于最终的成本事先不能确定，许多采购方往往避免采用成本补偿合同的做法，但在一些非重要的产品采购以及需要维修保养的活动中采用成本补偿合同方法。

选择供应商的第三项工作就是实行招投标采购或询价采购等采购方式。在供应商调查的基础上，采购方会拥有一份供应商的大名单。如果采用招投标采购，则按照招投标采购的有关程序进行；如果采用询价采购，通常采购方在供应商大名单中选择3～5家，向其询价。收到报价单后，组织有关专家进行评估以及进行风险分析。通常的风险包括技术风险、质量风险和财务风险，最终会选择一个供应商并与之谈判，对没有选中的供应商要告知他们没有被选中的原因。

3. 签订采购合同

选择完供应商之后，接下去就是要与供应商签订一份合同，对于不同的行业，合同的内容、条件及附加条款有所不同，这些不同是由公司文化、市场情况、产品特征和采购政策的不同所造成的。下面介绍采购合同中的重点内容。

（1）交货价格和条件　通常情况下，采购方愿意采用固定价格。这个固定价格是通过采购方和供应商谈判达成的，是双方都可以接受的。对待合同运作中的各种风险在合同里事先要有明确的规定。例如，供货质量不合格怎么办？不及时怎么办？

在采购合同中对于价格可能会采用这几种形式：一是固定价格加奖励，如供应商交货及时、质量优良，就用奖金的形式加以鼓励；二是成本加利润，这种类型的合同对于采购方来说比其他合同花费更多；三是成本补偿合同，这种类型的合同通常以设备或人工的固定计时工资为依据，这种合同要求供应商有健全的成本管理制度，最高价格要被记录在合同中；四是价格调整合同（价格调整条款），这种类型的合同主要用于长期交货合同或加工非常特殊的材料。

（2）付款条件　通常的付款方法是以供应商履行合同的情况为基础。例如，当工作完成 25%时，付总货款的 20%，而最后的 5%～10%的货款在肯定设备能够正常运转的情况下，供应商的工作完全满足采购方的需求后才进行支付。

预付款最好以银行担保的方式抵补，这样有利于供应商履行合同的有关承诺，银行担保的金额能够抵补预付的款项，特别是供应商需要扩大投资时才能够生产合同要求的产品。

（3）罚款条款和保证条件　通常在采购合同中要求供应商提供的货物必须满足三个方面的要求：一是产品的质量优良，与合同约定的规格、图样、样品等完全一致，完全能够使用；二是产品必须是全新的和无缺陷的，产品的制造必须使用适当的原材料和良好的技术和管理；三是产品要满足供应商所在国的法律法规，产品的使用不会对人员、财产和环境造成任何影响和损失。

在保证条件中，通常规定产品在使用和运行过程中供应商对其可靠性负有责任，一般规定 12 个月的保证期。合同中还规定保证期何时开始生效，一般是货物投入使用的日期，或者是交货期。此外还规定，产品在使用过程中，供应商要保证维修和提供备用件，保证产品在使用期内正常使用。

在签订合同的时候，采购方与供应商应当对产品就上述要求及性能达成一致。在合同的实际履行过程中，如果没有达到协议的要求，首先要考虑的是纠正措施；如果纠正措施也不起作用，就要采取罚款措施，要求供应商补偿采购方的成本损失。

有些情况下采购方不采用罚款措施而是采用退货，如供应商提供的产品、设备的质量低劣，或者是不符合环境保护的要求，采购方将予以退货。

（4）其他协议　在采购合同中，还包括其他协议，这些内容包括保险和安全规则、权利和义务的转移、向第三方转包、交货条件等。

采购谈判的过程是一个讨价还价的过程，其主要内容就是就上述条件进行谈判，最终形成一致的意见，签订采购合同。

4、订购和发出订单

在签订采购合同之后，就可以发出订单。有时采购合同就是购货订单。通常在常规采购中，如果对物料有长时间的需求，只要就合同进行滚动式谈判，购货订单按照合同发出即可，在这种情况下，订购和发出订单是各自独立的活动。

如果企业采用 MRP 采购，MRP 系统就会根据生产量、库存量确定需要量。当库存低于一定水平时，MRP 会通过原料数量和购货申请制订出物料需求计划，就会提出订什么货、什么时候订、订多少数量的解决方案。MRP 采购非常适合于加工、制造、装配企业中使用。

向供应商发出购货订单时，要详细、具体地说明有关的信息。购货订单包括的要素有：订单编号、产品简要说明、单价、需求数量、交货时间、交货地址等。当然这些数据在采供双方结成密切合作伙伴关系的前提下可以实现数据的适时输送和共享。

（三）采购完成

在采购完成阶段主要的工作是供应商的跟踪管理、进货验收和付款并结清票据。

（1）供应商跟踪管理　在供应商的供货过程中，对供应商的跟踪管理是很重要的。虽然有好的采购合同和购货订单，但是在实际执行过程中还是会出现物料质量不合格、交货不及时、数量差错等问题，而这些问题往往不会引起供应商的重视，因此，采购部门要建立详细的供应商供应记录，并定期向领导报告。对供货过程中出现的问题要及时向供应商提出，可以采取补货、退货和扣款等相应的措施。

对供应商的跟踪和催货是相当必要的，跟踪和催货的方法有：

1）订单跟催。订单跟催就是按订单预定的进料日期提前一定时间进行跟催，包括有：

① 联单法：将订购单按日期顺序排列好，提前一定的时间进行跟催。

② 统计法：将订购单统计成报表，提前一定的时间进行跟催。

③ 跟催箱：制作一个 30 个格子的跟催箱，将订购单依照日期顺序放入跟催箱，每天跟踪相应的订单。

2）定期跟催。定期跟催于每周固定时间，将要跟催的订单整理好，打印成报表统一定期跟催。

如果物料供应进度落后，会影响生产的正常进行，此时采购人员要及时采取以下措施：一是要与供应商联系，得到确定的进货时间；二是通知物料控制人员，告知准确的进货时间；三是与技术人员和物料控制人员协商，有无替代品；四是在必要的情况下改变生产计划。

对一些非常重要的供应商，或者是经常出现问题的供应商，可以向供应商派驻常驻机构和人员，常驻人员要深入生产线、工序和管理过程，及时发现问题、沟通信息，提出规范要求，进行技术指导、监督检查。对于一般的供应商，可以采取定期和不定期检查的办法，或者由供应商提供检验记录、质量检验报告来进行跟踪管理。

（2）进货验收　在供应商提供的产品或设备交货以后，必须进行及时的验收处理。如果是设备验收，通常包括几个步骤：一是装运之前在供应商的生产现场进行的验收测试；二是交货后在采购方的安装现场进行的验收测试；三是设备第一次投入运行之前的验收测试。而且根据设备的规模和技术复杂程度，需要在供应商的生产现场进行多次的验收测试。

对产品的进货检验而言，按照检验的数量来分，通常分为：

1）免检。如果某种物料的质量长期优质稳定，就可以免除检验。

2）全检。通常是价值很高或非常关键的物料才使用全检的办法。

3）抽检。抽样检验是从整批产品中随机抽取一些样本，然后根据样本的情况来推断整批产品的质量情况。抽样检验的前提是产品的生产过程是稳定的，是目前使用最广泛的一种检验方法。抽样检验的国际标准为ISO2859，它是由美国军用标准 MIL-STD-105 转变过来的，有的企业直接使用 MIL-STD-105E，ISO2859 计数型抽样方案包括正常抽样方案、加严抽样方案和放宽抽样方案。

AQL（Acceptable Quality Level）是指可以接受的质量水平，是供需双方共同认为的不满意率的上限，它是 ISO2859 抽样方案的设计基础。AQL 的选择一般根据以下几方面来确定：

1）根据不同的检验项目来选用 AQL 值。

2）根据使用者对质量的要求来选择 AQL 值。

3）根据原材料的缺陷对成品的影响程度来选用 AQL 值。

在实际工作中，进货检验部门常选用的 AQL 值为 0.25、0.40、0.65、1.0、1.5 等。ISO2859 还规定了 7 个检验水平，其中有 3 个一般检验水平为 I、II、III，另外还有 4 个特殊检验水平为 S-1、S-2、S-3、S-4。检验水平级别反映了批量与样本大小之间的关系，批量越大，样本数就越多，但两者之间不成比例，检验水平与检验的严格程度无关。

一般检验水平中，II 级为正常检验水平，检验水平 I 适用于检验费用较高的情况，检验水平III适用于检验费用较低的情况。实际工作通常采用 II 级检验水平。特殊检验水平通常用于破坏性检验或检验费用高的情况，因为特殊检验抽取得样本数比一般检验要少，所以特殊检验又称小样本检验。

ISO2859 规定有三种情况：当一批产品的不合格率在选用的 AQL 值内时

选用正常检验；当一批产品的不合格率超出选用的AQL值时就需转移到严加检验；当一批产品的不合格率低过所选用的AQL值很多时，则以适当的速度转移到放宽检验。

进货验收需要合格的检验人员、适当的检验工具。检验文件是检验工作的重要依据。检验文件应包括物料名称、规格、型号、计量单位、抽样方案、检验项目、状态描述、判定依据等。如果供应商的企业通过ISO9000的认证，那么所有原材料的检验报告都是质量记录，它们是内审及外审的常审点。检验报告要求清晰、明了、完整、真实。一份完整的检验报告应当包括物料名称、型号、供应商名称、批号、生产日期、批量大小、样本大小、选用的AQL值、检验水平、检验项目、检验数据、检验结果、检验人、结果判定、审批者签名等。

（3）付款并结清票据　付款是供应商最关心的问题。如果采购方对到期应付的货款找理由拖延，必然会引起供应商的不满，严重的还会导致供应商停止供货，甚至付诸于法律。付款虽然是财务部门的工作，采购部门也要加以协助，因为供应商的货款被拖欠时，供应商往往找采购人员进行投诉。

通常的结算和支付工具是票据，包括汇票、本票、支票，以使用汇票为主。支付的方式常用的有汇付、托收和信用证三种方法。付款方式通常有预付（Payment in Advance）、货到付款（C.O.D）、月结30天（或60天、90天）等几种方式。由于市场的激烈竞争，对本地供应商绝大部分采用月结方式，付款期限越来越长，但一般不超过90天。如果供应商是跨国公司或国外的企业，由于双方的信用情况互相不太了解，则一般要求采用预付款的方式。经过一段时间的合作，双方有了进一步的了解，经过与供应商协商，通常可以改成月结30天。对于市场紧俏的或供应商垄断的产品，供应商会要求货到付款。如果企业流动资金充足，采用货到付款则经常能得到更优惠的价格。

第二节　采购表格

一、请购单

企业任何的采购行为都来自于使用部门的需求，因此需求分析是非常重要的。一个企业内部的需求来自于生产和使用部门，而一些办公设备的需求来自于办公室负责人或公司主管，有的来自于销售部门、广告部门或实验室，通常库存部门会收到这些部门发出的物料需求单，先由库存来满足物料的需求。同时，采购部门也会收到这些部门发出的物料请购单，通常不同的部门会使用不同的物料请购单，或者使用同一种物料请购单，不同部门编上不同的号码。表 7-2 是一份典型的物料请购单。

表 7-2 物料请购单

物料请购单

制造单号______________ 请购单号______________ 请购日期______________

<table>
<tr><td colspan="2">产品名称</td><td colspan="2"></td><td>生产数量</td><td colspan="2"></td><td>生产日期</td><td></td></tr>
<tr><td>序号</td><td>材料名称</td><td>规格</td><td>标准用量</td><td>库存数量</td><td>本批采购数量</td><td>请购数量</td><td>批准数量</td><td>备注</td></tr>
<tr><td></td><td></td><td></td><td></td><td></td><td></td><td></td><td></td><td></td></tr>
<tr><td></td><td></td><td></td><td></td><td></td><td></td><td></td><td></td><td></td></tr>
<tr><td></td><td></td><td></td><td></td><td></td><td></td><td></td><td></td><td></td></tr>
</table>

批准______________ 请购人______________

二、订购单及其他辅助性单据

1、订购单

采购部门要协助使用部门进行物料需求的预测。采购部门应当要求使用部门及时、准确地填写请购单，督促使用部门尽可能提早进行需求的预测，尽量少采用一些紧急订单、特殊订单。这样做的目的是因为采购部门比较了解市场的价格信息和趋势，通过比较准确的需求预测来制订采购计划，避免供应中断或价格上涨。

采购部门与供应商早期参与采购工作，介入产品设计、需求预测可以大大降低企业成本，更有利于将产品推向市场，提高企业的竞争优势。因此，国外目前许多企业所采用的跨职能采购团队的形式，把不同的职能部门和供应商纳入采购流程，能够改进采购工作，大大提高企业的效益。

通常企业采用的订购单见表 7-3。

订购单要对采购的产品有准确的描述，此外还包括交易的条款，如交货期、质量、不良品处理、其他以及有关人员的签名等。

如果某种物料市场上比较短缺，就需要采用替代品，因此采购部门与使用部门要进行密切的交流。对采购产品进行准确的描述是非常重要的，描述不准确会造成时间的浪费，甚至会造成供应的中断、企业内部部门之间的矛盾、供应商关系的恶化。

表 7-3 订购单

订 购 单

日期________________ 订单编号________________

厂商名称		厂商编号	
厂商地址		电话/传真	

序号	料号	品名规格	单位	数量	单价	金额	交货数量及日期		
合 计			仟 佰 拾 万 仟 佰 拾 元 角 分						
交货方式				交货地点					

交易条款：

交期：承制商必须遵循本订购之交期或本公司之采购部电话及书面通知调整之交期，若有延误，每逾一日扣除该批款 %。

1．质量

1.1 检验方法：按 MIL-STD-105EⅡ抽样检验，*AQL*=

1.2 按工程图要求。

1.3 质量保证期限为 3 个月。

2．不良品处理

2.1 检验后如发现质量不良或承制损坏时，承制厂商接获通知后 3 日内应将该退货部分取回，并尽快补回，逾期本公司概不负责。

2.2 若急用，须选别的，所需人工费用由承制厂商负责。

3．其他

3.1 承制厂商送货时应多附 %Spare（备品）。

3.2 交货时请在送货单上注明本订购单号，并附上开立金额统一之发票，单据上应注明物料编号。

3.3 附产品图样 张，检验标准 份。

承制厂商	总经理	采购经理	采购主管	采购员

在将订购单交给供应商之前，采购部门要进行最后的审核，因此就要求采购部门熟悉产品和业务，如果有问题要及时向使用部门和专家请教，不能单方面进行处理。

2、**其他辅助性单据**

其他辅助性单据包括采购计划表（见表7-4）、进料验收单（见表7-5）、外协加工成本核算表（见表7-6）、物料采购记录表（见表7-7）、交期控制表（见表7-8）和来料检验月报表（见表7-9）。

表 7-4 采购计划表

采购计划表

日期____________

料号	品名规格	适用产品	上旬		中旬		下旬		库存量	订购量
			生产单号	用量	生产单号	用量	生产单号	用量		

制表____________

表 7-5 进料验收单

进料验收单

进料时间	料号	厂商名称	订购数	交货数
订单号码	发票号码	品名规格	点收数	实收数
检验项目	检验规格	检验状况	数量	判定

（续）

进料时间	料号	厂商名称	订购数	交货数
订单号码	发票号码	品名规格	点收数	实收数
检验项目	检验规格	检验状况	数量	判定

AQL 值	严重		一般		轻微
检验数量		不良数		不良率	
判定	允收○	拒收○	特采○	全检○	
备注：					
仓库主管	仓管	收料	IQC 主管	IQC	

表 7-6　外协加工成本核算表

外协加工成本核算表

日期______

零件名称		请购日期		订购单号	
料号		验收日期		验收单号	
制造数量		工程图号		单　位	

	名称	用量	单价	金额		类别	工时	单价	金额	单位成本
材料成本					工资费用	工资				
						设备成本				
						模具成本				
						分摊费用				
						利润				
					成本汇总	类别	材料	工资	其他	合计
	合计		单位成本			成本				
						单位成本				

承制厂商	审核	会计	采购主管	采购员

表 7-7　物料采购记录表

物料采购记录表

日期

请购日期	请购单号	料号	品名规格	供应商	单价	数量	订购日期	验收日期	质量记录

表 7-8　交期控制表

交期控制表

月　日至　月　日

预定交期	请购日期	请购单号	物品名称	数量	供应厂商	单价	验收	日期	延迟日数

表 7-9 来料检验月报表

来料检验月报表

年 月

来料检验报告汇总							
供应商							
检验批数							
不合格批数							
不良率							
批退报表汇总							
物料异常报告编号	料号	品名规格	批量	不良率	不良原因	供应商	处理结果

审核________制表________日期________

第三节 采购合同概述

在整个采购流程中，最重要的采购文件之一就是采购合同。依据 1999 年 10 月 1 日正式施行的《中华人民共和国合同法》（以下简称《合同法》）的有关规定，本节阐述采购合同的定义、种类、内容和形式，以下介绍采购合同的相关内容。

一、采购合同的定义

采购合同是采供双方在进行正式交易前为保证双方的利益，对采供双方均有法律约束力的正式协议，有的企业也称之为采购协议。采购合同是采购关系的法律形式，对于确立规范有效的采购活动、明确采购方与出让（卖）方的权利义务关系、保护当事人的合法权益具有重大意义。

采购合同是买受人通过市场购买自己所需的物品，出卖人将物品的所有权转移给买受人，买受人支付价款的合同。采购合同是买卖合同的一种，是在社会经济生活中经常出现的一种合同之一。它是明确平等主体的自然人、法人、其他组织之间设立、变更、终止在采购物料过程中的权利义务关系的协议，是确立物料采购关系的法律形式。

采购合同具有以下主要特征。

1、它是转移标的物所有权或经营权的合同

采购合同的基本内容是出卖人向买受人转移合同标的物的所有权或经营权，买受人向出卖人支付货款。因此这就必然导致标的物所有权或经营权的转移。

2、采购合同的标的物是工业品生产资料

采购合同中是以工业品生产资料作为标的物的。工业品生产资料包括原料、材料、机器设备、工具等。这种合同标的的特定性，与物品的概念和范围是一致的。

3、采购合同的主体比较广泛

从国家对流通市场的管理和采购实践来看，生产企业、流通企业以及其他社会组织和具有法律资格的自然人也是采购合同的主体。

4、采购合同与商品流通过程密切联系

商品流通是社会再生产的重要环节之一，对国民经济和社会发展有着重大影响，重要的工业品生产资料的采购关系始终是国家调控的重要内容。采购合同是采购关系的一种法律形式，它以物料采购这一客观经济关系作为设立的基础，直接反映采购的具体内容，与流通过程密切相连。

二、采购合同的种类

采购合同根据其主体不同，分为政府采购合同、国有企业采购合同、非国有企业采购合同等。此外，合同法还规定了以下几种特殊的采购合同。

1、分期付款的采购合同

分期付款的采购合同即在合同订立后，出卖人把标的物转移给买受人占有、使用，买受人按照合同约定，分期向出卖人支付价款的合同。分期付款采购合同的特殊性在于，买受人不是一次性付清全部货款，而是按照约定的期限分期付款，这就增加了出卖人的风险。因此这类合同往往约定：如果买受人不及时

支付到期货款，出卖人享有保留标的物所有权并要求支付全部货款等权利。

2、凭样品采购的采购合同

样品是从一批商品中抽取出来的或者生产、加工、设计出来的，用以反映和代表整批商品品质的少量实物。凭样品采购，即是以样品表示标的物质量，并以样品作为交货依据的采购关系。在样品采购中，采购方应当封存样品以备日后对照，必要时应在公证处封存样品。同时，当事人可以用语言、文字对样品的质量等状况加以说明，卖方交付的标的物应与样品及其说明的质量相一致，否则即构成违约行为。

3、试用的采购合同

这种合同是卖方将标的物交给采购方，由买方在一定时期内试用，买方在试用期内有权选择购买或退回的一种采购合同。试用采购合同是一种附加停止条件的合同。《合同法》第一百七十条规定，卖方有权确定试用期限，在试用期间内，试用人享有购买或者拒绝购买的选择权。如果买方在试用期满后，对是否购买试用物未做明确表示的，则推定其同意购买，卖方有权请求支付货款。

4、招标、投标的采购合同

招标是订立合同的一方当事人采取招标通知或招标广告的形式，向不特定主体发出的要约邀请。投标是投标人按照招标人提出的要求，在规定时间内向招标人发出的以订立合同为目的的意思表示。招标、投标的采购合同，是目前我国采购市场大力提倡并广泛使用的一种合同形式。它具有公开、公平、公正的特点，能够提高采购合同的透明度。

三、采购合同的内容

一份完整的采购合同包含很多内容，从大的方面可以分为三个部分：开头、正文、结尾。

1、开头的主要内容

1）合同的名称。

2）合同编号。

3）采供双方的企业名称，要求在合同中写明其名称和地址。如果是自然人，就应写明其姓名和住所。

4）签订地点。

5）签订时间。

2、合同正文的主要内容

1）货物名称与规格。

2）货物数量条款。数量是衡量标的物和当事人权利义务大小的尺度，指的是采购数量和交货数量，数量要采用国家规定的计量单位和方法。

3）货物质量条款。质量是标的物的内在素质和外在形态优劣的标志。当事人应对采购合同标的物的质量做出明确的规定，要写明执行的技术标准、技术标准的编号，国家没有规定技术标准的，由双方当事人经过协商，明确其质量标准和要求。

4）价格条款。价格的确定，要符合国家的价格政策和法规，并在合同中写明，价款结算的币种、单价、总价，价款的结算除国家规定允许使用现金外，应通过银行办理转账或票据结算。

5）运输方式。

6）支付条款。支付条款包括支付期限、支付工具等。

7）交货地点。

8）检验条款。采购方应对购入的货物进行检验，要根据货物的生产类型、产品性能、技术条件的不同，采取感官检验、理化检验、破坏性检验等方法，双方应在合同中约定检验的标准、方法、期限以及索赔的条件。

9）保险。保险条款包括险种、选择的保险公司及保险额，签订出口合同时，如果按 FOB 或 CFR 条件成交，保险条款可规定为“保险由买方自理”；按 CIF 签订出口合同时，一般由供方投保。我国签订进口合同时一般由采购方投保。

10）违约责任。违约责任是采购合同的当事人由于自己的过错，没有履行或没有全部履行应承担的义务，按照法律规定和合同约定应承担的法律责任。对于违约责任条款当事人应根据《合同法》的规定，在合同中进一步具体明确。

11）仲裁。当事人在合同中约定仲裁条款或者在纠纷发生后达成仲裁协议，是仲裁机构受理合同纠纷的法律依据。因此，如果当事人要采取仲裁方法解决合同纠纷的话，就必须在采购合同中明确约定或事后达成仲裁协议。

12）不可抗力。不可抗力包括不可抗力事故的范围、不可抗力事故的法律后果、出具事故证明的机构和事故发生后通知对方的期限等。

3、合同结尾的主要内容

1）合同份数及生效日期。

2）签订人的签名。

3）采供双方的公司公章。

一般国内采购合同不包括保险条款、仲裁条款、不可抗力条款。

四、采购合同的形式

采购合同有许多形式，《合同法》第十条规定："当事人订立合同，有书面形式、口头形式和其他形式。"其中，绝大多数采购合同为书面合同。

1、口头合同形式

口头合同是指双方当事人只是通过语言进行意思表示，而不是用文字等书面表达合同内容而订立合同的形式。采用口头形式订立采购合同的优点是：当事人建立合同关系简便、迅速，缔结成本低。但是口头合同发生纠纷时，当事人举证困难，不容易分清责任。

《合同法》在合同形式的规定方面，放松了对当事人的要求，承认多种合同形式的合法性，将选择合同形式的权利交给当事人，对当事人自愿选择口头形式订立采购合同的行为予以保护，体现了合同形式自由的原则。但是，《合同法》同时规定：法律规定采用书面形式的合同，必须采用书面形式。这是法律从交易安全和易于举证的角度考虑，对一些重要合同要求当事人必须签订书面合同。

2、书面合同形式

《合同法》第十一条规定："书面形式是指合同、信件和数据电文（包括电报、电传、传真、电子数据交换和电子邮件）等可以有形地表现所载内容的形式。"简单地说，书面形式是以文字为表现形式的合同形式。所谓有形地表现所载内容是相对于口头形式而言的，口头合同只有当事人内心知道合同内容，如果不告知，外界无法知道合同内容。而书面合同一目了然，有据可查，权利义务记载清楚，便于履行，发生纠纷时容易举证和分清责任。

书面合同是采购活动中运用最广泛的一种合同形式。《合同法》第十条第二款规定："法律、行政法规规定采用书面形式的，应当采用书面形式。当事人约定采用书面形式的，应当采用书面形式。"因此，书面合同是一种十分重要的合同形式，具体分为以下三类：

（1）合同书　合同书是记载合同内容的文书。它是书面合同的一种，也是采购合同中最常见的一种。当事人采用合同书形式订立采购合同的，自双方当事人签字或者盖章时成立。

（2）信件　信件是当事人就合同的内容相互往来的普通信函。信件的内容一般记载于纸张上，因而也是书面形式的一种。它与电子邮件不同。在采购合同中，经常是当事人在签订合同书的基础上，又围绕合同条款发生一系列信件往来，这些信件构成书面合同形式的一部分。

（3）数据电文　数据电文是与现代通信技术相联系的书面形式，包括电报、电传、传真，它们是通过电子形式来传递信息，最终的传递结果会产生一份书面材料。数据电文还包括电子数据交换和电子邮件，它们可以产生在以纸张为载体的书面资料，也可以被储存在磁盘、磁带、激光盘或其他接收者选择的非纸张的中介物上，这些由中介载体载明的信息记录，构成了明确、可靠的书面资料，能够充分证明合同的存在，完全符合书面合同的概念与要求，因此，电子数据交换和电子邮件也是书面合同形式的一种。这种合同在涉外采购时比较多见，随着电子商务采购的发展，这种书面形式合同会越来越多。

（4）确认书　确认书是通过信件和数据电文的方式订立采购合同时，在承诺方承诺生效之前，当事人以书面形式对合同内容予以确认的文件。它实质上是一种合同书的形式。《合同法》第三十三条规定：“当事人采用信件、数据电文等形式订立合同的，可以在合同成立之前要求签订确认书，签订确认书时合同成立。”

确认书的使用条件有：

1）当事人采用信件或数据电文形式订立合同。

2）有一方当事人要求签订确认书。

3）确认书一般是在合同成立前签订，因为确认书是对合同内容的最终确认，如果合同已经成立，再签订确认书就没有意义了。确认书属于承诺的一种意思表示。

3、其他合同形式

其他合同形式是指除了口头合同和书面合同以外的其他合同形式，主要包括默示形式和指定形式。

第四节　采购合同的履行与检查

一、采购合同的签订

根据《合同法》第三、四、五、六、七条的规定，采购合同的签订应当按照平等原则、自愿原则、公平原则、诚实信用原则、遵守法律、行政法规和尊重社会公德的原则进行。按照《合同法》的规定，签订采购合同采用要约、承诺方式。

1、要约

要约是希望和他人订立采购合同的意思表示。要约应当符合下列两点规定：

1）内容具体确定。

2）表示受要约人一旦承诺，要约人即受该意思表示的约束。要约一般有特定的对象，这一点区别于要约邀请。商业广告的内容符合要约规定的，应视为要约。在订立采购合同的过程中，多为采购人向对方当事人提出要约。

2、承诺

承诺是受要约人同意要约的意思表示。《合同法》规定：承诺应当以通知的方式做出，但根据交易习惯或者要约表明可以通过行为做出承诺的除外。同时规定：承诺的内容应当与要约的内容一致，受要约人对要约的内容做出实质性变更的，为新要约。所谓对要约的内容做出实质性变更，是指对有关采购合同的标的、数量、价款、履行期限、地点、方式、违约责任和解决争议的方法等条款做出的变更。

因此，在订立采购合同的过程中，受要约人可以向要约人承诺，也可以向要约人做出新要约。当受要约人向要约人做出新要约时，原要约人就成为被要约人，面临是否对新要约人做出承诺的选择。

二、采购合同的履行

订立采购合同的目的是让买卖双方的行为都受到一定的约束以保护双方的利益不受侵害。一份好的采购合同对双方都是平等的、公正的。

1、采购合同履行的一般规则

采购合同生效后，当事人就质量、价款、履行期限和地点等内容没有约定或者约定不明确的，可以协议补充；不能达成补充协议的，按照合同有关条款或者交易习惯确定。如果按照合同有关条款或交易习惯仍不能确定的，适用下列规定：

1）质量要求不明确的，按照国家标准、行业标准履行；没有国家标准、行业标准的，按照通常标准或者符合合同目的的特定标准履行。

2）价款或者报酬不明确的，按照订立合同时履行的市场价格履行；依法应当执行政府定价或者政府指导价的，按规定履行。

3）履行地点不明确的，在履行义务一方所在地履行。

4）履行期限不明确的，债务人可以随时履行，债权人也可以随时要求履行，但应当给对方必要的准备时间。

5）履行方式不明确的，按照有利于实现合同目的的方式履行。

6）履行费用的负担不明确的，由履行义务一方负担。

2、采购合同标的物的权属转移

（1）标的物权属的种类　具体如下：

1）出卖人对标的物享有所有权。在这种情况下，出卖人即是标的物的所有人，对标的物具有合法正当的处分权，可以出卖标的物。但在某些情况下，所有权也受到一定的限制，使所有人不能自由地处分其财产。例如，当所有权人以自己的财产设立了抵押权后再出卖该财产（即抵押物），必须依法通知抵押权人，否则出卖行为无效；如出卖价格明显低于抵押物价值，抵押权人可以要求抵押人提供相应的担保，抵押人不提供的，不得转让抵押物。

2）出卖人对标的物享有处分权。这是指当所有权人允许他人对其所有的标的物进行处分时，被允许的他人便享有标的物的处分权。例如，法律上规定的信托人、抵押权人、质押权人、留置权人和人民法院等，都有权依法出售享有处分权的财产。

（2）标的物的交付时间　标的物的所有权何时转移，是采购合同的一个核心问题。它常常关系到风险责任的承担、保险利益的归属，以及双方当事人应依法采取何种补救措施等。对此《合同法》第一百三十三条规定："标的物的所有权自标的物交付时转移，但是法律另有规定或者当事人另有约定的除外。"具体地说，采购合同标的物的交付时间，应按照下列规定处理：

1）送货标的物的交付时间。卖方负责标的物送货的，应以卖方将标的物送到指定地点交买方接收的时间为标的物的交付时间。此时，标的物所有权随之转移。

2）代运代邮标的物的交付时间。卖方代办运输或代邮的，卖方办理完托运或邮寄手续时为标的物的交付时间。

3）提货标的物的交付时间。买方自己提货的，应以卖方通知和买方提货的实际日期为标的物的交付时间。

4）事先占有标的物的交付时间。标的物在订立合同之前已为买方占有的，双方在合同中约定的交付时间即为标的物的交付时间。如果合同没有约定的，合同生效即视为标的物的交付完成。

5）必须履行特定手续的标的物的交付时间。法律要求必须履行特定手续的，以履行完特定手续时为标的物的交付时间。

（3）标的物的交付地点　《合同法》第一百四十一条规定，确定采购合同的交付地点，应按照下列步骤进行：

1）当事人在合同中有约定的，依其约定。

2）当事人未约定或约定不明确的，可以协议补充。

3）达不成补充协议的，当事人可以根据合同的有关条款或交易习惯确定交付地点。

4）按照以上方法均不能确定交付地点的，如标的物需要运输的，以卖方将标的物交给第一承运人的地点为交付地点。

按照以上方法均不能确定交付地点，且合同标的物不需要运输的，如果当事人在订立合同时知道标的物在某一地点，则该地点为交易地点；当事人不知道标的物在某一地点的，则以订立合同时卖方营业地为交付地点。

3、标的物质量、数量、包装条款的履行

（1）标的物质量条款的履行　关于标的物的质量履行，应首先以当事人在合同中的约定为准，如没有明确约定，但出卖人提供了质量说明的，该说明可作为质量要求。另外，出卖人的产品介绍、产品说明书等，均构成对标的物质量明示担保，如果实际交付的标的物与这些说明不符，即构成违约。

如果当事人对标的物质量要求未约定或约定不明确的，应按照采购合同履行的一般规则履行。

（2）标的物数量条款的履行　在采购合同的履行中，出卖人多交付标的物的，买受人可以有两种处理办法：第一种办法是接受出卖人多交付的标的物，此时买受人应当按照合同约定的价格支付多交付标的物的货款；第二种办法是拒绝接收出卖人多交付的标的物，此时买受人应及时通知出卖人。

（3）标的物包装条款的履行　当事人应在合同中对标的物的包装要求做出明确规定，没有约定或约定不明确的，可以协议补充，达不成补充协议的，按照交易习惯来确定。仍不能确定的，卖方有义务提供通用的包装方式，没有通用包装方式的，卖方有义务提供足以保护标的物的包装方式，如因卖方提供的包装不符合要求而导致标的物受到损坏的，卖方应承担责任。

三、采购合同的检查

采购合同分为有效的采购合同、效力待定的采购合同、无效的采购合同和可撤销的采购合同 4 种形式。

1、有效的采购合同

（1）有效的采购合同的概念　有效的采购合同是指采购方与出卖方订立的合同符合国家的法律规定和要求，具有法律效力，受到国家法律保护的采购合同。《合同法》第四十四条第一款规定：“依法成立的合同，自成立时生效。”由于大多数采购合同都是有效合同，因此合同的成立与合同的生效是同时发生的。

（2）采购合同的有效条件　具体如下：

1）当事人符合法律要求的资格。这是指签订合同的主体要有相应的民事行为能力。无论采购方还是出卖方，如果是法人签订采购合同，应具有法人资格。如果是非法人经济组织签订采购合同，应取得合法的营业执照。自然人签订采购合同时必须有完全民事行为能力。无民事行为能力的人只能签订纯粹获利的合同；限制民事行为能力的人只能签订与其年龄、智力和精神状况相适应的合同。否则，其所签的采购合同只能是效力待定的合同。

2）意思表示真实。意思表示是当事人将其希望发生、变更和终止采购合同关系的内心想法，以一定方式表示于外部的行为。只有当其意思表示与其

内心想法完全一致时，采购合同才会有效。

3）内容不违反法律和社会公共利益。内容合法是采购合同受法律保护的基本条件。如果采购合同违反法律和行政法规，损害国家、集体和社会公共利益，当然被视为无效合同。

2、效力待定的采购合同

效力待定的采购合同是指合同已经成立，但因其不完全符合合同生效的条件，其效力能否发生尚未确定的合同。《合同法》主要规定以下三种效力待定的采购合同。

（1）限制行为能力人订立的采购合同　限制行为能力人是指年满10周岁但未成年的人，以及不能完全辨认自己行为的精神病人。限制行为能力人订立的采购合同，经法定代理人追认后有效。

与限制行为能力人签订采购合同的人，可以依法催告法定代理人对限制行业能力人所签的合同予以追认，法律规定的追认期限为 1 个月。在 1 个月的法定期限内，法定代理人予以追认的，则采购合同生效，法定代理人未作表示或表示不予追认的，视为拒绝追认，采购合同不生效。

（2）无代理权人以他人的名义订立的采购合同　这是一种无权代理行为。这种行为包括行为人没有代理权、超越代理权和代理权终止后以被代理人的名义订立合同的三种情况。《合同法》规定：无代理权人以他人的名义订立的合同，未经被代理人追认的，对被代理人不发生效力，由行为人承担责任。同时规定：与无代理权人签订合同的人可以催告被代理人在 1 个月内予以追认。催告的法律与限制行为能力人订立的采购合同相同。

（3）无处分权人处分他人财产的采购合同　财产处分是指法律上的处分，包括财产的赠与、转让、设定抵押等。财产只能由享有处分权的人处分，即使是共有财产，共有人也只能依法处理其占有的份额，因此无处分权人无权处分他人的财产。

3、无效的采购合同

（1）无效的采购合同的概念　无效的采购合同是指当事人虽然协商订立，但因其违反法律规定，国家不承认其法律效力的合同。无效的采购合同从订立的时候起，就不受国家法律的保护。

（2）无效采购合同的5种情况　具体如下：

1）一方以欺诈、胁迫手段订立合同，损害国家利益的。

2）恶意串通，损害国家、集体或者第三人利益的合同。

3）以合法形式掩盖非法目的的合同。

4）损害社会公共利益的合同。

5）违反法律、行政法规强制性规定的合同。

4. 可撤销的采购合同

（1）可撤销的采购合同的概念　这类采购合同是指在订立时，当事人的意思不真实，或一方当事人使对方在违背真实意思的情况下签订的合同。可撤销的采购合同是一种相对无效的合同。

（2）可撤销的采购合同的三种情况　具体如下：

1）重大误解的采购合同。

2）显失公平的采购合同。

3）欺诈、胁迫的采购合同。

第五节　采购合同纠纷的解决和索赔

一、采购合同法律关系概述

采购合同法律关系是由主体、内容、客体三个要素组成的。

采购合同的主体又称合同的当事人，包括出卖人和买受人。其中，依约定应交付标的物并转移标的物所有权的一方称为出卖人；应支付价款的一方称为买受人。

采购合同的内容是指出卖人的权利和买受人的义务，出卖人对标的物享有所有权和处分权，买受人负有向出卖人支付价款的义务。双方当事人在享有合同权利的同时，都负担相应的合同义务，因此采购合同是一种双务合同。

关于采购合同关系的客体的内涵，在民法学界有人认为其内涵是物，有人认为其内涵是行为。

采购合同是有偿合同，出卖人的义务与买受人的义务互为对价。

除法律另有规定或当事人另有约定外，采购合同自双方当事人意思表示一致之时成立，并不以一方当事人标的物的交付或合同义务的履行作为合同成立的要件。

采购合同是不要式合同，除非法律或行政法规另有规定，采购合同不需要采用特定的形式。

二、采购合同纠纷的解决

采购合同的纠纷是由于违反采购合同的责任，即违约责任引起的。违约责任是指当事人一方不履行合同义务或者履行合同义务不符合约定，应当承担继续履行、采取补救措施，或者赔偿损失等违约责任。

违约责任必须是由于当事人的过错，致使合同规定的义务不能履行或不能完全履行，违约方应承担的以民事责任为主的违约责任，主要有以下 4 种行为：

1）当事人有不履行合同义务的行为。

2）当事人有过错。

3）当事人的违约行为给对方造成损失。

4）守约方的损失与违约方的行为有因果关系。

违约责任的形式有以下三种。

（1）买方未向卖方支付价款　在这种情况下，卖方可以要求买方支付价款，继续履行合同，还可以同时要求买方支付逾期利息或双方约定的违约金。

（2）继续履行合同　《合同法》规定，当事人一方不履行非金钱债务或履行非金钱债务不符合约定的，对方当事人可以要求继续履行合同。例如，采购合同卖方未交付原材料、机器设备等，就属于不履行非金钱债务。此时，买受人应当在合同期限内提出继续履行合同的要求。

（3）对标的物的修理、更换、重作、退货和减价　如果采购合同的出卖方提供的标的物不符合双方约定的质量要求，则是违约行为。此时采购方根据标的物的性质及损失大小，合理选择要求对方承担修理、更换、重作、退货、减少价款等违约责任。修理、更换、重作是对标的物的补正，如果补正仍能实现合同的目的，并且对采购方没有什么损失，那么就应采取补正措施。如果不经补正采购方能够勉强使用且同意使用，可以减价。如果标的物的补正和减价对于采购方都无意义，那么买受人可以要求退货，采购方在选择标的物的处理方法时，应切实做到公平合理。

出卖方由于标的物的质量不符给采购方造成损失的，且采取修理、更换、重作、退货和减价仍不能弥补全部损失的，对于不能弥补的部分，采购方有权要求赔偿损失。

解决采购合同纠纷的方法有和解、调解、仲裁、诉讼四种方法。采购合同当事人应在合同当中约定解决合同纠纷所采用的方法。我国的经济仲裁制度，实行仲裁条款或仲裁协议的原则，当事人在合同中约定仲裁条款或者在纠纷发生后达成仲裁协议，是仲裁机构受理合同纠纷的法律依据。因此，如果当事人要采用仲裁方法解决合同纠纷的话，必须在采购合同中明确约定或事后达成仲裁协议。

三、采购损失的索赔

当事人一方违约，在继续履行合同或者采取补救措施后，仍给对方造成其他损失的，应当赔偿损失。这种损失一般是指给对方当事人造成的财产损失，包括实际损失和利益损失。实际损失是现有财产的灭失、损害和费用支出，是一种现存的财产损失。而可得利益损失是致使对方当事人丧失了合同履行后可以获得的利益，这种利益是当事人签订合同时预期获得的。《合同法》规定：受害方要求的损失赔偿额，不得超过违反合同一方订立合同时预见或应当预见的因违反合同可能造成的损失。也就是说，赔偿的损失是合理预见到的损失，而不是没有限度的。

另外，《合同法》还规定：当事人在订立合同时，可以预先约定一方违约时向对方支付损失赔偿额的计算方法。这样规定，有利于理赔和执法机关对损失赔偿额的确定，也有利于促使当事人认真履行合同。

《合同法》规定，当事人可以在合同中约定如果一方违约应当向另一方支付一定数额的违约金。如果当事人对违约金做出了约定，那么这种违约金为约定违约金。这种约定违约金具有补偿性质，这一点与旧合同法有很大区别。《合同法》规定：约定违约金低于实际造成的损失，当事人可以请求人民法院或者仲裁机构予以增加，而约定违约金高于造成的损失时，当事人可以请求人民法院或者仲裁机构予以适当减少。同时支付违约金并不当然免除继续履行的义务，守约方要求继续履行合同的，只要违约方有继续履约的能力，必须继续履行。

另外，如果当事人在合同中既约定违约金，又约定定金的，一方违约时，对方可以选择适用违约金或者定金条款。也就是说，当事人只能适用违约金和定金条款中的一种作为违约责任的承担方式，而不能将两者同时并用。

【案例1】

国家铁路公司购买新型客车

1992年，欧洲许多报纸上都登载了下面的故事。它披露了有关国家铁路公司购买的新型客车所带来的问题，而国家铁路公司正因为所购买的双层客车比铁路能够容纳的宽度多出30cm而遭受重大经济损失。新型客车在全国至少16个地点不能够会车，这些地段（主要是弯道）的轨道之间的距离至少要拓宽16cm。铁路公司也不得不被迫更换或移动全国范围内更多地方的高架线、信号灯、指示牌、站台顶棚和盖瓦，所涉及的不可预见的支出估计至少达5 700万美元。

这些问题是由于在新型客车的设计中在宽度上有5个座位（而不是通常的4个）引起的。一列火车上有更多的乘客意味着更多的收入；然而，由于新的设计，客车宽了30cm。

【案例思考题】

1. 造成这次采购决策重大失误的原因是什么？
2. 依你看来，怎样才能避免这样的问题？

3. 在采购过程中是否应该严格按照程序进行？对此你有何看法？

【案例 2】

采购合同纠纷的处理

甲厂在报上刊登广告称：“本厂有 X 型冲压设备一套，因闲置，现转让，欲购者从速联系。”乙厂厂长因公出国，副厂长看到广告后即去甲厂考察，认为该设备说明书表明该设备性能先进，且价格合理，经与甲厂厂长协商后，用随身携带已加盖公章的空白合同纸填写了合同，合同内容为：甲厂供给乙厂 X 型冲压设备一套，价款为 50 万元人民币；质量标准为符合设备说明书标明的性能；运输方式为送货；送货期限为合同生效后 10 天内；付款期限为货到付款 70%，验收合格后余款付清；违约责任依法办理；需方在加盖公章后五日内付定金 3 万元，合同在收到定金之日起生效。乙厂副厂长将填写完毕的合同交给甲厂厂长，甲厂厂长加盖了公章，各持一份。

【案例思考题】

1. 哪一种行为是要约行为？

2. 哪一种行为实施后合同生效？

3. 假设乙厂给付定金后，厂长出国回来，看到此合同后，认为价格太高，即给甲厂厂长打电话，要求降价 3 万元，甲厂厂长当即表示同意。这时，原合同有效吗？

4. 假设乙厂给付定金后，厂长出国回来，认为此合同所购设备与本厂原有设备不配套，即给甲厂发去电报，电文：“设备不配套，恕不能接受，望同意解除合同。”甲厂厂长接到电报后，15 日内未予答复。这是默认吗？

5. 假设甲厂送货有困难，委托某汽车运输公司代送，送货途中由于车辆发生事故，延期到达乙厂 1 个月。乙厂提出甲厂延迟交货应承担相应的违约责任，是否于法有据？

6. 假设乙厂收到设备进行安装使用 10 个月后，发现设备内在质量上有缺陷。乙厂是否有权向甲厂提出质量异议？

7. 假设乙厂在验收中，发现没有该设备的合格证、质量保证书、必要的技术资料，则乙厂在托收承付期内是否有权拒付这部分设备货款？

8. 假设甲厂在履行合同中严重违约，应承担违约责任，但由于在合同中只约定“违约金依法办理”，未约定具体幅度，甲是否应承担违约金？

【本章小结】

本章介绍了采购的程序，要求熟悉采购表格；掌握采购监管和控制的内容和方法；掌握采购合同的相关知识，熟悉采购合同的签订和履行过程，学会解决合同纠纷的办法和措施以及进行索赔的主要手段和途径，为将来从事采购业务打下基础。

【复习思考题】

1. 简述采购的程序。
2. 阐述要购、定购、采购完成三个环节的主要内容。
3. 供应商选择要考虑哪些问题？
4. 供应商跟踪与催货有哪些方法？
5. 进货验收有哪些方法？
6. 采购过程主要包括哪些表格？
7. 试述采购合同的定义和特征？
8. 采购合同有哪些种类？
9. 采购合同主要包括哪些内容？
10. 采购合同有哪些形式？
11. 试述采购合同履行的一般规则。
12. 什么是采购合同的法律关系？
13. 什么是违约责任？解决合同纠纷主要有哪些办法？

第八章　准时化采购

【知识目标】

了解准时化的含义与特点；熟悉准时化采购的运作过程和特点；了解准时化采购技术的应用与准时化采购实施步骤；掌握看版管理相关知识和运作原理。

【技能目标】

具备在制造业和流通业中推广应用准时化采购技术能力，并能将准时化采购技术部分运用于企业采购实际；能够将看版管理技术很好地运用于企业采购。

第一节　准时化采购概述

一、准时化生产的产生

准时化生产方式（Just In Time，JIT）是起源于日本丰田汽车公司的一种生产管理方法。它的基本思想是以“彻底杜绝浪费”、“只在需要的时候，按需要的量，生产所需要的产品”。这也就是 JIT 的基本含义。这种生产方式的核心，是追求一种无库存生产系统，或是库存量达到最小的生产系统。为此开发了包括“看板”在内的一系列具体方法，并逐渐形成了一套独具特色的生产经营系统。

JIT 是日本工业竞争战略的重要组成部分，它代表着日本在重复性生产过程中的管理思想。通过 JIT 思想的运用，日本企业管理者将精力集中于生产过程本身，通过生产过程整体优化，改进技术，理顺物流，杜绝过量生产，消除无效劳动和浪费，有效利用资源，降低成本，完善质量，达到以最少的投入实现最大产出的目的。

二、JIT 的基本内涵

JIT 的基本原理是以需定供，即供方根据需方的要求（或称看板），按照需方需求的品种、规格、质量、数量、时间、地点等要求，将物品配送到指定的地点。不多送，也不少送，不早送，也不晚送，所送品种要个个保证质量，不能有任何废品。

1、JIT 的特点

1）品种配置上，保证品种有效性，拒绝不需要的品种。

2）数量配置上，保证数量有效性，拒绝多余的数量。

3）时间配置上，保证所需时间，拒绝不按时的供应。

4）质量配置上，保证产品质量，拒绝次品和废品。

2、JIT 的作用

（1）零库存　用户需要多少，就供应多少。这样不会产生库存，占用流动资金。

（2）最大节约　用户没有需求的商品，就不用订购，可避免商品积压、过时质变等不良品浪费，也可避免装卸、搬运以及库存等费用。

（3）零废品　JIT 能最大限度地限制废品流动所造成的损失。废品只能停留在供应方，不可能配送给客户。

JIT 具有普遍意义，既可适用于任何类型的制造业，也可适用于服务业中的各种组织。对于发展初期的电子商务，最适于采用和吸收 JIT 技术，以降低物流成本，使物流成为电子商务中的重要利润源。

三、准时化采购的基本思想

准时化采购又称 JIT 采购，它是由有名的准时化生产的管理思想演变而来的。准时化采购是一种先进的采购模式，是一种管理哲理。它是把 JIT 生产的管理思想运用到采购中来、形成的一种先进的采购模式。它的基本思想是：在恰当的时间、恰当的地点、以恰当的数量、恰当的质量提供恰当的物品。

准时化采购是从准时生产发展而来的，也和准时化生产一样，是为了消除库存和不必要的浪费而进行持续性改进。准时化采购不但能够最好地满足用户的需要，而且可以最大限度地消除库存、消除浪费。要进行准时化生产必须有准时的供应，因此准时化采购是准时化生产管理模式的必然要求。它和传统的采购方法在质量控制、供需关系、供应商的数目、交货期的管理等方面有许多不同，其中关于供应商的选择（数量与关系）、质量控制是其核心内容。

准时采购包括供应商的支持与合作以及制造过程、货物运输系统等一系列的内容。准时化采购不但可以减少库存，还可以加快库存周转、缩短提前期、提高购物质量、获得满意交货等效果。

四、准时化采购实例

当年，丰田公司的大野耐一创造准时化（JIT）生产方式，是在美国参观超级市场时受超级市场供货方式的启发而萌生的想法。美国超级市场除了商店货架上的货物之外，是不另外设仓库、设库存的。商场每天晚上都根据今天的销售量来预计明天的销售量而向供应商发出订货。第二天清早供应商按指定的数量送货到商场，有的供应商一天还分两次送货，基本上按照用户需要的品种、需要的数量，在需要的时候送到需要的地点。所以基本上每天的送货刚好满足了用户的需要，没有多余、也没有库存、也没有浪费。大野耐一就想到要把这种模式运用到生产中去，因而产生了准时化生产。

实际上，超级市场模式，本来就是一种采购供应的模式。这种模式有一个供应商、一个用户，双方形成了一个供需节，如图 8-1 所示。在这个供需节中，需方是采购方，供应商是供应方。采购方向供应商发出订货，供应商应当根据需方的订货，送货到需方。具体在超级市场模式下，超级市场是需方，供应商给超级市场进行准时化供货。它们之间的采购供应关系，也就是一种准时化的采购模式。

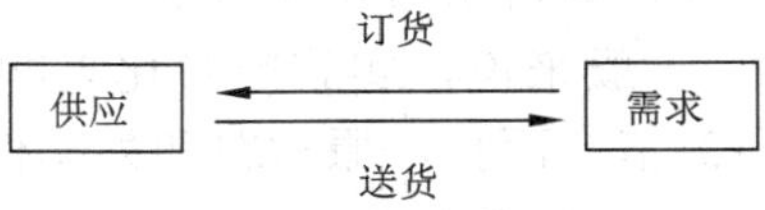

图 8-1　供需节

五、准时化采购应用的基本思路

1）准时化采购是一种直接面向需求的采购模式。它的采购送货是直接送到需求点上。

2）用户需要什么，就送什么，品种规格符合客户需要。

3）用户需要什么质量，就送什么质量，品种质量符合客户需要，拒绝次品和废品。

4）用户需要多少，就送多少，不少送，也不多送。

5）用户什么时候需要，就什么时候送货，不晚送，也不早送，非常准时。

6）用户在什么地点需要，就送到什么地点。

上述几条，既做到了很好地满足用户的需求，又使得用户的库存量最小，用户不需要设库存，只在货架上（或在生产线边）有一点临时的存放，一天销售完毕（一天工作完，生产线停止时），这些临时存放就消失，库存完全为零，真正实现了零库存。

准时化采购是一种理想的物资采购方式。它设置了一个最高标准，一种极限目标，即原材料和外购件的库存为零，缺陷为零。同时，为了尽可能地实现这样的目标，准时化采购提供了一个不断改进的有效途径，即：降低原材料和外购件库存→暴露物资采购问题→采取措施解决问题→降低原材料和外购件库存。

六、准时化采购的作用

总之，准时化采购是关于物资采购的一种全新的思路，企业实施准时化采购具有重要的意义。根据资料统计，准时化采购在以下几个方面已经取得了令人满意的成果。

1、大幅度减少原材料和外购件的库存

根据国外一些实施准时化采购策略企业的测算，准时化采购可以使原材料和外购件的库存降低 40%～85%。原材料和外购件库存的降低，有利于减少流动资金的占用，加速流动资金的周转，同时也有利于节省原材料和外购件库存占用的空间，从而降低库存成本。

2、提高采购物资的质量

一般来说，实施准时化采购，可以使购买的原材料和外购件的质量提高 2～3 倍。而且，原材料和外购件质量的提高，又会引起质量成本的降低。据估计，推行准时化采购可使质量成本减少 26%～63%。

3、降低原材料和外购件的采购价格

由于供应商和制造商的密切合作以及内部规模效益与长期订货，再加上消除了采购过程中的一些浪费（如订货手续、装卸环节、检验手续等），就使得购买的原材料和外购件的价格得以降低。例如，生产复印机的美国施乐（Xerox）公司，通过实施准时化采购策略，使其采购物资的价格下降了 40%～50%。

此外，推行准时化采购策略，不仅缩短了交货时间，节约了采购过程所需资源（包括人力、资金、设备等），而且提高了企业的劳动生产率，增强了企业的适应能力。

七、准时化采购的特点

准时化采购和传统的采购方式有许多不同之处，其主要表现在以下几个方面，见表 8-1。

表 8-1 准时化采购与传统采购的区别

项　目	准时化采购	传 统 采 购
采购批量	小批量，送货频率高	大批量，送货频率低
供应商选择	长期合作，单源供应	短期合作，多源供应
供应商评价	质量、交货期、价格	质量、价格、交货期
检查工作	逐渐减少，最后消除	收货、点货、质量验收
协商内容	长期合作关系、质量和合理价格	获得最低价格
运　输	准时送货、买方负责安排	较低成本、卖方安排
文书工作	文书工作少，需要的是有能力改变交货时间和质量	文书量大，改变交货期和质量的采购
产品说明	供应商革新、强调性能宽松要求	买方关心设计、供应商没有创新
包　装	小、标准化容器包装	普通包装、无特别说明
信息交流	快速、可靠	一般要求

1、采用较少的供应商，甚至单源供应

单源供应是指对某一种原材料或外购件只从一个供应商那里采购；或者说，对某一种原材料或外购件的需求，仅由一个供应商供货。准时化采购认为，最理想的供应商的数目是：对每一种原材料或外购件，只有一个供应商。因此，单源供应是准时化采购的基本特征之一。

传统的采购模式一般是多头采购，供应商的数目相对较多。从理论上讲，采取单源供应比多头供应好：一方面，对供应商的管理比较方便，而且可以使供应商获得内部规模效益和长期订货，从而可使购买的原材料和外购件的价格降低，有利于降低采购成本；另一方面，单源供应可以使制造商成为供应商的一个非常重要的客户，因而加强了制造商与供应商之间的相互依赖关系，有利于供需之间建立长期稳定的合作关系，质量上比较容易保证。

但是，采用单源供应也有风险，如供应商有可能因意外原因中断交货。另外，采取单源供应，使企业不能得到竞争性的采购价格，会对供应商的依赖性过大等。因此，必须与供应商建立长期互利合作的新型伙伴关系。在日本，98%的 JIT 企业采取单源供应。但实际上，一些企业常采用同一原材料或外购件由两个供应商供货的方法，其中一个供应商为主，另一个供应商为辅。

从实际工作中看，许多企业也不是很愿意成为单一供应商。原因很简单，一方面供应商是具有独立性较强的商业竞争者，不愿意把自己的成本数据披露给用户；另一方面是供应商不愿意成为用户的一个产品库存点。实施准时化采购，需要减少库存，但库存成本原先是在用户一边，现在转移到供应商。因此用户必须意识到供应商的这种担心。

2、采取小批量采购的策略

小批量采购是准时化采购的一个基本特征。准时化采购和传统采购模式的一个重要的不同之处在于，准时生产需要减少生产批量，因此采购的物资也应采用小批量办法。从另外一个角度看，由于企业生产对原材料和外购件的需求是不确定的，而准时化采购又旨在消除原材料和外购件库存，为了保证准时、按质按量供应所需的原材料和外购件，采购必然是小批量的。但是，小批量采购必然增加运输次数和运输成本，对供应商来说，这是很为难的事情，特别是供应商在国外等远距离的情形，在这种情况下实施准时化采购的难度就很大。解决这一问题的方法有以下 4 种：

1）使供应商在地理位置上靠近制造商，如日本汽车制造商扩展到哪里，其供应商就跟到哪里。

2）供应商在制造商附近建立临时仓库，实质上，这只是将负担转嫁给了供应商，而未从根本上解决问题。

3）由一个专门的承包运输商或第三方物流企业负责送货，按照事先达成的协议，搜集分布在不同地方的供应商的小批量物料，准时按量送到制造商的生产线上。

4）让一个供应商负责供应多种原材料和外购件。

3、对供应商选择的标准发生变化

由于准时化采购采取单源供应，因而对供应商的合理选择就显得尤其重要。可以说，能否选择到合格的供应商是准时化采购能否成功实施的关键。合格的供应商具有较好的技术、设备条件和较高的管理水平，可以保障采购的原材料和外购件的质量，保证准时按量供货。

在传统的采购模式中，供应商是通过价格竞争而选择的，供应商与用户的关系是短期的合作关系，当发现供应商不合适时，可以通过市场竞标的方式重新选择供应商。但在准时化采购模式中，由于供应商和用户是长期的合作关系，供应商的合作能力将影响企业的长期经济利益，因此，对供应商的要求就比较高。在选择供应商时，需要对供应商进行综合的评价，而对供应商的评价必须依据一定的标准。这些标准应包括产品质量、交货期、价格、技术能力、应变能力、批量柔性、交货期与价格的均衡、价格与批量的均衡、地理位置等，而不像传统采购那样主要依靠价格标准。

在大多数情况下，其他标准较好的供应商，其价格可能也是较低的，即使不是这样，双方建立起互利合作关系后，企业可以帮助供应商找出减少成本的方法，从而使价格降低。更进一步，当双方建立了良好的合作关系后，很多工作可以简化甚至消除，如订货、修改订货、点数统计、品质检验等，从而减少浪费。

4、对交货准时性的要求更加严格

准时化采购的一个重要特点是要求交货准时，这是实施准时生产的前提条件。交货准时取决于供应商的生产与运输条件。作为供应商来说，要使交货准时，可从以下几个方面着手：一是不断改进企业的生产条件，提高生产的可靠性和稳定性，减少由于生产过程的不稳定导致延迟交货或误点现象。作为准时化供应链管理的一部分，供应商同样应该采用准时化的生产管理模式，以提高生产过程的准时性。另一方面，为了提高交货准时性，运输问题不可忽视。在物流管理中，运输问题是一个很重要的问题，它决定准时交货的可能性。特别是全球的供应链系统，运输过程长，而且可能要先后经过不同的运输工具，需要中转运输等，因此，就有必要进行有效的运输计划与管理，使运输过程准确无误。

5、从根源上保障采购质量

实施准时化采购后，企业的原材料和外购件的库存很少，以至为零。因此，为了保障企业生产经营的顺利进行，采购物资的质量必须从根源上抓起。也就是说，购买的原材料和外购件的质量保证，应由供应商负责，而不是企业的物资采购部门。准时化采购就是要把质量责任返回给供应商，从根源上保障采购质量。为此，供应商必须参与制造商的产品设计过程，制造商也应帮助供应商提高技术能力和管理水平。

在现阶段，我国主要是由制造商来负责监督购买物资的质量；验收部门负责购买物资的接收、确认、点数统计，并将不合格的物资退回给供应商，因而增加了采购成本。实施准时化采购后，从根源上保证了采购质量，购买的原材料和外购件就能够实行免检，直接由供应商送货到生产线，从而大大减少了购货环节，降低了采购成本。

6、对信息交流的需求加强

准时化采购要求供应与需求双方信息高度共享，保证供应与需求信息的准确性和实时性。由于双方的战略合作关系，企业在生产计划、库存、质量等各方面的信息都可以及时进行交流，以便出现问题时能够及时处理。只有供需双方进行可靠而快速的双向信息交流，才能保证所需的原材料和外购件的准时按量供应。同时，充分的信息交换可以增强供应商的应变能力。

所以，实施准时化采购，就要求供应商和制造商之间进行有效的信息交换。信息交换的内容包括生产作业计划、产品设计、工程数据、质量、成本、交货期等。信息交换的手段包括电报、电传、电话、信函、卫星通信等。现代信息技术的发展，如 EDI、E-mail 等，为有效的信息交换提供了强有力的支持。

7、可靠的送货和特定的包装要求

由于准时化采购消除了原材料和外购件的缓冲库存，供应商交货的失误和送货的延迟必将导致企业生产线的停工待料。因此，可靠的送货是实施准时化采购的前提条件。而送货的可靠性，常取决于供应商的生产能力和运输条件，一些不可预料的因素，如恶劣的气候条件、交通堵塞、运输工具的故障等，都可能引起送货迟延。当然，最理想的送货是直接将货送到生产线上。

准时化采购对原材料和外购件的包装也提出了特定的要求。良好的包装不仅可以减少装货、卸货对人力的需求，而且使原材料和外购件的运输和接收更为便利。最理想的情况是，对每一种原材料和外购件，采用标准规格且可重复使用的容器包装，既可提高运输效率，又能保证交货的准确性。

第二节　准时化采购的技术应用

准时化采购的原理和特点都很好，但如果没有一个具体的应用方法，则准时化采购的特点和优势体现不出来。在实际中是如何应用准时化采购技术的呢？下面就专门讨论这种准时化采购管理技术的应用问题。

一、在电子商务中的应用

随着电子商务的发展，物流采购在电子商务中的重要性逐渐得到体现和加强，许多电子商务公司都设立了自己的专职物流人员或专职物流部门，如何将先进的物流准时采购技术与电子商务有效地结合起来，通过物流配送的合理化、经济化，推动电子商务的更快发展，仍然是许多电子商务人员在理论上，尤其在实践上正在探讨的问题。因此，运用准时化采购技术应从以下几方面着手。

1、应用电子商务信息管理系统，建立网上采购信息平台

首先，准时化采购技术建立在有效信息技术交换基础上，信息技术的应用可以保证采购方、供应方、物流配送机构等方面之间的信息交换和反馈，可以保证所需的产品的准时按量供应和配送。在电子商务中，这种交换将变得更为直接和迅速，各方信息都会在一个电子商务平台上得到反映和处理。电子商务公司在编制、建立信息系统的过程中，应选用国家或国际统一规定的商品编码，建立所销商品数据库，以便于参与各方的使用、增加、查询和维护。其内容包括商品名称、品种规格、数量、生产作业计划、需求计划、产品设计、工程数据、质量、成本、交货期、商品保存方式及有关注意事项等。

网上采购信息平台的建立要与拟采用的物流技术相适应，即经营范围和商品与物流方式相适应。

2、合理选择供应商

为保证采购产品质量，企业应选择知名的公司来作供应商，并必须依据一定的标准对供应商进行评判，如产品质量、交货期、价格、技术能力、应变能力、批量、地理位置等，如果供应商符合标准，还应相互间签订整体合作协议或模糊合同（Blank Contract），减少以后合作中不必要的程序和环节。可以说，选择合格供应商是准时化采购应用能否成功的关键，因为合格供应商不但保证了产品质量，而且能够保证准时按量供货。

3、建立长期稳定的战略合作关系

对于信誉、产品质量、交货期、价格、技术能力等符合要求的长期稳定的大供应商，双方可建立长期的战略合作关系，强调供应商的参与职能，相互信任，相互支持，共同获益，使供应商充分了解准时化采购的意义，使他们掌握准时化采购的技术和标准，满足准时化采购对供应商的要求，保证准时化采购的实现。对此，采取集体议价（Group Buy）是比较好的方式。

4、制订合理的采购计划

准时化采购是指只有在需要的时候（不提前，也不推迟）才订购所需要的产品，而且必须达到三个目的：一是争取实现零库存；二是提高采购商品的质量，减少质量成本；三是降低采购价格。这些目的的实现就是要减少多余库存，避免废次品，消除不必要的订货手续、装卸环节、检验手续等引起的浪费。为适应准时化采购技术的要求，企业应向供应商提供更为恰当的有效需求计划。

5、组织有效的配送途径

在采用准时化采购技术的过程中，采购企业其实已经基本解决了商品的从供应方到采购企业的物流信息传递与配送问题，而这正是准时化采购技术的真谛所在。只是这些物流配送应是在采购企业统一、细致、周密、有效的组织、培训、协调、实施下完成的。凡委托第三方，如专业物流公司、供应商等，应使第三方了解和掌握准时化采购的运作过程和内涵，保证物品在规定的时间送到。若自己从事物流配送，则要根据物品特性，在包装、分拣、装卸、配货、送货、选择运输方式、分配运输能力等方面作出具体的安排和实施。

二、看板管理

1、看板的含义

所谓看板，就是一张信息卡片，又称要货指令。看板上记录着商品号、商品名称、供应商和需求点（取货地、送货地）、生产或要货数量、所用工位器具的型号、该看板的周转张数等，以此作为取货、运输、生产的凭证和信息指令。由需求方向供货方发出看板，就是向供应商发出什么时间把什么品种、什么规格、什么数量从什么地方送到什么地方的指令。看板可以用不同的材料做成，可以用纸片、塑封纸片、塑料片，甚至金属片，可以挂在看板牌上，也可以放在看板袋里。

2、看板的分类

看板根据其服务对象划分，可以分为生产看板和运输看板。生产看板用在生产循环中，运输看板主要用在运输循环中。生产看板循环是从生产的产成品工位到其前面各个工序以及原材料库的看板循环，主要利用看板指挥其前面各个工序的生产数量和生产时间、索要零部件或工件、原材料。运输看板循环是指从生产部门的产成品到用户需求点的看板循环，主要是用户需求点向产成品供应点索要产成品的看板循环。它们的应用原理都一样，我们这里只讨论从客户需求点到供应商产成品的运输循环。

3、看板管理运作

用户与供应商进行准时化采购运作，并实行运输看板操作。供应商直接小批量、多批次地送货到用户的生产线需求点。货物以货箱为单位，直接用叉车装运到用户需求点。操作过程如下：

当用户在生产线上消耗完一个货箱的货物后，就将空箱上挂上一块看板，由叉车取走，直接运到供应商的产成品供应处去要货。供应商按看板指定的需要品种、需要数量备货（或生产）、装货，装货完毕，叉车司机再按看板给定的时间准时运送到用户需求地、供用户继续的使用消耗。叉车由用户处离开时又把放在旁边的空箱连同挂在其上的要货看板一起又送到供应商处进行下一次的备货、装货和运输，这样循环不止，直到用户需求点完工为止。如果用户什么时候不发出要货看板，则供应商的供应（或生产）也就自然停止。在实际操作时，用户处的积累的空箱可能不止一个，可能有多个，这时候也可能一次要取多个看板，发出多个货箱的要货指令。这样，一个看板循环过程中的时间构成如下。

（1）指令等待时间　指令等待时间是指用户处空箱看板的等待时间。它等于从货物用完、货箱腾空开始，直到叉车司机把它取走之间的时间间隔，如果是多个空箱一起取走，则是这多个空箱的平均等待时间。因为一般叉车司机是按一定的频率 F 送货的，这样相邻两次送货之间的时间间隔是 $1/F$。

（2）指令传递时间　指令传递时间是指看板卡的传递时间，它等于空箱看板从用户运送到供应商处的传送时间。

（3）装货停留时间　装货停留时间是指看板空箱在供应商处的装货停留时间，它等于空箱看板送到供应处开始，直到叉车司机把装满货物后的货箱连同其上的看板启运出发之间的时间间隔。一旦空箱看板指令送到供应商处的存储点，就被贴在一箱装满零件的容器上，这时一箱装满零件的容器和看板卡就准备好了，即可送往用户。

（4）运输时间　运输时间是指叉车司机将装满货物的容器和看板从供应商运送到用户需求地的运输时间。

这样，如果用户需求地对于商品的日消耗量为 R，每个货箱中商品的数量是 m，叉车司机日运送频次为 F，则在两次交货之间用户消耗所需的包装容器的数量 M 为：

$$M=\frac{R}{S}\times\frac{1}{F}+1$$

看板循环里包装容器和看板卡的总数量 N 为：

$$N=\frac{R}{m}(t_{等}+t_{传}+t_{装}+t_{运})+1$$

在看板供应中，每次订货和供应都是对现实消耗的补充。它体现了准时化采购的基本原则。这种方式简单实用，是准时化采购最有效的管理工具，而且随着计算机通信技术的发展，传统的纸制看板卡片已大多被电传、传真和电子信箱等现代化媒介所替代，使得看板供应更为迅速和准确。

直送看板供应是拉动式准时供应的重点方式之一，将准时化要求向上游延伸至供应厂商：用户厂家以看板作为自己生产线上需求点的准时化要货指令，供应厂商按照看板指令实施生产或运输，即按照看板指定的需要品种、需要数量、需要时间，直接送至用户生产线的需求点进行生产消耗，不是运到用户的仓库进行存储。这样利用看板实现了从供应厂商供应点直接到用户生产线的消耗点的直送供应，从而减少了存储点和存储量，降低了用户的库存成本，也降低了供应厂商的库存成本，同时发挥看板的现场自动微调功能以平顺排产、运输与仓储作业，减低调度协调难度和工作量，提高系统化管理水平。

以上所述，只是 JIT 技术在采购管理中应用的一些探讨。其实，在实际工作中，企业也在不知不觉地运用着 JIT 技术，但真要在物流采购管理充分应用 JIT 技术，并达到所要求的理念，仍有许多问题要解决。这就要求企业在实施 JIT 技术的过程中，不断地改进，即降低物品库存→暴露物品采购问题→采取措施解决问题→再降低库存，如此循环往复，直至达到最佳效果和最高境界。

第三节 准时化采购的实施

一、准时化采购的实施条件

成功实施准时化采购策略，需要具备一定的前提条件，以下条件是实施准时化采购最为基本的条件。

1、距离越近越好

供应商和用户企业的空间距离小，越近越好。距离过远了，操作不方便，无法发挥准时化采购的优越性，很难实现零库存。

2、制造商和供应商建立互利合作的战略伙伴关系

准时化采购策略的推行，有赖于制造商和供应商之间建立起长期的、互利合作的新型关系，相互信任，相互支持，共同获益。

3、注重基础设施的建设

良好的交通运输和通信条件是实施准时化采购策略的重要保证，企业间通用标准的基础设施建设，对准时化采购的推行也至关重要。所以，要想成功实

施准时化采购策略，制造商和供应商都应注重基础设施的建设。诚然，这些条件的改善，不仅仅取决于制造商和供应商的努力，各级政府也须加大投入。

4、强调供应商的参与

准时化采购不只是企业物资采购部门的事，它也离不开供应商的积极参与。供应商的参与，不仅体现在准时、按质、按量供应制造商所需的原材料和外购件上，而且体现在积极参与制造商的产品开发设计过程中。与此同时，制造商有义务帮助供应商改善产品质量，提高劳动生产率，降低供货成本。

5、建立实施准时化采购策略的组织

企业领导必须从战略高度来认识准时化采购的意义，并建立相应的企业组织来保证该采购策略的成功实施。这一组织的构成，不仅应有企业的物资采购部门，还应包括产品设计部门、生产部门、质量部门、财务部门等。其任务包括提出实施方案，具体组织实施，对实施效果进行评价，并进行连续不断的改进。

6、制造商向供应商提供综合的、稳定的生产计划和作业数据

综合的、稳定的生产计划和作业数据可以使供应商及早准备，精心安排其生产，确保准时、按质、按量交货。否则，供应商就不得不求助于缓冲库存，从而增加其供货成本。有些供应商在制造商工厂附近建立仓库以满足制造商的准时化采购要求，实质上这不是真正的准时化采购，而只是负担的转移。

7、着重教育与培训

通过教育和培训，制造商和供应商充分认识到实施准时化采购的意义，并使他们掌握准时化采购的技术和标准，以便对准时化采购进行不断的改进。

8、加强信息技术的应用

准时化采购是建立在有效信息交换的基础上的，信息技术的应用可以保证制造商和供应商之间的信息交换。因此，制造商和供应商都必须加强对信息技术，特别是电子数据交换（EDI）技术的应用投资，以更加有效地推行准时化采购策略。

二、准时化采购的实施步骤

（一）准时化采购方法

以上分析了准时化采购法的特点和优点，从中我们可以看到，准时化采购方法和传统的采购方法的一些显著差别，要实施准时化采购法，要注意以

下四点：

1）看板管理是准时化采购最实用、有效的手段。

2）选择最佳的供应商，并对供应商进行有效的管理是准时化采购成功的基石。

3）供应商与用户的紧密合作是准时化采购成功的钥匙。

4）卓有成效的采购过程，严格的质量控制是准时化采购成功的保证。

在实际工作中，如果能够根据以上四点开展采购工作，那么就可以成功实施准时化采购。

（二）准时化采购步骤

想要成功实施准时化采购策略，除了要具备一定的前提条件外，还必须遵循一定的科学实施步骤。在实施准时化采购时，可以遵从以下步骤：

1、创建准时化采购班组

准时化采购班组的作用，就是全面处理 JIT 有关事宜。要制订准时化采购的操作规程，协调企业内部各有关部门的运作、协调企业与供应商之间的运作。准时化采购班组除了采购科的有关人员之外，还要由本企业以及供应商企业的生产管理人员、技术人员、搬运人员等共同组成。一般应成立两个班组：一个是专门处理供应商事务的班组，该班组的任务是培训和指导供应商的准时化采购操作、衔接供应商与本企业的操作流程、认定和评估供应商的信誉、能力，与供应商谈判签订准时化订货合同，向供应商发放免检签证等；另外一个班组是专门协调本企业各个部门的准时化采购操作、制订作业流程、指导和培训操作人员，并且进行操作检验、监督和评估。这些班组人员，对准时化采购的方法应有充分的了解和认识，必要时要进行培训。

2、制订计划，确保准时化采购策略有计划、有步骤地实施

要制定采购策略以及改进当前采购方式的措施，包括如何减少供应商的数量、供应商的评价、向供应商发放签证等内容。在这个过程中，要与供应商一起商定准时化采购的目标和有关措施，保持经常性的信息沟通。

3、精选少数几家供应商建立伙伴关系

供应商和制造商之间互利的伙伴关系，意味着双方之间充满了一种紧密合作、主动交流、相互信赖的和谐气氛，共同承担长期协作的义务。在这种关系的基础上，发展共同的目标，分享共同的利益。

当然，这种互利的伙伴关系的建立需要经过长期的工作，要求双方有坚定的决心和奉献精神；同时，一个企业只能选择少数几个最佳供应商作为工作对象，抓住一切机会加强与他们之间的业务关系。

4、进行试点工作

先从某种产品或某条生产线的试点开始，进行准时零部件或原材料的准时化供应试点。在试点过程中，取得企业各个部门的支持是很重要的，特别是生产部门的支持。通过试点，总结经验，为正式的准时化采购实施打下基础。

5、搞好供应商的培训，确定共同目标

准时化采购是供需双方共同的业务活动，单靠采购部门的努力是不够的，需要供应商的配合，只有供应商也对准时化采购的策略和运作方法有了认识和理解，才能获得供应商的支持和配合，因此，需要对供应商进行教育培训。通过培训，大家取得一致的目标，相互之间就能够很好地协调，做好采购的准时化工作。

6、给供应商颁发产品免检证书

在实施准时化采购策略时，核发免检证书是非常关键的一步。颁发免检证书的前提是供应商的产品100%合格。为此，核发免检证书时，要求供应商提供最新的、正确的、完整的产品质量文件，包括设计蓝图、规格、检验程序以及其他必要的关键内容。

有些公司在核发免检证书的初始阶段，只发放单件产品的免检证，但是最终目标还是为了发放供应商的免检证，并完全免除采购物资中常规产品的进货检查。达到这个目标后，就只需对尚未获得免检证书的新产品和新零件进行进货检查，直到它们也达到免检要求为止。最后，所有采购的物资就可以从卸货点直接运至生产线上使用。

7、实现配合节拍进度的交货方式

向供应商采购的原材料和外购件，其目标是要实现这样的交货方式：当企业正好需要某物资时，该物资就运抵卸货月台，并随之直接运至生产线，生产线拉动它所需的物资，并在制造产品时使用该物资。

8、继续改进，扩大成果

准时化采购是一个不断完善和改进的过程，需要在实施过程中不断总结经验教训，从降低运输成本、提供交货的准确性、提高产品的质量、降低供应商库存等各个方面进行改进，不断提高准时化采购的运作绩效。

三、双赢关系对实施准时化采购的意义

在供应商与制造商关系中，存在两种典型的关系模式：传统的竞争关系和合作性关系，或者称双赢关系（Win-Win）。两种关系模式的采购特征有所不同。

竞争关系模式是价格驱动。这种关系的采购策略表现为：

1）买方同时向若干供应商购货，通过供应商之间的竞争获得价格好处，同时也保证供应的连续性。

2）买方通过在供应商之间分配采购数量对供应商加以控制。

3）买方与供应商保持的是一种短期合同关系。

双赢关系模式是一种合作的关系，这种供需关系最先是在日本企业中采用。它强调在合作的供应商和生产商之间共同分享信息，通过合作和协商协调相互的行为。

1）制造商对供应商给予协助，帮助供应商降低成本、改进质量、加快产品开发进程。

2）通过建立相互信任的关系提高效率，降低交易、管理成本。

3）长期的信任合作取代短期的合同。

4）比较多的信息交流。

准时化采购采用的模式就是合作性的关系模式，供应链管理思想的集中表现就是合作与协调。因此建立一种双赢的合作关系对于实施准时化采购是很重要的。

从前面对准时化采购原理和方法的探讨中可以看到，供应商与制造商的合作关系对于准时化采购的实施是非常重要的，只有建立良好的供需合作关系，准时化策略才能得到彻底贯彻落实，并取得预期的效果。

概括起来，双赢关系对于实施准时化采购中供需双方的作用表现在以下几个方面。

1、供应商方面

1）增加对整个供应链业务活动的共同责任感和利益的分享。

2）增加对未来需求的可预见性和可控能力，长期的合同关系使供应计划更加稳定。

3）成功的客户有助于供应商的成功。

4）高质量的产品增强了供应商的竞争力。

2、制造商方面

1）增加对采购业务的控制能力。

2）通过长期的、有信任保证的订货合同保证了满足采购的要求。

3）减少和消除了不必要的对进购产品的检查活动。

建立互惠、互利的合同是巩固和发展供需合作关系的根本保证，是实施准时化采购的前提。互惠、互利包括了双方的承诺、信任、持久性。信守诺言，是商业活动成功的一个重要原则。没有信任的供应商，或没有信任的采购客户都不可能产生长期的合作关系，即使建立起合作关系也是暂时的。持久性是保持合作关系的保证，没有长期的合作，双方就没有诚意作出更多的改进和付出。机会主义和短期行为对供需合作关系将产生极大的破坏作用。

四、准时化采购实践分析

为了对准时化采购的目的、意义和影响准时化采购的相关因素有一个初步的了解，下面以实例来说明在现实中准时化采购的应用情况。

1、国外的实施情况

美国的加利福尼亚州立大学的研究生对汽车、电子、机械等企业经营准时化采购者做了一次效果问卷调查，共调查了67家美国公司。这些公司规模不一，其中包括著名的3COM公司、惠普公司、苹果计算机公司等。这些公司有的是制造商，有的是分销商，有的是服务业，调查的对象为公司的采购与物料管理经理。调查的有关内容和类别，见表8-2～表8-5。

表8-2 准时化采购成功的关键因素

问　　题	肯定回答占的百分比（%）
和供应商的相互关系	51.5
管理的措施	31.8
适当的计划	30.3
部门协调	25.8
进货质量	19.7
长期的合同协议	16.7
采购的物品类型	13.6
特殊的政策与惯例	10.6

表8-3 准时化采购解决的问题

问　　题	肯定回答占的百分比（%）
空间减少	44.8
成本减少	34.5
改进用户服务	34.5
及时交货	34.5
缺货问题	17.2
改进资金流	17.2
提前期减少	10.3

表 8-4　实施准时化采购困难的因素

问　　题	肯定回答占的百分比（%）
缺乏供应商的支持	23.6
部门之间协调性差	20.0
缺乏对供应商的激励	18.2
采购物品的类型	16.4
进货物品质量差	12.7
特殊政策与惯例	7.1

表 8-5　与供应商有关的准时化采购问题

问　　题	肯定回答占的百分比（%）
很难找到好的供应商	35.6
供应商不可靠	31.1
供应商太远	26.7
供应商太多	24.4
供应商不想频繁交货	17.8

从以上调查报告不难得出以下几个方面的结论：

1）准时化采购成功的关键是与供应商的关系，而最困难的问题也是缺乏供应商的合作。供应链管理所倡导的战略伙伴关系为实施准时化采购提供了基础性条件，因此，在供应链环境下实施准时化采购比传统管理模式下实施准时化采购更加有现实意义和可能性。

2）很难找到“好”的合作伙伴是影响准时化采购的第二个重要因素，如何选择合适的供应商就成了影响准时化采购的重要条件。在传统的采购模式下，企业之间的关系不稳定，具有风险性，影响了合作目标的实现。供应链管理模式下的企业是协作性战略伙伴，因此，为准时化采购奠定了基础。

3）缺乏对供应商的激励是准时化采购的另外一个影响因素。要成功地实施准时化采购，必须建立一套有效的供应商激励机制，使供应商和用户一起分享准时化采购的好处。

4）准时化采购不单是采购部门的事情，企业的各部门都应为实施准时化采购创造有利的条件，为实施准时化采购而共同努力。

2、国内的实施情况

现阶段我国大部分企业对供应商的供货准时情况反映较好，只有少数企业认为供应商供货不及时。但应当注意到我国企业的信息化水平较低，实施供应链管理的基础比较差，而企业间的这种战略伙伴关系也有待加强。有关部门在1998年对我国企业的采购情况进行调查，从对我国企业采购管理现状的调查结果来看，显示了不同的企业供应商的供货准时率情况，结果如图8-2所示。

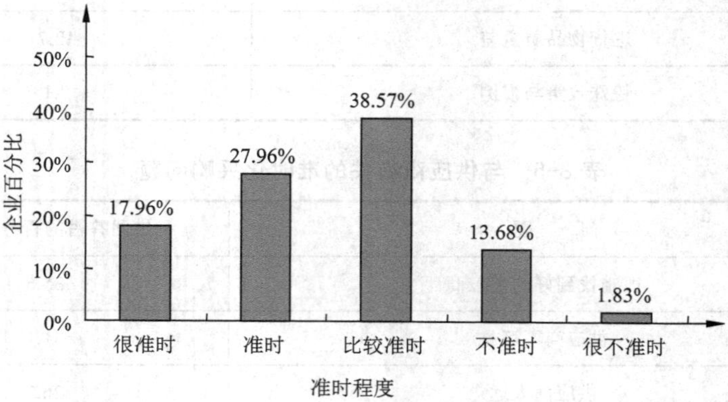

图8-2 我国企业供应商的供货准时率

从图8-2中可以看出，有17.96%的企业认为供应商供货很准时，27.96%的企业认为供应商供货准时，38.57%的企业认为供应商供货比较准时，13.68%的企业认为供应商供货不准时，1.83%的企业认为供应商供货很不准时。大部分企业对供应商的供货准时情况反应较好，只有少数企业认为供应商供货不准时。

虽然我国企业从交货准时情况评价看还不错，但从总体来看，我国企业在实施准时化采购的数量还不太多，水平还不够高，有待于进一步加强。

实行准时化采购，效益非常好，操作非常简便，但是基础工作要求高，对人员的素质要求高、对管理水平要求高，所以，要开展准时化采购，需要从基础工作抓起，逐步创造条件，争取早日开展准时化采购。

【案例】

戴尔公司的"零式供应链"模型

戴尔公司的核心竞争力是什么？准时化（JIT）的营运方式，还有戴尔公司资本。同时，戴尔公司是一个真正的Lean Enterprise（零式企业），它非常现代地把所有的资源组合在一起，以链主的身份打造了一条成功的lean（零式）

供应链。

一、准时化（JIT）供应与生产、7h 库存

“整个供应链最关键的地方在于对生产和制造过程的控制中，包括物流的准时化运作管理。”一位戴尔公司的员工这样说。

戴尔公司供应链高度集成，上游或下游联系紧密，成为捆绑的联合体。不同于 IBM（注意力横跨整个设计、制造、分销和市场的全过程）公司，戴尔公司在装配和市场上做足了功夫。

IT 行业有它的特殊性，“计算机配件放在仓库里一个月，价格就要下降 1～2 个百分点”。如果没有一个很好的供应链管理和生产控制，计算机的利润只会更低。

戴尔公司的营运方式是直销，在业界号称“零库存、高周转”。在直销模式下，公司接到订货单后，将计算机部件组装成整机，而不是像很多企业那样，根据对市场预测制订生产计划，批量制成成品。真正按顾客需求定制生产，这需要在极短的时间内完成，速度和精度是考验戴尔公司的两大难题。

戴尔公司的做法是，利用信息技术全面管理生产过程，采取准时化（JIT）的采购与生产技术。通过互联网，戴尔公司和其上游配件供应商能迅速对客户定单作出反应：当定单传至戴尔公司的控制中心，控制中心把定单分解为子任务，并通过网络分派给各独立配件制造商进行生产。各供应商按戴尔公司的电子定单进行生产组装，并按戴尔公司控制中心的时间表来供货。戴尔公司所需要做的只是在成品车间完成组装和系统测试，剩下的就是客户服务中心的事情了。

经过优化后，戴尔公司供应链每 20s 汇集一次订单。

通过各种途径获得的订单被汇总后，供应链系统软件会自动地分析出所需原材料，同时比较公司现有库存和供应商库存，创建一个供应商材料清单。而戴尔公司的供应商仅需要 90min 的时间用来准备所需要的原材料并将它们运送到戴尔公司的工厂，戴尔公司再花 30min 时间卸载货物，并严格按照制造订单的要求将原材料放到组装线上。由于戴尔公司仅需要准备手头订单所需要的原材料，因此工厂的库存时间仅有 7h。

这一切取决于戴尔公司的雄厚技术基础——线由计算机控制，条形码使工厂可以跟踪每一个部件和产品。在戴尔公司内部，信息流通过自己开发的信息系统，和企业的运营过程及资金流同步，信息极为通畅。

精密的直接结果是用户的体验，一位戴尔公司员工说：“我们跟用户说的不是‘机器可能周二或者周三到你们那里’，我们说的是‘周二上午 9 点到’。”

“厦门工厂已经成为全球 6 家工厂里最让戴尔公司感到自豪的一家——日本的订单也会从厦门供货，它供货的范围还将继续扩大。

二、服务外包

与传统供应链相比，戴尔公司供应链中的一个明显特点是，其下游链条里没有分销商、批发商和零售商这样的传统角色，戴尔公司直接把产品卖给了顾客。

戴尔公司通过电话、面对面交流、互联网订购直接拿到客户的订单，客户的准确需求直接反馈到设计、制造等整个营运过程里。而传统的渠道所提供的订货信息往往含混不清。可以说，直销成为戴尔公司整合供应商的必要条件。

在戴尔公司的供应链蓝图上，还有一个特别之处，即多出了“代理服务商”这一环节。这些代理服务商并不是向顾客提供产品，而是提供服务和支持，这意味着戴尔公司采用外包的服务策略。

采用外包的服务策略使得戴尔公司既能够提供售后服务支持，又避免了公司组织结构“过度庞大”的后果。

2001 年，戴尔公司在中国近 1 700 个城市建立了售后服务能力。他们把服务外包给合作伙伴。用户 70%的问题可以用电话从厦门的客户服务中心工程师那里得到解决（这样比较节省客户的时间）；剩下 30%，通过合作伙伴由当地的工程师解决。

这一点同样离不开直销模式。“我们对客户的要求非常清楚，直销和 CRM 配合得很好。”一位售后支持工程师说。

直销的好处在于每一台计算机是直接到用户手里的，戴尔公司记录了产品的每一个环节，服务和质量很容易控制。而这一点单依靠代理商是做不到的。

当一个公司买了计算机之后，戴尔公司会一直关注用户的发展，隔一段时间，销售会主动询问用户是否有新的需求。这一点上，对大客户来说，戴尔公司和 IBM、HP 的做法可能差不多，但是在中小客户方面，直销和通过代理去做，效果完全不同。

【本章小结】

准时化采购是一种理想的采购模式。它能最大限度地消除浪费、降低库存、实现零库存。本章主要讨论准时化采购的产生，准时化采购的原理、特点和优点，准时化采购技术的应用以及准时化采购实施的有关问题。

【复习思考题】

1. 什么是准时化采购？
2. 试述准时化采购的运作过程与作用。
3. 准时化采购有何特点？其与传统的采购有何区别？
4. 什么是看板管理？试述看板管理在准时化采购管理中的应用。
5. 实施准时化采购需要什么样的条件？
6. 试述实施准时化采购要遵循的步骤。

第九章　采购谈判技巧

【知识目标】

了解谈判的概念、种类，熟悉谈判的特点和主要内容，正确理解不同的谈判类型之间的区别和联系；熟悉采购谈判的基本原则和基本程序，重点掌握采购谈判的策略与技巧以及应用说明。

【技能目标】

能够将所学的谈判知识与技能灵活地运用于工作和生活实际；能熟练运用采购谈判的策略与技巧，特别能熟练运用采购谈判中议价的技巧；能够与他人进行流畅的沟通与交流。

第一节　谈 判 概 述

一、谈判的定义

在人们的生活、工作过程中，每个人都不可避免地要遇到谈判。当你到商店购买商品的时候，当你在某家公司寻找一份工作的时候，或者当你受到委托为公司购买原材料的时候，谈判可能如期而至。那么，什么是谈判呢？谈判是主体间就客体达成一致意见而进行沟通的过程。它包括主体、客体、沟通、过程四要素。

1）主体：参与谈判的各方。

2）客体：谈判的标的。

3）沟通：达成一致意见的方法。

4）过程：前期准备、谈判、结论。

二、谈判的种类

随着标的属性不同，谈判双方的处境不同及文化背景不同，人们往往采取不同的谈判方式，例如，在家庭成员间的谈判大多是温和的，最终以妥协而告终；在涉及国家战略（尤其是主权）的时候，谈判往往是强硬的，其过程是漫长而复杂的；而在与我们的长期供应商进行谈判的时候，由于能够开诚布公地探讨双方的利益，往往能够得到双赢的、明智的协议。综合日常人们采用的谈判方法，有两种方法是人们经常采用的。

1、立场性谈判法

主体间以各自的立场为出发点，依照主体的意志力进行讨价还价的一种谈判方法（通常表现为温和型、强硬型两种）。它的主要特点为：

1）把关系置于利益冲突之中（由于把关系和利益混为一体）。

2）注重各自的立场而非利益（由于忽视了立场后面潜在的利益）。

3）对待变化：缺乏灵活性（陷于立场性争执之中，固执己见）。

4）对待争议：屈服于压力而非客观标准（为了取得协议，一方不得不让步）。其典型特点是在立场上争论不休。

5）把人与事分开（对事不对人，避免把人和事混为一团）。

2、价值性谈判法

主体间以各自的利益为出发点，依照客体的价值取向（即主体的利益）而进行磋商的一种谈判方法。立场：主体的决定（即决定做某一件事）。利益：主体决定要做某一件事的原因或目的。同时，某一立场代表着某利益，而某利益却可能可以通过多种渠道或方式而获得。它的主要特点为：

1）注重利益而非立场（谈判时把重点放在讨论双方的利益上，不在立场上争论不休）。

2）对待变化：有充分的准备（在决定前先构思好各种包容多方利益的方案）。

3）对待争论：屈服于客观标准而不是屈服于压力（只让步于客观标准，决不让步于对方的压力）。其典型特点是开诚布公地探讨双方的利益。

例如，甲和丙两人在图书馆争吵，甲想开窗，丙想关窗，他们为关窗和开窗争论不休。这时，图书管理员过来了。她问甲“为什么要开窗”，甲回答说“为了空气流通”；她又问丙“为什么要关窗”，丙回答说“避免外面的噪声”。图书管理员了解情况后想了一会儿，打开了旁边房间的窗户，这样既可保持空气流通，又可避免外面的噪声。一场争议就这样平息了。

在上面的例子中，开窗或关窗是双方的立场，而“空气流通”、“避免噪声”是双方各自的利益。甲和丙开始采取的是立场性谈判法，由于双方在窗户开与关的立场上是矛盾的，所以他们采用立场性谈判无法达成一致意见。而图书管理员经过分析甲与丙双方立场后的潜在利益后发现，尽管双方的立场是矛盾的，但双方各自的利益并不矛盾，可以采取另外一种方式来满足双方各自的利益。图书管理员采取的即是原则性谈判法。

3、价值性谈判和立场性谈判的比较

从价值性谈判、立场性谈判的表现及其特点的比较，可以清楚地看出两种谈判法的优劣（见表 9-1）。

从以上分析不难看出，价值性谈判法是一种有利于建立或维护良好关系

的、高效率的、能够产生明智协议的谈判方法。在本章我们将分若干部分来介绍、探讨价值性谈判法。

表 9-1　立场性谈判法与价值性谈判法比较

谈判方法 评判标准	立场性谈判法（B129）	价值性谈判法
是否有利于建立或维护良好的关系	NO	YES
是否有利于提高谈判效率	NO	YES
是否有利于达成明智的协议	NO	YES

第二节　采购谈判的原则

一、采购谈判的影响因素

采购谈判是一种既“合作”又“冲突”的行为和过程，为了在谈判中取得优势、处于主动地位，取得较多的经济利益，企业必须加强谈判实力。

采购谈判是一种“双赢”和“互利”的行为和过程，谈判各方当事人之间的关系不是“敌人”而是“合作的伙伴”、“共事的战友”。但是，“双赢”、“互利”并不意味着双方利益上的平均，而是利益上的平衡。所以这又使谈判各方必须努力为自己争取较多的利益。于是，形成了谈判双方的竞争和冲突，这种既合作又冲突的特点构成了采购谈判的二重性。二重性决定了采购谈判成功的基础是谈判实力。所谓谈判实力，是指“影响双方在谈判过程中的相互关系、地位和谈判最终结果的各种因素总和以及这些因素对各方的有利程度”。一般来讲，影响谈判实力强弱的因素有七个方面。

1、交易内容对双方的重要性

虽然采购交易成功对于各方面都有益，但并不是交易本身对各方的重要都是一样的，如果交易对某方更重要，则该方在谈判中的实力就弱。例如，酷暑即将过去，大量囤货的空调商要急于把商品卖出去，否则既占用了资金，又要支付大量的仓储费用。所以，在买卖双方的谈判中，卖方就处于不利的地位，谈判实力相对较弱。

2、各方对交易内容和交易条件的满足程度

交易中的某一方交易内容和交易条件的满足程度越高，那么在谈判中的实力就越强。例如，在货物买卖谈判中，如果卖方对买方在货物质量、数量、交货时间等方面的要求都能充分予以保证和满足，则卖方的实力强；反之，则谈判实力弱。

3、竞争状态

在采购交易中，如果出现多个买者的态势，则有利于卖方，可以增强卖方的谈判实力；反之，如果出现多个卖方的态势，则有利于买方，会增强买方的实力。从微观经济学的角度讲，就是完全垄断的市场有利于卖方，卖者往往拥有“只此一家，别无分店”的优势；相反，在一个完全竞争的市场则有利于买方，买方可以挑选卖方的产品和服务。

4、对于商业行情的了解程度

商业信息是无形的资源，它可以转化为财富，谈判双方谁掌握的商业行情多，了解的情况详细，谁就在谈判中占主动、有利地位，谈判实力就强。所谓“知己知彼，百战百胜”就是这个道理。

5、企业的信誉和实力

企业的信誉和实力不等于谈判实力，但它是形成谈判实力的基础。企业的商业信誉越高，社会知名度越大，企业实力就强，支持和影响谈判的因素就多，谈判实力就强。

6、对谈判时间因素的反应

在谈判过程中，哪一方时间紧迫，拖不起，希望早日结束谈判，达成交易，则时间的局限会削弱其谈判实力；反之，最有耐心的一方，能够旷日持久地谈判，谈判实力就强。

7、谈判的艺术和技巧

谈判人员如果能充分调动有利于自己的各种因素，避免不利因素，就能加强谈判实力。所以谈判人员必须外塑形象，内强素质。素质高，谈判技巧娴熟，就能增强谈判的实力；反之，则会影响谈判实力的发挥。

二、采购谈判原基本原则

1、合作原则

美国哲学家 H.P.Grice 于 1967 年在哈佛大学的演讲中提出，为了保证谈判的顺利进行，谈判双方必须共同遵守一些基本原则，特别是所谓的“合作原则”（Cooperative Principle）。概括而言，合作原则就是要求谈判双方以最精练的语言表达最充分、真实、相关的信息。合作原则包括四个准则（Maxim）。

（1）量的准则（Quantity Maxim） 量的准则要求所说的话包括交谈所需要的信息，所说的话不应包含超出的信息。

（2）质的准则（Quality Maxim） 质的准则要求不要说自知是虚假的话，不要说缺乏足够证据的话。

（3）关系准则（Relavant Maxim） 关系准则要求所说的话内容要关联并

切题，不要漫无边际地胡说。

（4）方式准则（Manner Maxim） 方式准则要求清楚明白，避免晦涩、歧义，要简练，井井有条。

在这个金钱就是效率的社会，供需双方在谈判时，总是希望双方话语能相互理解，共同配合，早日完成谈判，达到各自的目的，因此，他们都遵守合作原则，以求实现这个愿望。当然同样是遵守合作原则的谈判，不同说话人在不同场合会对不同的准则有所侧重。例如，在谈判中，当双方讨论到买卖商品的品质、规格等时，双方都会把“质”准则放在首位，力求所说的话真实、有根据，同时也会顾及其他准则，如“方式”准则强调所说的话清楚、完整、避免引起歧义。

2、礼貌原则

人们在谈判过程中，为了实现各自的目的，双方保持良好的关系，一般都会遵循合作的原则。人们还会遵守礼貌原则。

礼貌原则（Politeness Principle），包括 6 个准则：①得体准则（Tact Maxim）：是指减少表达有损于他人的观点；②慷慨准则（Generosity Maxim）：是指减少表达利己的观点；③赞誉准则（Approbation Maxim）：是指减少表达对他人的贬损；④谦逊准则（Modesty Maxim）：是指减少对自己的表扬；⑤一致准则（Agreement Maxim）：是指减少自己与别人在观点上的不一致；⑥同情准则（Sympathy Maxim）：是指减少自己与他人在感情上的对立。

礼貌原则与合作原则互为补充。谈判中经常会出现这样的现象：一方对另一方的观点并不赞同，但是在表达不同意见之前，往往会先部分或笼统地赞成对方的观点，这里该谈判者遵守礼貌原则的一致准则和赞誉准则，放弃了合作原则中的“质”的准则。在上述的这种情况下，另一方的谈判者就不能只从字面上去理解对方的回答了，他必须透过对方的话语表面意义去设法领会对方话语中的深层意义，寻求对方在什么地方体现着合作原则，进而体会对手言语之外的意思。

在采购谈判中，谈判双方虽然站在各自的立场，处于对立的状态，但他们的最终目的都是希望谈判能获得成功，为此，他们都尽量遵守合作原则，以显示自己的诚意，确保谈判的顺利进行。但由于种种原因，如谈判策略的需要、各自的立场不同等，他们又是经常性地违反某些原则。这时，其对手就需揣度其弦外之音、言下之意，以决定自己的应对之策，这不仅是智慧的较量，也是语言运用和理解能力的较量。

三、采购谈判中具体的原则

1、不轻易给对方讨价还价的余地

价格是采购谈判的核心，因此，价格往往成为谈判双方争执的焦点。

要想在价格问题上掌握主动，其中一个方法就是运用“价格——质量——服务——条件——价格”逻辑循环谈判法则，即不给对方讨价还价的余地，使对方处于一种只能在枝节问题上进行交涉，而在核心问题上无法进展的境地。

2、不打无准备之仗，不打无把握之仗

商场如战场，在没有充分准备的情况下，应避免仓促参与谈判。在条件许可的情况下，要努力事先掌握谈判对手的企业现状，如企业的信誉、优势和劣势等；弄清本次谈判的利益何在、问题是什么、谁是对方的决策人物等有关资料；只有知己知彼，才能百战百胜，才能有针对性地制订谈判策略，击中对手的要害，使己方处于优势。

3、不要轻易放弃

一个客户就是一次商机，因此要采取一切措施，使谈判对方对谈判保持极大的兴趣。通过给予对方心理上更多的满足来增强谈判的吸引力，如施展个人的形象魅力，树立诚实可信、富于合作精神的形象，使对方产生可信赖、可交往的感觉，缩短对方心理上的距离；或让对方预感到他即将获得的成功；设法增强其自我满足感，使其保持良好的心绪和持久的自信心，从而使对方不轻易中断和己方的谈判。

4、不要急于向对手摊牌或展示自己的实力

让对手摸不到自己的底牌是谈判重要的计策之一，所以不要轻易地把自己的要求和条件过早地、完整地、透彻地告诉对方，应采取有效的暗示方式，如通过第三方的影响或舆论的压力。

5、要为对手制造竞争气氛

让对手们彼此之间去竞争，以取“鹬蚌相争，渔翁得利”之策。对于自己的竞争者，则要沉着应战，不要惊慌失措，不然对谈判于事无补。

6、为自己确定的谈判目标要有机动的幅度并留有可进退的余地

一般来说，目标可分三级，即最高目标、最低目标和可接受目标。最高目标应是努力争取的，最低目标是退让妥协的底线，可接受目标是可谈判的目标。

当你想获得时，应提出比你原预想的目标还高些，而不应恰好处在原预想的目标上。当你要付出时，应提出比你原预想的目标还低些的要求，而不应恰好处于原预想的目标上。但无论何种情况，没有适当的让步，谈判就无法进行下去，而让步是有原则的。让步的原则是；让步要稳，要让在明处，要步步为营，小步实施；要让对方知道，提醒对方注意；如果是单方面让步，其危害性不仅仅在于让步的大小，主要在于它削减了己方的谈判地位；让步之后要大肆渲染，即告知对方己方让步所做出的牺牲和所受到的损失，希望

对方予以关注，并要求对方予以补偿。

7、注意信息的收集，分析和保密

在信息时代，谁掌握的信息多，谁就在谈判中处于主动。谁把握信息快，谁就在谈判中占据优势。这就要求参与谈判的时候，只有在十分必要的情况下才能将有关的想法一点一滴地透露出去，绝不要轻易暴露自己已知的信息和正在承受的压力，并且应想方设法多渠道去获取有关的信息，以便及时调整己方的谈判方案。

8、在谈判中应多听、多问、少说

谈判不是演讲，演讲的目的是要把自己的主张和想法告之听众，而谈判的目的是通过语言交流实现自己的谈判目标，分得更多的"蛋糕"份额。这就要求尽可能地多了解和获悉对方的意图；倾听是发现对方需要的重要手段；恰当的提问是引导谈判方向，驾驭谈判进程的工具，所以谈判能手往往是提问专家。而说的过多则会产生不应有的失误，所谓"言多必失"，极易使自己陷于被动。同时，多听多问有助于发觉事情的真相，探索对手的目的和动机，迫使对方更多地提供信息反馈，使我们从中获得新的情况，以确立和调整己方的策略、措施和方法。

9、要与对方所希望的目标保持接触

在采购谈判中，应与对方所希望的目标保持恰当的接触，如果发现己方的要求和对方的要求之间差距较大，则应及时发出信号。如通过与旁人进行闲谈，故意把信号传递给对手，或通过中间人的联系，把意图告诉对方，以避免加大不必要的谈判成本。

10、要让对方从开始就习惯于己方的谈判目标

在谈判中能够控制议程的人，实际就是控制谈判的方向，而谈判议程是根据谈判目标来确定的，所以要通过议事日程的安排来有效地贯彻己方的谈判目标。绕开己方不愿谈的问题，适时地讨论己方希望触及的问题，这样就使己方在谈判中始终处于主动地位。

第三节　采购谈判的特点和内容

一、采购谈判的特点

1、合作性与冲突性

由于采购谈判是建立在双方利益既有共同点，又有分歧点这样的基础上，因此，从其特点来说，就是合作性和冲突性并存。

合作性表明双方的利益有共同的一面，冲突性表明双方利益又有分歧的一面。作为谈判人员要尽可能地加强双方的合作性，减少双方的冲突性。但是，合作性和冲突性是可以相互转化的，如果合作性的比例加大，冲突性的比例将会减少，那么谈判的可能性就大；反之，如果冲突的一面通过洽谈没有能够得到解决或减少，那么谈判就有可能失败。采购人员可以在事前将双方意见的共同点和分歧点分别列出，并按照其在谈判中的重要性分别给予不同的权重和分数，根据共同点方面的分数和分歧点方面的分数比较来预测谈判成功的概率，并决定如何消除彼此的分歧。

2、原则性和可调整性

原则性是指谈判双方在谈判中最后退让的界限，即谈判的底线。通常谈判双方在弥合分歧方面彼此都会作出一些让步，但是，让步不是无休止的和任意的，而是有原则的，超过了原则性所要求的基本条件，让步就会给企业带来难以承受的损失，因而，谈判双方对重大原则问题通常是不会轻易让步的，退让也是有一定限度的。

可调整性是指谈判双方在坚持彼此基本原则的基础上可以向对方作出一定让步和妥协的方面。作为采购谈判，如果双方在所有的谈判条件上都坚持彼此的立场，不肯作出任何的让步，那么谈判是难以成功的。因此，在采购谈判中，原则性和调整性是同时并存的。作为谈判人员，要从谈判中分析双方的原则性的差距大小，并分析是否可以通过谈判，调整双方的这种差距，使谈判成功。在原则性方面的差距越大，谈判的任务越艰巨，因为原则的调整和改变是非常困难的，所以，在原则性方面的差距较大的情况下，谈判人员要有充分的心理准备，既要艰苦努力，采取种种手段来消除或缩小这种差距，也要做好谈判失败的应变措施。

3、经济利益中心性

采购谈判是商务谈判的一种类型，在采购谈判中双方主要围绕着各自的经济利益作为谈判中心。作为供应商，则希望以较高的价格出售使己方得到较多的利润；而作为采购方，则希望以较低的价格购买而使己方降低成本。因此，谈判的中心是各自的经济利益，而价格在谈判中作为调节和分配经济利益的主要杠杆就成为谈判的焦点。

经济利益中心性是所有商务谈判的共性，它不同于政治谈判、外交谈判等，在这些谈判中，需要考虑许多方面的问题，要在许多利益中进行平衡和作出选择，因而使谈判更为艰难。当然，谈判中经济利益中心性并不是意味着不考虑其他利益，而是说相对于其他利益来说，经济利益是首要的，是起支配作用的。

二、采购谈判的内容

1、产品条件谈判

采购的主角是产品或原材料，因此，谈判的内容首先是关于产品的有关条件的谈判。产品条件谈判有的复杂，有的简单，主要决定于采购方购买产品的数量和产品的品种、型号。对于采购方来说，如果购买的产品数量少，品种单一，产品条件谈判就比较简单；如果采购的产品数量多，品种型号也多的情况下，产品条件谈判就比较复杂。一般来说，产品条件谈判内容包括：产品品种、型号、规格、数量、商标、外形、款式、色彩、质量标准、包装等。

2、价格条件谈判

价格条件谈判是采购谈判的中心内容，是谈判双方最为关心的问题，通常，双方都会进行反复的讨价还价，最后才能敲定成交价格。价格条件谈判也包括数量折扣、退货损失、市场价格波动风险、商品保险费用、售后服务费用、技术培训费用、安装费用等条件的谈判。

3、其他条件谈判

除了产品条件和价格条件谈判外，还有交货时间、付款方式、违约责任和仲裁等其他条件的谈判。

第四节 采购谈判的程序

一、采购谈判的准备

1、对涉及价格方面的事情的准备

企业进行采购谈判，其主要的内容还是决定所采购材料的价格，因此，企业在进行采购谈判以前，要对谈判时涉及的价格方面事先做好准备，这包括慎重选择供应商，决定采购材料的底价或预算，还要分析和比较报价的内容等。

（1）慎重选择供应商 最适合的供应商应该具备许多条件，但是，能提供适合的品质、充分的数量、准时的交货、合理的价格和热忱的服务，应该是共同的要求。但是如何选择供应商，许多企业都感到很困难。通常企业的做法是先成立评选小组，决定评审项目后，再将合格厂商加以分类、分级。选择正确的对象，可以使谈判工作事半功倍。

（2）确定底价与预算 谈判之前，采购人员应首先确立拟购物品的规格与等级，并就财务负担能力加以考虑，定出打算支付给供应商的最高价格，以便在议价之前，绝对讨价加以适当的还价。

（3）请报价厂商提供成本分析表或报价单　为了确定物品或劳务能真正符合卖方的需求，应请卖方提供报价单，以便详细核对内容，将来拟购项目若有增减，也可以根据报价单重新核算价格。交货时，也应有客观的验收标准。对于巨额的定制品等，另请卖方提供详细的成本分析表，以了解报价是否合理。

（4）审查、比较报价内容　在议价之前，采购人员审查报价单的内容有无错误，避免造成将来交货的纷争，将不同供应商的报价基础加以统一，以免发生不公平的现象。

（5）了解优惠条件　供应商对长期交易的客户会提供数量折扣；对于能以现金支付的货款，享有现金折扣；对于整批机器的定购，附赠备用零件或免费安装。因此，采购人员应该掌握这些优惠条件的情报，以便于将来的谈判议价。

2. 谈判地点和时间的选择

（1）谈判地点的选择　关于谈判地点的选择，通常不外乎三种情况，在采购方企业所在地、在对方所在地、既不在采购方企业也不在对方企业所在地的其他地方。这三种不同地点的选择各有得弊。

谈判地点安排在采购方企业所在地的优点是：环境熟悉，不会给采购谈判人员造成心理压力，有利于以放松、平和的心态参加谈判；查找资料和邀请有关专家比较方便，可以随时向本企业决策者报告谈判进展；同时由于地利人和等因素，可以给对方谈判人员带来一定的心理压力。这种方法的缺点是：易受本企业各种相关人员及相关因素的干扰，而且也少不了复杂的接待工作。

谈判地点选在对方企业所在地的优点：采购方谈判人员可以少受外界因素打扰而以全部精力投入到谈判工作；可以与对方企业决策者直接交换意见，可以使对方谈判人员无法借口无权决定而拖延时间，同时也省去了许多繁杂的接待工作；但这种方法也有缺点：环境不熟悉，易有压力；临时需要查找资料和邀请有关专家不方便。

谈判地点选在其他地方对企业来讲都比较公平，谈判可以不受外界因素打扰，保密性强。但对双方来讲，查找信息和请示领导都多有不便，各项费用支出较高。

（2）谈判时间的选择　谈判时间一般都在白天，这时双方谈判人员都能以充沛的精力投入到谈判，头脑清醒，应对自如，不犯或少犯错误。

3. 谈判人员的选择

谈判人员的选择对于一次采购谈判成功与否的重要性是不言而喻的。有的采购谈判可能因为规模小，目标单一明确，仅需要1～2名谈判人员；而有的采购谈判可能因为规模大，情况复杂，目标多元化而需要由多个谈判人员组成的谈判小组。但不管谈判人员的多少，一些谈判人员基本素质的共同要求是相同的。这些共同要求包括：谈判人员应具有良好的自控与应变能力、观察与思考能力、迅捷的反应能力、敏锐的洞察能力，甚至有时是经过多次采购谈判而无形之中形成的直觉。此外，采购人员还应具有平和的心态、沉稳的心理素质，以及大方的言谈举止。

对于必须组成谈判小组来说，其谈判小组的组成规模要适当，依据实际情况而定，应该遵循的原则就是保持精干高效。采购谈判小组除了一名具有丰富的谈判实践经验、高明的组织协调能力的组长之外，还需要财务、法律、技术等各个方面的专家。在性格和谈判风格上，小组成员应该是“进攻型”和“防御型”两类人员优势互补，以使谈判取得最佳效果。

4、谈判方式的选择

采购谈判方式可以简单分为两大类：面对面的会谈及其他方式的谈判。面对面的会谈又可以分为正式的场内会谈和非正式的场外会谈；其他方式的谈判包括采用信函、电话、电传、电报、互联网方式。

（1）面对面的会谈　相对于其他方式，面对面的会谈能较多地增加双方谈判人员的接触机会，增进彼此之间的了解，从而更能洞悉对方谈判人员的谈判能力、谈判风格，给谈判人员充分施展各种策略技巧留下了很大的空间。尤其是非正式的场外会谈，可以营造轻松的气氛，缓和正式谈判的紧张气氛。但是，这种谈判方式对谈判人员的个人素质有较高的要求。同时费用较高，这种方式较适用于大宗贸易和想与对方长期合作关系的谈判活动。本章所涉及的谈判策略和技巧以及应遵循的谈判原则都是针对面对面的会谈的。

（2）其他方式的谈判　在其他谈判方式中，把利用信函、电报、电传进行的谈判称为书面的谈判。书面谈判有助于传递详细确切的信息，且没有不必要的干扰。采用这种形式，谈判双方可以有充分的时间去考虑谈判条件合适与否，便于慎重决策。电话谈判也可以用来获取某些信息，提高效率，费用较少，但是，无论是书面谈判还是电话谈判，都没有视觉交流，可能引起误解。

可以预测，随着高科技的迅速发展，互联网在采购谈判中将会取代面对面的会谈而成为大型商务谈判的主要方式，因为，网上谈判既克服了电话谈判和书面谈判缺乏面对面交流的缺陷，与面对面会谈相比，又具有方便、成本低等优点。

二、正式谈判阶段

1、摸底阶段

在正式谈判开始前，双方主要任务是相互摸底，希望知道对方的谈判目标底线，所以在这一阶段说话往往非常谨慎，通常以介绍自己的来意、谈判人员的情况（姓名、职务、分工等）、本企业的历史、产品的有关情况等为主，并倾听对方的意见和观察其反应。在这一阶段，价格这一敏感问题往往先不在谈话中涉及，而是在倾听对方意见之后，再来决定。另外，这一阶段切忌只是自己一方喋喋不休地讲话，要遵循采购原则中“多听、多看、少说”的原则，给对方讲话的机会。

2、询价阶段

价格是采购谈判的敏感问题，也是谈判最关键的环节，在这一阶段要考虑的问题是：谁先开价、如何开价、对方开价后如何还价等问题。

3、磋商阶段

在进行询价后，谈判就进入了艰难的磋商阶段，双方都已经知道了对方的初始报价，所以在磋商阶段主要是双方彼此讨价还价，尽力为己方争取更多利益的阶段。而初始报价已经表明了双方分歧的差距，要为己方争取到更多的利益，就必须判断对方为何如此报价，他们的真实意图得什么，可以通过一系列审慎的询问来获得信息，比如这一报价和购买数量的关系，有没有包括运费、零配件费用和其他费用在内等，但是，在这一阶段，不适宜马上对对方的回答予以评论或反驳。

分歧在谈判中被重视是自然的，也是正常的。分歧的类型有三种：一是由于误解而造成的分歧，主要在于未能进行充分和有效的沟通所造成的。比如在表达己方的意见时，未能阐述清楚，在对方报价时没有解释报价的依据等。二是处于策略的考虑而人为造成的分歧。例如，双方为了讨价还价以达到自己满意的价格的需要，开始报价的时候就报得很高或很低。三是双方立场相差很远而形成的真正的分歧，如购买方的价格底线差距很大，再通过多次磋商仍不能取得一致。

4、设法消除分歧

在明确了分歧类型和产生的原因之后，就要想办法消除双方之间的分歧。对由于误解而造成的分歧，通过加强沟通、增进了解，一般是可以消除的。出于策略的考虑而人为造成的分歧，比如双方立场相差很远而形成的真正的分歧，其消除是非常困难和漫长的，需要高明的策略和技巧。

5、成交阶段

经过磋商之后，双方的分歧得到了解决，就进入了成交阶段。在这个阶段，谈判人员应将意见已经一致的方面进行归纳和总结，并办理成交的手续或起草成交协议文件。

三、检查确认阶段

检查确认阶段是谈判的最后阶段，在这一阶段主要做好以下工作：

（1）检查成交协议文本 应该对文本进行一次详细的检查，尤其是对关键的词、句子和数字的检查一定要仔细认真。一般应该采用统一的经过公司法律顾问审定的标准格式文本，如合同书、订货单等。对大宗或成套项目交易，其最后文本一定要经过公司法律顾问的审核。

（2）签字认可 经过检查审核之后，由谈判小组长或谈判人员进行签字并加盖公章，予以认可。

（3）小额交易的处理 对小额交易直接进行交易，在检查确认阶段，应主要做好货款的结算和产品的检查移交工作。

（4）礼貌道别 无论是什么样的谈判及谈判的结果如何，双方都应该诚恳地感谢对方并礼貌地道别，这有利于建立长期的合用关系。

第五节 采购谈判的策略与技巧

在采购谈判中，为了使谈判能够顺利进行和取得成功，谈判者应善于灵活运用一些谈判策略和技巧。谈判策略是指谈判人员通过何种方法达到预期的谈判目标，而谈判技巧则是指谈判人员采用什么具体行动执行谈判策略。在实际选用不同的谈判策略和技巧时，不仅应考虑不同的谈判内容、谈判目标、谈判对手等个体情况，还应评估与供应商谈判的力量，究竟有哪些优势和劣势，如买方的力量、卖方的力量、替代品、竞争者、新供应商障碍，才能舍己之短，并发挥所长。

一、采购谈判策略

1、投石问路策略

所谓投石问路策略，就是在采购谈判中，当买方对卖方的商业习惯或有关诸如产品成本、价格方面太不了解时，买方主动地摆出各种问题，并引导对方去做较为全面的回答，然后，从中获得有用的信息资料。这种策略一方面可以达到尊重对方的目的，使对方感觉到自己是谈判的主角和中心；另一方面，自己又可以摸清对方底细，争得主动。

例如，当企业向供应商提出要购买 5 000 件产品时，他就可以使用此策略。首先，他可以向供应商询问如果他购买 1 000、2 000、3 000、4 000 和 4 500 件的单价分别是多少，当卖方回答后，买方就可以从中获取有关的信息资料，进而分析研究出供应商产品的生产成本、生产能力、产品价格政策等。最后，买方就能够以较低的成本费用从供应商那里获得他们所需的产品。

运用该策略时，关键在于买方应给予卖方足够的时间并设法引导卖方对所提出的问题尽可能详细地正面回答。为此，买方在提问时应注意：问题简明扼要，要有针对性，尽量避免暴露提问的真实目的或意图。在一般情况下，买方可以提出以下的几个问题：如果我们订货的数量增加或者减少？如果我们让你方作为我们固定的供应商？如果我们有临时采购需求？如果我们分期付款？等等。

当然，这种策略也有不适用的情况。例如，当谈判双方出现意见分歧时，买方使用此策略则会让对方感到你是故意给他出难题，这样，对方就会觉得你没有谈判诚意，谈判也许就不能成功。

2、避免争论策略

谈判人员在开谈之前，要明确自己的谈判意图，在思想上进行必要的准备，以创造融洽、活跃的谈判气氛。然而，谈判双方为了谋求各自的利益，必然会在一些问题上发生分歧，此时，双方都要保持冷静、防止感情冲动，尽可能地避免争论。因为争论不休于事无补，而只能使事情变得更糟，最好的方法是采取下列态度进行协商。

（1）冷静地倾听对方的意见　在谈判中，听往往比说更重要。它不仅表现了谈判者良好的素质和修养，也表现出对对方的尊重。多听少讲可以把握材料，探索并提示对方的动机，预测对方的行动意图。在倾听过程中，即使对方讲出你不爱听的话，或对你方不利的话，也不要立即打断对方或反驳对方。因为真正赢得优势，取得胜利的方法决不是争论，所以，最好的方法是让对方陈述完毕后，首先表示同意对方的意见，承认自己在某方面的疏忽，然后提出对对方的意见，进行重新讨论。这样在重新讨论问题时，双方就会心平气和地进行，从而使谈判达成双方都比较满意的结果。

例如，在谈到价格时，当买方提出“你方给我方的某产品价格太高，不降价无法达成协议”，这时卖方最好的办法不是立刻讨价还价，而是表示歉意，可以真诚地对买方说：“我们也认为某某产品的价格定得高了一些，但由于它的成本高，所以报价时只考虑了自己的生产成本和盈利指标，忽视了你们的承受能力，这是我们的疏忽。对此我们表示歉意，大家谁也不会为了亏本来谈判，因此，我们愿就价格问题专门进行磋商。”这样一来，对方就不会觉得你是为了赚他的钱，而是真诚地为了继续合作，在重新讨论价格时，就显得十分宽容和大度。

（2）婉转地提出不同意见　在谈判中，当你不同意对方意见时，切忌直接提出自己的否定意见。这样会使对方在心理上产生抵触情绪，反而千方百计地维护自己的观点。如果有不同意见，最好的方法是先统一对方的意见，然后再作探索性的提议。

（3）分歧产生之后谈判无法进行，应立即休会　如果在洽谈中，某个问题成了绊脚石，使洽谈无法进行下去，双方为了捍卫自己的原则和利益，就会各持己见，互不相让，使谈判陷入僵局，休会的策略为那些固执己见型谈判者提供了请示上级的机会，同时，也为自己创造了养精蓄锐的机会。

谈判实践证明，休会策略不仅可以避免僵持局面和争论的发生，而且可以使双方保持冷静、调整思绪，平心静气地考虑对方的意见，达到顺利解决问题的目的。“休会”是国内外谈判人员经常采用的基本策略。

3、情感沟通策略

如果与对方直接谈判的希望不大，就应该采取迂回的策略。所谓迂回策略，就是要先通过其他途径接近对方，彼此了解，联络感情。在沟通了情感后，再进行谈判，人都是有感情的，满足人的情感和欲望是人的一种基本需要。因此，在谈判中利用感情因素去影响对方是一种可取的策略。

灵活运用此策略的方法很多，可以有意识地利用空闲时间，主动与谈判对手聊天、娱乐、谈论对方感兴趣的问题；也可以赠小礼品，请客吃饭，提供交通住宿的方便；还可以通过帮助解决一些私人的问题，从而达到增进了解、联系情感、建立友谊的目的，从侧面促进了谈判的顺利进行。

4、货比三家策略

在采购某种商品时，企业往往选择几个供应商进行比较分析，最后择优签订供销合约。这种情况在实际工作中非常常见，我们把采购商的这种做法称为“货比三家策略”。

在采用该策略时，企业首先选择几家生产同类型己方所需产品的供应商，并向对方提供自己的谈判内容、谈判条件等。同时也要求对方在限定的时间内提供产品样品、产品的性能等相关资料，然后，依据资料比较分析卖方在谈判态度、交易条件、经营能力、产品性价比等方面的差异，最终选择其中的一家供应商与其签订合同。

另外，在运用此策略时，买方应注意选择实力相当的供应商进行比较，以增加可比性和提高签约效率，从而更好地维护己方的谈判利益。同时，买方还应以平等的原则对待所选择的供应商，以严肃、科学、实事求是的态度比较分析各方的总体情况，从而寻找企业的最佳合作伙伴。

5、声东击西策略

该策略是指我方为达到某种目的，有意识地将洽谈的议题引导到无关紧要的问题上故作声势，转移对方的注意力，以求实现自己的谈判目标。具体做法是在无关紧要的事情上纠缠不休，或在自己不成问题的问题上大做文章，以分散对方对自己真正要解决的问题上的注意力，从而在对方无警觉的情况下，顺利实现自己的谈判意图，例如，对方最关心的问题是价格问题，而我方最关心的问题是交货时间，这时，谈判的焦点不要直接放到价格和交货时间上，而是放在价格和运输方式上。在讨价还价时，我方可以在运输方式上让步，而作为双让步的交换条件，要求对方在交货时间上作出让步。这样，对方感到了满意，我方的目的也达到了。

6、最后通牒策略

处于被动地位的谈判者，总有希望谈判成功达成协议的心理。当谈判双方各持己见，争执不下时，处于主动地位的一方可以利用这一心理，提出解决问题的最后期限和解决条件，期限是一种时间性通牒，它可以使对方感到如不迅速做出决定，他会失去机会。因为从心理学角度讲，人们对得到的东西并不珍惜，而对要失去的本来在他看来并不重要的某种东西，却一下子变得很有价值，在谈判中采用最后通牒策略就是借助人的这种心理定势来发挥作用的。

最后通牒既给对方造成压力，又给对方一定的时间考虑，随着最后期限的到来，对方的焦虑会与日俱增。因为谈判不成功损失最大的还是自己，因而，最后期限的压力，迫使人们快速做出决策。一旦他们接受了这个最后期限，交易就会很快顺利地结束。

7、其他谈判略策

除以上介绍的谈判策略和方法以外，在实际谈判活动中，还有许多策略可以采用，如多听少讲策略、先苦后甜策略、讨价还价策略、欲擒故纵策略、以退为进策略等。

总之，只要谈判人员善于总结、善于观察，并理论结合实际，就能创造出更多更好的适合自身的谈判策略，并灵活使用它们，以指导实际谈判。

二、采购谈判技巧的设计

采购谈判技巧的“规划”

采购经理的主要工作之一，就是降低成本，因此，必须懂得如何进行成功的谈判，成功的谈判必须有详尽的规划。它由以下四个部分组成。

1、预测

好的预测必须包含以下几项：

（1）对价格的变化未雨绸缪　充分准备时间让你在谈判时有较佳的选择，容易采取因应对策。

（2）“四个伙伴”理论　谈判桌上有四个伙伴与你同在——过去、现在、最近、未来；当一个决策无法同时满足这四个伙伴时，必须权衡得失，使损失降低至最低。

（3）尽早从供应商处得到协助　供应商对产品的了解通常较买方为多，要求供应商予以技术、管理、财务等方面的协助。

（4）使用量预测　汇集过去使用量的资料，作为未来订购量的参考，如利用 MRP 电脑系统，同时有了过去及未来的详细采购资料，有助于谈判时得到较大的折扣。

（5）掌握特大、重大事件　掌握特大、重大事件（如罢工、天灾、坏天气、关税、法令、运输状况等）将可更准确地预测合理价格，而在谈判桌上居于优势。这些重大事件除了从报章杂志上汇集外，还可由销售人员处得知。

（6）注意价格趋势　具体包括：

1）比较供应商有多少产品项目上涨（何时，上涨幅度，通报形式）。

2）比较供应商的价格上涨模式与该产业的模式。

2、学习

从所得的资讯中学习谈判的问题、对象及内容是谈判成功的关键。下面分为容易得到（少花钱及时间）的资讯与不易得到（多花钱及时间）的资讯两部分。

（1）容易得到的资讯　具体如下：

1）谈判模式及价格的历史资料。找出供应商谈判技巧的趋势，供应商处理上次谈判的方式。

2）产品与服务的历史资料。价格的上涨有时是隐含于品质及服务水准的降低。工程部门及使用该产品的制造部门不难发现实情，此点可作为谈判的筹码。

3）稽核效果。从会计或采购稽核可发现待加强之处（例如供应商的成本分析常发生错误）。

4）最高明指导原则。挟公司政策、政府法令和过去发生的先例以增强谈判力。

5）供应商的营运状况。从其销售人员及竞争能力可了解供应商的问题与优势，知己知彼才能百战百胜。

6）谁有权决定价格。汇集其个人资料加以运用，因为卖方通常较容易对陌生人抬高价格。

7）掌握关键原料或关键因素。运用 20/80 原理，争取主要，牺牲次要。

8）利用供应商的情报网络。可从销售人员处得到一些有价格的资讯（如价格趋势、科技的重要发明、市场占有率、设计的改变等）

（2）不易得到的资讯　具体如下：

1）寻求更多的供应来源（包括海外）。即使你仍向原来的供应商采购，但更多的供应来源可增加你的议价能力。

2）有用的成本、价格资料与分析。良好的成本 —— 价格分析提供有效的采购；必要时应借重成本分析师，这是一种投资而非成本。

3）供应商的采购系统。化整为零——按供应商各个部门的平常生产排程来推估。

4）限制供应商谈判能力。提供给对方的资讯愈少愈好，尽量让对方发表高见，仔细聆听并从中找出对策。

5）了解供应商的利润目标及价格底线。需耐心地透过各种管道求得（谈判过程也是管道之一）。

3、分析

1）如何还价：利用专业人员从事成本分析、建议议价的底线。

2）如何比价：

① 价格分析。相同成分或规格比较其价格或服务。

② 成本分析。将总成本分为细项——包含人工、原料、外包、制造费用、管理费用、利润。卖方与买方估计的价差不是要双方还价来达成协议。

3）找出决定价格的重要因素：决定价格的重要因素是人工、原料、外包？这可作为谈判的依据。

4）价格上涨如何影响供应商的边际利润：供应商的成本虽然上涨（例如由于通货膨胀），但其价格通常不只反映在成本的增加上。

5）实际与合理的价格是多少。

6）对付价格上涨的最好对策：重要的是方法与时机的掌握，最好有专家协助。

4、谈判

（1）涨价时让销售人员书面提出　通常书面通知涨价比电话容易，而面对面通常是难以启齿的，耐心地等待销售人员提出涨价后的妥协。

（2）双重退避　当销售人员报价时，买方应表示惊讶得难以接受，同时，买方的领导也应表示惊讶。这样才能让对方明白他们无法接受高报价的立场。

（3）不要马上谈到正题　如此卖方会承受一股无形压力而变得焦虑，这样对你的谈判较有利。

（4）声东击西　先要求对方给一些不是你真正想要的好处，然后再拿这些来交换你真正想要的。

（5）不要轻易给卖方很大的好处　当你想提供时，最好预留余地以供讨价还价，同时要求对方有所回报。

三、采购谈判的基本技巧

（一）入题技巧

谈判双方刚进入谈判场所时，难免会感到拘谨，尤其是谈判新手，在重要谈判时，往往会产生忐忑不安的心理。为此，必须讲求入题技巧，采取恰当的入题方法。

1、迂回入题

为避免谈判时单刀直入，过于暴露，影响谈判的融洽气氛，谈判时可以采用迂回入题的方法，如先从题外话入题，从介绍己方谈判人员入题，从“自谦”入题，或者从介绍本企业的生产、经营、财务状况入题等。

2、先谈细节、后谈原则性问题

围绕谈判的主题，先从洽谈细节问题入题，条分缕析，丝丝入扣，待各项细节问题谈妥以后，也便自然而然地达成了原则性的协议。

3、先谈一般原则、再谈细节

一些大型的经贸谈判，由于需要洽谈的问题千头万绪，双方高级谈判人员不应该也不可能介入全部谈判，往往要分成若干等级进行多次谈判。这就需要采取先谈原则，再谈细节的方法入题，一旦双方就原则问题达成了一致，那么，洽谈细节问题就有了依据。

4、从具体议题入手

大型谈判总是由具体的一次次谈判组成的，在具体的每次谈判中，双方可以首先确定本次会议的谈判议题，然后从这一议题入手进行洽谈。

（二）阐述技巧

1、开场阐述

谈判入题后，接下来就是双方进行开场阐述，这是谈判的一个重要环节。

（1）开场阐述的要点　开场阐述的要点具体包括：一是开宗明义，明确本次会议所要解决的主题，以集中双方的注意力，统一双方的认识。二是表明我方通过洽谈应当得到的利益。三是表明我方的基本立场，可以回顾双方以前合作的成果，说明我方在对方所享有的信誉；也可以展望或预测今后双方合作中可能出现的机遇和障碍；还可以表示我方可采取各种方式为共同获得利益做出贡献等。四是开场阐述应是原则的，而不是具体的，应尽可能简明扼要。五是开场阐述的目的是让对方明白我方的意图，创造协调的洽谈气氛，因此，阐述应以诚挚和轻松的方式来表达。

（2）对对方开场阐述的反应　对对方开场阐述的反应具体包括：一是认真耐心倾听对方的开场阐述，归纳弄懂对方开场阐述的内容，思考和理解对方的关键问题，以免产生误会；二是如果对方开场阐述的内容与我方意见差距较大，不要打断对方的阐述，更不要立即与对方争执，而应当先让对方说完，认同对方之后再巧妙地转开话题，从侧面进行谈判。

2、让对方先谈

在谈判中，当你对市场态势和产品定价的新情况不太了解，或者当你尚未确定购买何种产品，或者你无权直接决定购买与否的时候，你一定要坚持让对方先说明可提供何种产品，产品的性能如何，产品的价格如何等，然后，你再审慎地表达意见。有时即使你对市场态势和产品定价进行了比较，有明确的购买意图，而且能直接决定购买与否，也不妨先让对方阐述利益要求、报价和产品介绍，然后你在此基础上提出自己的要求。这种先发制人的方式，常常能收到奇效。

3、坦诚相见

谈判中应当提倡坦诚相见，不但将对方想知道的情况坦诚相告，而且可以适当透露我方的某些动机和想法。坦诚相见是获得对方同情的好办法，人们往往对坦诚的人自然有好感。但是应当注意，与对方坦诚相见，难免要冒风险。对方可能利用你的坦诚逼你让步，你可能因为坦诚而处于被动地位，因此坦诚相见是有限度的，并不是将一切和盘托出，总之既要赢得对方的依赖，又不使自己陷于被动、丧失利益为重。

注意正确使用语言：

（1）准确易懂　在谈判中，所使用的语言要规范、通俗，使对方容易理解，不至于产生误会。

（2）简明扼要，具有条理性　由于人们有意识的记忆能力有限，对于大量的信息，在短时间内只能记住有限的、具有特色的内容，所以在谈判中一定要用简明扼要而又有条理性的语言阐述自己的观点。这样才能在洽谈中收到事半功倍的效果。反之，如果信口开河，不分主次，话讲了一大堆，不仅不能使对方及时把握要领，反而会使对方有厌烦的感觉。

（3）第一次要说准　在谈判中，当双方要你提供资料时，你第一次要说准确，不要模棱两可，含糊不清。如果你对对方要求提供的资料不甚了解，应延迟答复，切忌脱口而出。要尽量避免所使用含上下限的数值，以防止波动。

（4）语言富有弹性　谈判过程中使用的语言，应当丰富、灵活富有弹性。对于不同的谈判对手，应使用不同的语言。如果对方谈吐优雅，我方用语也应十分讲究，做到出语不凡；如果对方语言朴实无华，那么我方语言也不必过多修饰。

（三）提问技巧

要用提问摸清对方的真实需要、掌握对方心理状态、表达自己的意见观点。

（1）提问的方式　提问的方式包括：①封闭式提问；②婉转式提问；③开

放式提问；④澄清式提问；⑤探索性提问；⑥借助式提问；⑦强迫选择式提问；⑧引导式提问；⑨协商式提问。

（2）提问的时机　提问的时机包括：①在对方发言完毕时提问；②在对方发言停顿、间歇时提问；③在自己发言前后提问；④在议程规定的辩论时间提问。

（3）提问的其他注意事项　提问的其他注意事项包括：①注意提问的速度；②注意对方的心境；③提问后给对方足够的答复时间；④提问时应尽量保持问题的连续性。

（四）答复技巧

答复不是容易的事，回答的每句话，都会被对方理解为是一种承诺，都负有责任。

答复时应注意：①不要彻底答复对方的提问；②针对提问者的真实心理答复；③不要确切答复对方的提问；④降低提问者追问的兴趣；⑤让自己获得充分的思考时间；⑥礼貌地拒绝不值得回答的问题；⑦找借口拖延答复。

（五）说服技巧

（1）说服原则　说服时应注意：①不要只说自己的理由；②要研究分析对方的心理、需求及特点；③要消除对方戒心、成见；④不要操之过急、急于奏效；⑤不要一开始就批评对方、把自己的意见观点强加给对方；⑥说话用语要朴实亲切，不要过多讲大道理；⑦态度诚恳、平等待人、积极寻求双方共同点；⑧承认对方“情有可原”，善于激发对方的自尊心，坦率承认如果对方接受你的意见，你也获得一定利益。

（2）说服具体技巧　说服具体技巧包括：①讨论先易后难；②多向对方提出要求、传递信息、影响对方意见；③强调一致、淡化差异；④先谈好，后谈坏；⑤强调合同有利于对方的条件；⑥待讨论赞成和反对意见后，再提出你的意见；⑦说服对方时要精心设计开头和结尾，要给对方留下深刻的印象；⑧结论要由你明确提出，不要让对方揣摩或自行下结论；⑨多次重复某些信息和观点；⑩多了解对方，以对方习惯的能够接受的逻辑方式去说服对方；⑪先做铺垫，不要奢望对方一下子接受你的突如其来的要求；⑫强调互惠互利、互相合作的可能性、现实性。激发对方在自身利益认同的基础上来接纳你的意见。

四、谈判技巧的应用

采购谈判是采购的重要组成部分，采购部门有必要对采购谈判策略和技巧进行研究和探讨，以提高议价的能力，为企业创造更多的效益。下面分析一下采购谈判过程中的一些技巧。

1、过关斩将

所谓“过关斩将”，是指采购人员应善于利用上级主管的谈判和议价能力。

采购人员的议价结果不太理想时，如果采购金额较大，应请求上级主管，甚至买方总经理向卖方相应的主管直接对话，这样做通常效果会很好。

这是因为高层主管不仅议价技巧与谈判能力会高超一些，且社会关系广、地位高、经验又丰富，常常可能与对方主管有共同语言，甚至一见如故（如果见面的话），对方也因为买方主管的出面会有受到敬重或重视的感觉，从而使商务谈判易于进行，甚至提高降价的幅度。这种策略需要注意的是，采购人员最好请相应职务的双方主管进行会谈，尽量避免直接和比自己职位高的双方主管会谈，以免在谈判时处于不利地位，且容易“得罪”业务人员，令工作不好开展。

2、先声夺人

所谓“先声夺人”，是指谈判前设法给对手以巨大压力。例如，如果某公司因为某些原因要改变所生产的产品的品牌或其他方面的供应商已经熟悉和接受的东西，而同时又要维持原来的供应渠道，以确保生产正常进行；但是一般来说，供应商由于怕麻烦等原因不愿更换已经商议好的条件，这种情况下采购人员就要采用“先声夺人”的谈判技巧。

在与原供应商的商务谈判过程中，采购人员在使用“先声夺人”的谈判策略时，特别是针对那些较小的供应商，采购人员就要将重点放在公司的强大实力和良好的信誉等方面，避而不谈具体实质性的内容。最后因为对方急于维护供应关系，只好降低价格，这样企业在不改变品牌的情况下顺利达到降低采购成本的目的。

3、擒贼先擒王

所谓“擒贼先擒王”，是指在谈判过程中直接和对方掌握实权的人谈判。这些策略适用于某些“家长式”的企业。所谓“家长式”的企业，是指那些一个人或少数几个人说了算的企业。公司的采购人员可以在事先已做了仔细的市场价格调查的情况下，和对方的区域主管商谈，如价格谈不下来，其后又与对方销售部副经理、经理谈，如果只是被告知价格是刚性的，这时采购人员就要注意到，是不是只有总经理才有定价权？于是采购人员可以通过各种渠道与对方老总谈判，往往会收到意想不到的效果。

在对方低层主管没有价格决策权的情况下，采取这种策略是非常必要的，对方业务人员和低层主管对此也无可非议。但这种做法一般难度比较大，不一定成功，因为对方的具有决策权的人不一定那么容易说服；而且一旦不成功，还有可能得罪对方谈判人员，破坏双方关系。

与此策略相适应，采购方可使用“权力有限”的策略。即在较被动的情况下，推说没有被授予做大的让步的权力，以便使对方放弃所坚持的条件。

4、化整为零

所谓“化整为零”，就是分别对组成最终产品的每种材料逐一报价，再对专业制造该产品的厂商进行询价，比较分析后得出最佳方案。

就采购而言，比价采购和采购谈判在有些时候是盲目的，因为经常碰到信息不对称的情况，即供应商的成本价往往只有供应商自己心里清楚。购买方应尽可能摸清供应商的成本价，这样对控制议价和商务谈判的主动权有极大的好处。这种化整为零的策略，对由多个不同的材料组合而成的产品的议价有用。

5、直捣黄龙

直捣黄龙就是企业越过中间供应商，与总厂或原厂家直接接触，以达到降低成本的目的。

有些中间供应商由于“独家代理”，价格居高不下，谈判、议价总无结果，这时便可采取“直捣黄龙”策略。例如，对某材料的订购，如果企业经与其他生产厂家的同类产品比较，“总代理”的价格高出许多，并且企业多次要求该“总代理”降低未果，在这种情况下，企业可以撇开“总代理”，直接向厂家询价，结果可能是原厂家拒绝，企业依然回到中间供应商那里；另一种结果可能就是原厂家不但报价，而且价格比“总代理”低。因此，采购人员应在议价过程中小心认清“总代理”的虚实，因为有些供应商自称总代理，事实上并未与国外原生产厂家签订任何合约或协议，只是借总代理的名义自抬身价，获取超额利润。但在产销分离制度上要求相当严格的国家，如日本，这种策略就行不通了，因为日本的生产厂家会把询价单转交给代理商。

6、以退为进

以退为进就是指采购人员在采购过程中，先做一定的“让步”，以显示自己的高姿态，有时会得到意想不到的效果。

五、采购谈判中的议价技巧

在买方占优的情况下，供应商彼此竞争激烈，买方应“因势利导”，运用压迫式议价技巧进行议价。

1、借刀杀人

通常询价后，可能有3～7个厂商报价，经过报价分析与审查，然后按报价高、低次序排列（比价）。议价究竟先从报价最高者着手，还是从最低者开始？是否只找报价最低者来议价？是否与报价的每一厂商分别议价？事实上，这并没有标准答案，应视情况而定。

一般采购人员工作均相当忙碌，若逐一与报价厂商议价，恐怕“时不与我”，且议价的厂商愈多，通常将来决定的时候困扰就愈多。若仅从报价最低的厂商开始议价，则此厂商降价的意愿与幅度可能不高，故所谓“借刀杀人”，即从报价并非最低者开始，若时间有限，先找比价结果排行第三低者来议价，探知其降低的限度后，再找第二低者议价，经过这两次议价，“底价”就可能浮现出来。若“底价”比原来报价最低者还低，表示第三低者、第二低者承做意愿相当高，则可再找原来报价最低者来议价。以前述第三低者、第二低者降价后的“底价”，要求最低者降至“底价”以下来承做，达到“借刀杀人”的目的，若原来报价最低者不愿降价，则可交予第二低者、第三低者按议价后的最低价格成交，若原来最低价者刚好降至第二低者或第三低者的最低价格，则以交给原来报价最低者为原则。

“借刀杀人”达到合理的降价目的，应见好即收，免得造成报价厂商之间“割颈竞争”，以致延误采购时效。此外，摒除原来报价偏高的厂商的议价机会，可以达到“杀鸡儆猴”的效果，并鼓舞竞争厂家勇于提出较低的报价。

2、过关斩将

所谓 “过关斩将”，即采购人员应善于用上级主管的议价能力。通常供应商不会自动降价，必须采购人员据理力争，但是供应商的降价意愿与幅度，视议价的对象而定。如果采购人员对议价的结果不太满意，此时应要求上级主管来和供应商议价，当买方提高议价的层次，卖方有受到敬重的感觉，可能同意提高降价的幅度，若采购人员甚至进而请求更高阶层的主管（如采购经理，甚至副总经理或总经理）邀约卖方的业务主管（如业务经理）面谈，或直接由买方的高阶主管直接对话，此举通常效果不错，因此，高阶主管不但议价技巧与谈判能力高超，且社会关系及地位崇高，甚至与对方的经营者有相互投资或事业合作的关系，因此，通常只要招呼一声，就可获得意想不到的效果。

当然，业务人员若为回避“过关斩将”而直接与采购经理或高层主管洽谈，如此，必会得罪采购人员，将来会失去询价的机会，所以通常会接受这种逐次提高议价层次的安排。

3、化整为零

采购人员获得最合理的价格，必须深入了解供应商的“底价”究竟是多少，若是仅获得供应商笼统的报价，据此与其议价，吃亏上当的机会相当大。若能要求供应商提供详细的成本分析表，则“杀价”才不致发生错误。因此，真正的成本或底价，只有供应商心里明白，任凭采购人员乱砍乱杀，最后恐怕还是占不了便宜。因此，特别是拟购物品是由几个不同的零件组合或装配而成时，即可要求供应商“化整为零”，列明各项零件并逐一报价。另外请专业制造此等零件的厂商另行报价，借此寻求最低的单项报价或总价，作为议价的依据，但也面临以完成品买进或以零件买进自行组装的采购决策。

4、压迫降低价

当买方占优势的情况下，以胁迫的方式要求供应商降低价格，并不征询供应商的意见。这种方法通常是在买方处于产品销路欠佳，或竞争十分激烈，以致发生亏损或利润微薄的情况下，为改善其获利能力而使出的杀手锏。由于市场不景气，故形成供应商存货积压，急于出手换取周转资金。这时很容易形成买方市场。采购人员通常遵照公司的紧急措施，要求供应商自特定日期起降价若干；若原来供应商缺乏配合意愿，即可更换来源，当然，此种激烈的降价手段，会破坏供需双方的和谐关系；当市场好转时，原来委屈求人的供应商，不是反抬高售价，就是另谋发展，供需关系难以维持永久。

总之，在采取“压迫降价”时，必须注意切勿“杀鸡取卵”，以免危害长期的供应商关系或激起对抗的行为。在卖方占优势的情况下，特别是单一来源或独家代理，买方寻求突破议价困难的技巧如下：

（1）迂回战术　由于卖方占优势，议价通常效果不好，这时采取迂回战术可能有效，如：某厂家自本地总代理购入某化学品，发现价格竟比同类某公司贵，因此，要求总代理说明原委，并比照售予同业的价格。未料总代理未能解释个中道理，也不愿意降价。因此，采购人员委托总代理原厂国的某贸易商，先行在该国购入此项化学品，再运往台湾。因为总代理的利润偏高，此种转运安排虽然费用增加，但总成本还是比通过总代理人购入的价格便宜。

（2）直捣黄龙　某单一来源的供应商或总代理对采购人员的议价要求置之不理，摆出一副“姜太公钓鱼，愿者上钩”的姿态，使采购人有被侮辱的感觉，此时，若能摆脱总代理，寻求原厂的报价将是良策。例如，某制鞋厂拟购缝纫机 7 部，经总代理报价后，虽然三番五次邀约前来议价，总是推三阻四不得要领，当采购人员查阅产品目录时，灵机一动，将目录上印有总代理名称、地址及电话的标签撕下，赫然发现国外原厂的通信设备处所，即时发送要求降价 12%的传真到原厂，事实上，只是存在着姑且一试的心里，不料次日，原厂回电同意降价 12%，使采购人员欣喜若狂。

由前述的事例中，采购人员对所谓的总代理在议价的过程中认清虚实，因为有些供应商自称为总代理，事实上，并未与原厂签任何合约或协议，只想借总代理的名义自抬身价，获取超额利润。因此，当采购人员向国外原厂询价时，多半会获得回音。但是，在产、销分离制度相当严谨的国家，如日本，则迂回战术就不得其门而入。因为原厂通常会把询价单转交国内的代理商，不会自行报价。

（3）预算不足　在买方处于劣势的时候，应以哀兵姿态争取卖方的同情与支持。由于买方没有能力与卖方议价，有时会以预算不足为借口，请求卖方同意在其有限的费用下，勉为其难地将货品卖给他，而达到减价的目的。一方面买方必须施展动之以情的议价功夫，另一方面则口头承诺将来“感恩图报”换取卖方“来日方长”的打算。此时，若卖方并非血本无归，只是削减原本过高的利润，则双方可能成交，若买方的预算距离卖方的底价太远，卖方将因无利可图，不为买方的请求所动。

（4）釜底抽薪　为了避免卖方处于优势下摄取暴利，采购人员只好同意卖方有“合理”利润，否则乱杀价，仍然给予卖方可乘之机。因此，通常由买方要求卖方提供所有成本资料，以国外货品而言，则请总代理提供一切进口单据，借以查核真实的成本，然后加计合理的利润作为采购的价格。

【案例】

有限权力成就低价谈判

中外合资内地某公司总经理，获悉澳大利亚著名建筑设计师将在上海短暂停留。总经理委派高级工程师作为全权代表飞赴上海，与该设计大师洽谈，想请著名设计师为××大厦设计一套最新方案。根据总经理的指示精神，全权代表一行介绍了该大厦的现状：“××大厦建设方案是在七八年前设计的，其外形、外观、立面等方面有些不合时宜，与跨世纪建筑的设计要求存在很大差距。我们慕名远道而来，恳请您的合作与支持。”全权代表一边介绍，一边将事先准备好的有关资料，如施工现场的相片、图样，国内有关单位的原设计方案、修正资料等，提供给该设计师。该设计师旗下的公司希望早日进入内地建筑市场，因此对这一项目很感兴趣，他们同意接受委托。可以说，双方都愿意合作。然而，设计方报价40万元人民币。设计方的理由是：我设计公司讲求质量、注重信誉、世界著名，报价稍高理所当然。而且，鉴于内地的工程造价，以及中国内地的实际情况，这一价格已是最优惠的价格了。根据谈判代表了解，设计方在上海的设计价格为每平方米6.5美元。若按此价格计算，××大厦250万m^2的设计费应为16.26万美元，根据当天的外汇牌价，应折合人民币136.95万元。的确，40万元人民币的报价算是优惠的了！“40万元，是充分考虑了内地情况，按每平方米人民币16元计算的。”设计师说道。但是，考虑到公司的利益，全权代表还价：“20万元（人民币）。”对方感到吃惊。顺势，全权代表解释道："在来上海之前，总经理授权我们 10 万元左右的签约权限。我们出价 20 万元，已经超出了我们的权力范围……如果再增加，必须请示正在内地的总经理。"双方僵持不下，谈判暂时结束。第二天晚上，双方又重新坐到谈判桌前，探讨对建筑方案的设想、构思，接着又谈到价格。这次设计方主动降价，由 40 万元降为 35 万元，并一再声称："这是最优惠的价格了。"内地方面的代表坚持说："太高了，我们无法接受！经过请示，公司同意支付 20 万元，不能再高了！请贵公司再考虑考虑。"对方谈判代表嘀咕了几句，说："鉴于你们的实际情况和贵公司的条件，我们再降 5 万元，30 万元好了。低于这个价格，我们就不做了。"内地方面的代表分析，对方舍不得丢掉这次合作的机会，对方有可能还会降价，内地方面仍然坚持出价 20 万元。过了一会儿，设计方的代表收拾笔记本等用具，根本不说话，准备退场。眼看谈判陷入僵局。

这时，内地代表急忙说："请您与我公司总经理通话，待我公司总经理决定并给我们指示后再谈，您看这样好不好？"由于这样提议，紧张的气氛才缓和下来。

之后，设计方打了很多次电话，与总经理联系。在此之前，全权代表已与总经理通话，向总经理详细汇报了谈判的情况以及对谈判的分析和看法。总经理要求全权代表一行做到不卑不亢、心理平衡。所以当设计方与总经理通话时，总经理做出了具体指示。最后，在双方报价与还价的基础上，该公司出价 25 万元，设计方基本同意。但提出 8 月 10 日才能交图样，比原计划延期两周左右。经过协商，当天晚上双方草签了协议。第二天，签订正式协议。

案例分析：

当对方提出的要求超出己方的要求时，可以以超出权力范围为由加以拒绝。在这个案例中，内地代表就以超出自己的权力为谈判筹码，迫使对方在急于进入内地市场的情况下以低的价格达成这次协议。

以下场景是经常用到角色权力策略，谈判人员不妨认真体会。

（1）对方咄咄逼人的情况下　在业务谈判的过程中，如果已经做出的让步仍无法让对方满意，面对对方咄咄逼人的让步要求，不妨说："我只有这么多的权限了，没办法再让了！"

（2）对方要求你做出让步　如果对方知道你手中有决定的权力，就不会轻易放弃说服你让步的愿望。然而，如果你以未经授权为由，就可以优雅地向对方说"不"，因为没有让步的权力，这往往会使对方大伤脑筋，迫使对方只能根据目前的权限范围考虑问题，放弃进一步的要求。

（3）对方急于求成　如果对方急于完成谈判，虽然知道会损失某些利益，也不得不妥协拍板，否则就得冒谈判失败的风险。

因此，谈判中最有实力的不一定是那些当时可以有权处理和决定一切事情的人。精心筛选出的权力限制，能成为谈判制胜的重要因素。

【本章小结】

本章详细介绍了谈判的概念、种类，并对不同的谈判类型进行了对比；阐述了采购谈判的基本原则，介绍了谈判的特点和主要内容，叙述了采购谈判的基本程序，着重介绍了采购谈判的策略与技巧以及应用说明，并根据采购实际，提出了采购谈判中议价的技巧。

【复习思考题】

1. 什么叫谈判？它分为哪几种？有什么特点？
2. 简要回答在谈判过程应遵循的原则。
3. 采购谈判有哪些主要内容？在实际谈判过程中应遵循的基本程序是什么？
4. 结合生活实际，说说怎样将谈判策略和技巧应用于实际。
5. 教师可根据实际情况，让学生做一次谈判示范表演。

第十章 采购风险管理与绩效评估

【知识目标】

了解采购风险的概念；理解采购风险的种类；掌握回避与防范采购风险的措施和采购绩效的评估方法；了解采购绩效评估的含义，掌握采购绩效评估指标体系及评估方法；熟悉采购绩效评估的基本程序。

【技能目标】

能够帮企业建立起采购风险管理机制，制定回避与防范采购风险的具体措施；能够熟练独立进行企业采购绩效评估和对采购人员的采购绩效考核。

第一节 采购风险的概念和种类

在市场经济条件下，企业客观存在着采购风险。特别是加入WTO之后，企业采购所面对的供应市场范围进一步扩大，不确定因素增多，采购风险加大，企业迫切需要加强采购风险管理，采取有效措施防范和处理采购风险，确保采购安全。企业采购风险管理由采购风险分析和采购风险防范两部分组成。其中，采购风险分析是基础，采购风险防范是核心。

一、采购风险的概念

风险是指损失发生的不确定性，是人们因对未来行为决策及客观条件的不确定性而可能引起的后果与预定目标发生多种负偏离的综合。简而言之，风险就是造成损失的可能性。风险可表示为事件发生的概率及其后果的函数：

$$R=F(P,C)$$

式中 R——风险；

P——事件发生的概率；

C——事件发生的后果。

企业采购风险是指在采购过程中因采购人员工作失误、采购单位管理失控、供应商进行商业欺诈等违规、违法行为，造成企业采购政策不合理，采购程序不规范，评标过程不公正，采购成本过大，合同执行中超支，延期交货，所购入物品及接受的劳务非企业所需要、规格不适当、质次价高、履约纠纷等。采购风险是客观存在的，贯穿于采购的全过程，只能控制并尽可能将其可能发生的损害降低到最低限度。研究采购风险的目的在于预防、控制和转移采购风险。

二、采购风险的分类

企业采购的风险是多方面的，但按来源可划分为以下几个方面。

1. 供应商造成的风险

供应商是为企业生产经营提供原材料、设备、工具及其他资源的企业。供应商一个显著的特点是，他们都是与采购企业独立的利益主体，是追求利益最大化目的的利益主体。供应商和采购企业是利益互相冲突的矛盾对立体，供应商希望从采购者手中多赚一点。为此，供应商会想尽办法讨价还价和提高价格，从而造成物品价格波动。这种价格波动带来的风险会随着市场竞争的加剧、供应商讨价还价能力的提高而加大。有些供应商盲目追求利润，在物品的质量、数量上做文章，以劣充优、降低质量标准、减少数量，甚至制造假冒伪劣商品坑害采购企业。

2. 企业采购人员造成的风险

企业采购是一项政策性强，涉及面广的工作，需要采购人员掌握社会科学方面的知识和自然科学方面的知识。采购人员在采购过程中不可避免地存在一定的风险，可以归纳为以下几个方面：

（1）工作技能风险　采购人员是运用专业技能提供技术服务的，因此，有时尽管履行了自身的职责，但由于其本身掌握专业技能的限制，给企业造成损失的风险。例如，对财务结算不精通，付款失误造成的损失。

（2）技术资源风险　采购人员即使在工作中并无行为上的过错，但仍有可能承受由技术、资源而带来的工作上的风险。例如，购入的汽车等物品在验收时可能无法发现其存在的质量问题，甚至在相当长的一段时间内都无法发现其质量隐患。另一方面，由于人力、财力和技术资源的限制，无法对购入物品进行细致全面的检查，因此，造成向供应商索赔的风险。

（3）行为责任风险　采购人员违反了规定的职责义务，超出了工作范围，并造成直接经济损失，就可能因此承担相应的责任：一方面是由于未能正确地履行义务和规定的职责，在工作中发生失职行为；另一方面是由于主观上的无意行为未能严格履行自身的职责，并因此而造成直接经济损失。

（4）职业道德风险　一些采购人员不遵守职业道德，自私自利，在采购中暗箱操作、以权谋私、弄虚作假、舍贱求贵、收受回扣，损害企业利益，必然会因此面对相应的风险。

3、企业采购管理失控的风险

对采购市场行情动态调查了解不够，利用互联网采购时碰到运行进度慢、网络病毒影响、信息不畅。对所购物料的价格、性能、规格等要素纵横比较不全面，导致以较高的价格采购的风险。采购项目论证不充分、不科学的风险，表现为：

1）企业选购物品的各项技术参数是临时和随意让非专业人员制定，其中不乏和供应商有默契，指定品牌和配置，造成采购物品过时或不适合企业需要。

2）企业管理部门审核计划时考虑资金不够，压缩关键技术参数，忽视专家和供应商合理建议。

3）对采购项目论证缺乏先进的技术检测等多种手段，以进行综合长远评估，造成采购项目还没有完工，就已经过时。

4）采购盲目攀比、超前消费、购买商品要最好的、最高档的、配置要齐全的，一味追求高、精、尖、时尚性、品牌性，花企业的钱，没有节约之心，造成采购支出超过计划的风险。

4、企业在采购过程中操作不当的风险

在企业采购过程中，存在很多不确定的因素，所以会存在很多风险，具体体现在：

（1）招投标过程风险　招投标的每一步都会存在风险，如招投标信息不够公开，招标方式选择不合理，招标文件中存在缺陷，资格预审把关不严格致使不合格供应商中标，投标人与招标人串通投标，出现损害企业利益或者他人的合法权益的风险等。

（2）评标、定标风险　评标、定标风险包括：与投标人有利害关系的人进入采购项目的评标委员会没有回避；评标委员会成员的名单在中标结果确定前已透露给供应商；评标委员会成员没有客观、公正地履行职务，违反职业道德，在评标过程中不能客观公正地履行职责；评标委员会成员私下接触投标人，收受投标人的财物或者其他好处；评标委员会成员或者参加评标的有关工作人员，向他人透露对投标文件的评审和比较、中标候选人的推荐以及与评标有关的其他情况；招标人不先从评标小组确定的排名第一的中标候选人确定为中标人，从而出现损害企业利益的风险。

（3）签订合同过程中的风险　合同文件前后矛盾和用词不严谨，导致双方对合同条款的不同理解，形成相互扯皮或遗漏一些重要条款而导致的风险等。签订合同时务必要注意签字盖章与签约单位及其负责人（或授权人）是否相符，现实中常有因一字之差而使合同无效导致风险发生。

5、法律风险

采购在我国国民经济发展中所处地位重要，国家在不断加强对采购方面的监管，制定了包括《政府采购法》、《国有企业物资采购管理的暂行条例》、《招标投标法》等大量的法律、法规和规章。这些法律、法规和规章的公布与实施，对于加强对采购活动的监督管理，规范采购行为，促进和保障采购的健康发展，具有重要意义。它要求企业必须依法采购，如果企业在采购过程中，违规操作，将会受到严厉的处罚。企业采购主要采取公开招标、邀请招标、竞争性谈判、询价等方式进行，供应商认为采购单位和中介组织在采购方式的应用、招标文件的发布、招标程序的操作等方面违反法律规定，导致其利益受损，采购单位就可能会承担法律的风险。采购人员违法犯罪，触犯刑法的罪有：滥用职权罪、玩忽职守罪；签订、履行合同失职罪；贪污罪；受贿罪。

6、政治变动和自然灾害影响企业采购的风险

政治变动是指由国际、国内政治环境变化而带来的不确定性影响企业采购的风险，如战争、政变、一国领导的换届、外交破裂、恐怖事件等。美国的“9.11”恐怖事件就使得很多企业的采购延期，造成生产经营损失。自然灾害如台风、地震、洪水、火灾、山体滑坡、病毒影响等来自大自然的破坏，也时刻威胁着企业的采购。自然灾害造成交通系统瘫痪，致使物品难以运输，不能够及时送达；或者破坏生产，使企业生产线无法正常运转，制造不出急需的物品；或者影响采购环境。例如，2003 年发生的“非典”事件，严重影响了人们的生活、生产环境，致使部分企业无法正常组织采购，从而影响了企业正常的生产经营秩序，造成部分企业经济效益下降。

第二节　回避与防范采购风险的措施

在分析企业采购风险的基础上，必须进行采购风险的处理与防范，采取相应的措施或方法使风险减少到最低或者避免风险。

一、建立健全企业采购组织

企业采购组织是企业采购活动的主体，直接决定企业采购的效益。健全的采购管理组织是企业对采购实行统一领导，分级管理，防范风险的基础。企业要从组织建设上加强采购工作的领导，成立由总经理和各部门负责人组成的“采购工作委员会”，直接领导采购部门的工作。企业采购组织在运作过程中，要力求规范运作。法制化管理是企业采购最主要的、最高级的管理方

式。用法制化管理确保企业采购贯彻公开、公平、公正的原则，实现企业采购“物有所值”和“廉洁高效”的目标。对采购工作实行统一管理，职能分离。将企业的采购工作纳入购销比价系统，由“采购工作委员会”实行统一管理，将采购人员的权力按职能分配，形成相互制约的监督机制。对采购环节中的主要业务，如确定物品的需要量、寻找合适的供应商和合适的价格、审批供应商以及价格、与供应商签订合同、检验收到的物品、储存物品、登记明细账、核准付款等，都要设专人负责，严格把关。审批人不能同时办理寻找供应商和索赔业务；物品的采购人员不能同时担任物品的验收工作；审核付款人不能同时是付款人。

二、加强采购人员和管理人员的风险防范意识

采购人员是采购项目的责任人，要在增强职业素质、提高工作技能、加强职业道德约束等方面控制风险。

1、建立健全采购岗位责任制

监督采购人员履行岗位职责和义务，遵守有关的法律、法规。加强内部控制管理，让风险意识和质量意识植根到每位员工的脑海中，贯彻落实到日常的每一项工作中。做好采购人员的选拔、聘用，培养和造就一批技术水平高的采购人员，从人力资源上为降低质量风险提供保障。

2、加强职业道德约束

实施采购人员职业道德教育工程，通过多种形式的舆论宣传教育，创造良好的工作氛围，让采购人员时刻意识到，高尚的职业操守是采购人员生存的基本原则。另外，要创建浓郁而积极的企业文化，在潜移默化中增强采购人员的职业道德情操，减少采购风险。

3、定期实行采购人员轮岗制度

对采购工作各个岗位进行分析评估，明确各个岗位职责，制定量化考核指标。对采购人员的技能素质、心理素质和潜质等进行分析。建立内部劳动力市场，通过轮岗制度，实现采购人员和岗位的最佳配置，从而实现既有利于发掘个人潜能，拓宽知识面，找到自己最适合的岗位，又有利于创造性发挥，进一步降低采购人员的采购风险。

三、建立健全供应商选择和管理制度

供应商的选择和管理是企业采购防范风险的基础工作。一批适合于企业的供应商是企业的宝贵资源，它们不仅能使企业物品采购稳定可靠、质优价廉、成本降低，而且可以做到双方关系融洽、互相支持、共同协调，降低采

购风险。企业要建立供应商准入制度，科学确定供应商标准。在对供应商调查了解的基础上，挑选一批生产能力强、技术水平高、管理科学、服务周到的供应商作为企业正式的供应商，并为这些供应商建立档案。具体记录供应商的联系方式、地址、注册资金、营业执照号、供应物品的质量、规格、付款条件、交货条款、交货期限、银行账号等。开展主要物品采购价格的调查，在了解本企业物品采购价格水平、本地区同行业物品采购价格水平、国内同行业物品采购价格水平的基础上，建立主要物品采购的价格档案。在实施采购时，对每一批主要物品采购的报价，都与档案的物品价格进行比较，分析价格差异产生的原因。如出现采购物品价格高过档案价格，要加以说明，并提请企业采购工作委员会讨论，进行价格评价后才付诸实施。发展多供应商、多地域的供应渠道，防止独家供应商带来的商务风险。

四、建立供应链的采购体系，运用先进的采购技术

供应链是围绕核心企业，将供应商、制造商、分销商、零售商，直到最终用户连成一个整体的功能网链结构模式。供应链管理的基础是在参加供应链的企业之间建立起一个齐心协力、统筹兼顾、责任共担、利益共享的战略伙伴关系。在供应链管理中，企业要引进 MRP 或 ERP 技术，计算确定企业的物料需求计划，解决物品需求数量、需求时间和地点等问题，通过互联网与供应商共享供需信息，由供应商来管理企业的库存。这种模式的好处是：可以降低企业采购风险，减少企业库存；供应商可以根据需求变动情况，适时地调整生产计划和送货计划。在供应链采购中，企业是小批量采购，需要多少采购多少，什么时候需要就什么时候采购。供应商自己的责任与利润相连，所以自我约束力强，保证送货质量，从而减少企业采购风险。

五、建立健全采购作业标准和请示制度

（1）制定标准化采购操作流程，编制详细的采购作业手册　把采购作业过程分成若干步骤，每个步骤应该怎么做，达到什么要求，应该作什么记录。每个操作步骤又分成各种不同情况，在每种情况下应当怎样处理，达到什么要求，都分别作出具体的规定。这个操作手册，既是采购作业操作手册，也是采购作业控制监督的标准。为了监控的需要，在各个步骤设立采购作业控制点，如时间、地点、作业指标、证明人等。设置流程记录，如原始单据、合同、采购人员工作记录、书面汇报材料等。

（2）明确规定采购人员的权限范围　采购人员在外面独立工作，应当具有一定范围的决策权、主动权。这样有利于调动采购人员的积极性，提高工作效率。但是，采购人员的权限也应当限制，避免滥用职权，给企业造成较大的损失。采购人员在处理超出权限范围的业务时，应请示有关主管人员，避免自作主张。例如，签订合同、改变原有作业程序、作业指标等，要向采购部门主管人员请示汇报。采购人员能够自主支配的资金的数额、住宿标准等，也应做出具体的规定。为了操作方便，企业也可以实行采购费用包干、凭票报账的方式。

（3）建立采购评价制度，评定采购工作业绩　总结经验，纠正缺点、改进工作，同时也发挥监督作用，促使采购人员努力工作，降低采购风险。

六、招投标过程的风险防范

企业要加强法律、法规的学习和普及，认真检查采购业务操作的规范性和合理性，建立健全企业采购内部监督管理制度，规避法律风险。采购活动的决策和执行程序应当明确，并相互监督、相互制约。经办采购的人员与负责采购合同审核、验收人员的职责权限应当明确，并相互分离。采购项目的每步操作需有2个经办人员参与。对“下达采购计划”、“安排采购计划”、“制定采购文件”、“发布采购信息”到“签订采购合同”、“合同履行”、“业务资料归档”等环节的工作程序都作出明确的规定，有效地避免采购风险。建立质量体系认证制度，以完善采购工作的程序性和标准化，通过认证制度进一步规范采购业务操作程序，建立、健全相互制约的内部监督机制，提高采购工作的质量和效率。

七、签订合同和履行合同过程中的风险防范

企业在订立采购合同之前要了解供应商资格、信用状况，注意供应商的营业执照是否进行年检、是否有经营场所、是否濒临破产或经营境况日益恶化、是否违法经营、是否有高额回扣引诱等。采购人员应到供应商经营场所察看，不要轻信电话、传真。订立采购合同时，要确认供应商的身份和资格以及相关的书面证明，核实对方身份证、授权委托书；了解对方是否有恶意串通的嫌疑，切忌急于求成或因小恩小惠勉强签订合同。注意关键条款是否讲清楚，合同条款的商榷、取舍应当取得双方单位的同意。

要对合同进行公证或律师见证，由其他机构来共同承担代理风险。公证机关和律师事务所对合同进行公证和见证时，一般都要求合同当事人出具相关的证明文书，进行“第二次审查”。合同经公证或见证后，合同的有效性会进一步增强。

设备安装或工程施工是承包合同的履行。根据合同时间长、情况复杂的情形，对合同外的风险要有足够的认识，发现问题及时处理。如设计变更，工作量增大，或其他因招标人的问题出现增加工程量、延误工期时，要及时签证。对原材料供应、设备供应、货物运输等都要与供应商规范地签订合同，

并监督执行，在遇有意外因素需要索赔时，要及时索赔，防止风险。

八、建立健全资金使用、运输进货控制制度

企业要建立健全采购资金使用的管理制度，具体规定资金的领取、审批、使用的权限范围、审批制度、书面证据制度等。货款的支付，应根据对方信用程度、具体的风险情况进行稳妥处理。一般货款的支付，要等到货物收到并验收合格以后，再付全部货款。

运输进货是采购过程中的重要环节，随机因素多、风险大，要加强对这个环节的控制。注意降低进货风险。在签订运输合同时，把进货风险责任人明确规定下来，把风险赔付方法写清楚。可以采取让供应商或者运输部门来承担责任的方法以监督控制供应商。如果是自提物品或自运物品，则必须要由承办人承担风险。承办人在每一步都要认真操作，防止发生风险。有些贵重货物，最好办理运输保险业务，把风险损失降低到最小。为应对突发的采购风险，企业要在调查经营需要物品的基础上，根据历史同期物品消耗情况与企业近期需要，编制库存规划，做到以需定存，保证库存结构合理和控制库存规模，避免自然灾害等发生造成的采购风险。合理库存数量从企业实际出发，根据保障任务的特点选择科学计算方法。

第三节　采购绩效的评估

一、采购绩效评估的原因

物品采购工作经过一系列的作业程序完成之后，是否达到了预期的目标，企业对采购的物品是否满意，需要经过考核评估，才能下结论。物品采购绩效评估就是建立一套科学的评估指标体系，用来全面反映和检查采购部门工作实绩、工作效率和效益。

对物品采购绩效的评估可以分为对整个采购部门的评估及对采购人员个人的评估。对采购部门绩效的评估可以由企业高层管理者来进行，也可以由内部客户来进行；而对采购人员的评估常由采购部门的负责人来操作。

对物品采购绩效的评估是围绕采购的基本功能进行的。采购的基本功能可以从两方面进行描述：①把所需的物品及时买回来，保证销售或生产的持续进行，就像一辆汽车加油使其可连续行驶一样；②开发更优秀的供应源，降低采购成本，实现最佳采购。

二、采购绩效评估的目的

通过物品采购绩效评估，可以清楚采购部门及个人的工作表现，从而找

到现状与预设目标的差距，也可奖勤罚懒，提升工作效率以促进目标的早日实现。具体说，采购工作绩效评估的目的为以下几点。

1、确保采购目标的实现

各个企业采购目标互不相同，例如国有企业的采购除注重降低采购成本外，还偏重于“防弊”，采购作业以如期、如质、如量为目标；而民营企业的采购单位则注重盈利，采购工作除了维持正常的产销活动外，非常注重产销成本的降低。因此，各个企业需要针对采购单位所追求的主要目标加以评估，并督促目标的实现。

2、提供改进绩效的依据

企业实行采购绩效评估制度，可以提供客观的标准来衡量采购目标是否达成，也可以确定采购部门目前的工作绩效如何。正确的绩效评估，有助于指出采购作业的缺陷所在，从而据以拟订改善措施，起到惩前毖后的作用。

3、作为个人或部门奖惩的参考

良好的采购绩效评估方法，能将采购部门的绩效独立于其他部门而显示出来，并反映采购人员的个人表现，成为各种人事考核的参考。依据客观的绩效评估，达成公正的奖惩，可以激励采购人员不断前进，发挥团队合作精神，使整个部门发挥整体效能。

4、协助甄选人员与训练

根据绩效评估结果，可以针对现有采购人员的工作能力缺陷，拟订改进计划，例如安排参加专业性的教育训练。如果在评估中发现整个部门缺乏某种特殊人才，可以另行由公司内部甄选或向外招募，例如成本分析员或专业营销人员等。

5、促进改善部门关系

采购部门的绩效，受其他部门配合程度的影响非常大。因此采购部门的职责是否明确，表单、流程是否简单、合理，付款条件及交货方式是否符合公司管理规章制度，各部门的目标是否一致等，都可以通过绩效评估予以判定，并可以改善部门之间的合作关系，提高企业整体运作效率。

6、提高人员的士气

有效而且公平的绩效评估制度，可以使采购人员的努力成果获得适当的回报和认定。采购人员通过绩效评估，可以与业务人员或财务人员一样，对公司的利润贡献有客观的衡量尺度，成为受到肯定的工作伙伴，对采购人员和采购部士气的提升大有帮助。

三、采购绩效评估的标准

确定了采购绩效评估指标后，还必须考虑将何种标准与目前实际绩效比较。一般常见的标准有以下几种。

1、历史绩效标准

选择公司历史绩效标准作为评估目前绩效的基础，是相当可行、有效的做法。但是只有当公司的采购部门，无论是组织、职责或人员等，均没有重大变动的情况下，才适合使用此项标准。

2、预算或标准绩效

如果历史绩效难以取得或采购业务变化比较大，可以使用预算标准绩效作为衡量的基础。标准绩效的设定，要符合下列三种原则：

（1）固定标准　预算或标准绩效一旦建立，就不能再有所变动。

（2）挑战标准　挑战标准是指标准的实现具有一定的难度，采购部门和人员必须经过努力才能完成。

（3）可实现标准　可实现标准是指在现有内外环境和条件下经过努力，确实应该可以达到的水平，通常依据当前的绩效加以衡量设定。

3、行业平均绩效标准

如果其他同行业公司在采购组织、职责以及人员等方面与本企业相似，则可与其绩效进行比较，以辨别彼此在采购工作成就上的优劣。数据资料既可以使用个别公司的相关采购结果，也可以应用整个行业绩效的平均水准。

4、目标绩效标准

预算或标准绩效是代表在现在的情况下，应该可以达成的工作绩效；而目标绩效则是在现在的情况下，非经过一番特别的努力，否则无法完成的较高境界。目标绩效代表公司管理当局对工作人员追求最佳绩效的期望值。

四、采购绩效的衡量

要控制采购过程，必须制定商品采购绩效衡量指标，而这首先要对采购过程有深入的了解。

物品采购绩效的衡量可根据采购工作范围的划分、采购能力与采购结果等概括成采购效率指标及采购效果指标两大类。物品采购效率指标是与采购能力相关的衡量采购人员、行政机构、方针目标、程序规章等指标；而采购效果指标是指与采购结果，如采购成本、原材料质量、交货等相关的指标。物品采购绩效衡量的主要范围如图 10-1 所示。

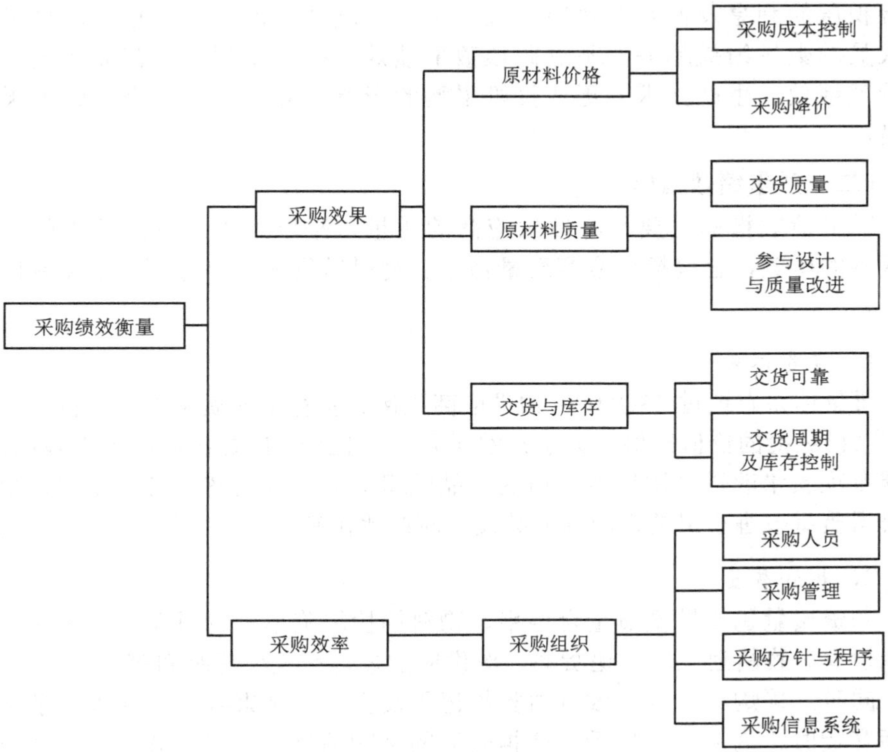

图 10-1 采购绩效衡量

五、采购绩效评估指标体系

采购人员在其工作职责上，应该达到“适时、适量、适质、适价及适地”等目标，因此，其绩效评估应以“五适”为中心，并以数量化的指标作为衡量绩效的尺度。具体可以把采购部门及人员的考核指标划分为以下五大类。

（一）数量绩效指标

当采购为争取数量折扣，增加采购物料批量，以达到降低价格的目的时，却可能导致存货过多，甚至发生呆料、废料的情况。

1、储存费用指标

储存费用是指存货占用资金的利息及保管费用之和。企业应当经常将现有存货占用资金利息及保管费用与正常存货占用资金利息及保管费用进行比较考核。

2、呆料、废料处理损失指标

呆料、废料处理损失是指处理呆料、废料的收入与其取得成本的差额。

存货积压的利息及保管的费用越大，呆料、废料处理的损失越高，显示采购人员的数量绩效越差。不过此项数量绩效，有时受到公司营业状况、物料管理绩效、生产技术变更或投机采购的影响，并不一定完全归咎于采购人员。

（二）质量绩效指标

质量绩效指标主要是考评供应商的质量水平以及供应商所提供的产品或服务的质量，它包括供应商质量体系、物料质量水平等方面，主要有以下几点。

1、质量体系

质量体系有通过 ISO9000 的供应商比例、实行来料质量免检的供应商比例、来料免检的价值比例、实施 SPC 的供应商比例、PSC 控制的物资数比例、开展专项质量改进（围绕本公司的产品或服务）的供应商数目及比例、参与本公司质量改进小组的供应商人数及供应商比例等。

2、物资质量

物资质量包括批次质量合格率、物料抽检缺陷率、物料在线报废率、物料免检率、物料返工率、退货率、对供应的投诉率及处理时间等。

同时，采购的质量绩效可由验收记录及生产记录来判断。验收记录指供应商交货时，为公司所接受（或拒收）的采购项目数量或百分比；生产记录是指交货后，在生产过程发现质量不合的项目数量或百分比。

采购物料验收指标=合格（或拒收）数量/检验数量

若以物料质量控制抽样检验的方式进行考核，拒收或拒用比率越高，显示采购人员的质量绩效越差。

（三）时间绩效指标

这项指标是用以衡量采购人员处理定单的效率，及对于供应商交货时间的控制。延迟交货，固然可能形成缺货现象，但是提早交货，也可能导致买方不必要的存货成本或提前付款的利息费用。

1、紧急采购费用指标

紧急运输方式（如空运）的费用是指因紧急情况采用紧急运输方式的费用。将紧急采购费用与正常运输方式的差额进行考核。

2、停工断料损失指标

停工生产车间作业人员工资及有关费用的损失。除了前述指标所显示的直接费用或损失外，还有许多间接损失。例如经常停工断料，造成顾客定单流失、员工离职，以及恢复正常作业的机器必须做的各项调整（包括温度、压力等）；紧急采购会使购入的价格偏高，质量欠佳，连带也会产生赶工时间必须支付额外的加班费用。这些费用与损失，通常都没有加以估算在此项指标内。例如，一汽大众采用 ERP 系统后，在采购上根据主计划和物料清单对库存量进行查对，由计算机快速计算出所缺物料的品种、数量和进货时间，将采购进货下达到各个厂。然后由采购人员从系统中查看各供应商的历史信息，根据其价格、供货质量、服务等指标来选择供应商。这既能准确、高质量地实现物料采购，又大大缩短了采购周期。由于采购的准确和及时，使库存量大大降低。以前，库存资金占用严重，仅国产化件资金占用量就高达 1.2 亿元。公司在使用 ERP 系统之后，库存资金降低到 4 千万元左右。同时，系统对库存量的上限和下限有严格的控制，只要库存量达到了上限，系统就会给出报警信号，则物料无法再进入仓库；而达到下限时，系统也会提醒采购人员立即补充库存，起到了自动提示和监督的作用。

（四）价格绩效指标

价格绩效是企业最重视及最常见的衡量标准。通过价格指标，可以衡量采购人员议价能力以及供需双方势力的消长情形。采购价差的指标，通常有下列几种。

（1）实际价格与标准成本的差额　实际价格与标准成本的差额，是指企业采购物品的实际价格与企业事先确定的物品采购标准成本的差额，它反映企业在采购物品过程中实际采购成本与采购标准成本的超出或节约额。

（2）实际价格与过去移动平均价格的差额　实际价格与过去移动平均价格的差额，是指企业采购物品的实际价格与已经发生的物品采购移动平均价格的差额，它反映企业在采购过程中实际采购成本与过去采购成本的超出或节约额。

（3）使用时的价格与采购时的价格之间的差额　使用时的价格与采购时的价格之间的差额，是指企业在使用物品时的价格与采购时的价格的差额。它反映企业采购物品时间是否考虑市场价格的走势，如果企业预测未来市场的价格走势是上涨的，企业应该在前期多储存物品；如果企业预测未来市场的价格走势是下跌的，企业应该是不宜多储存物品。

(4)将当期采购价格与基期采购价格之比率及当期物价指数与基期物价指数之比率相互比较　该指标是动态指标，主要反映企业物品价格的变化趋势。

俗话说，“买的不如卖的精”。不过只要实行物品采购比价管理，就可以取得明显的经济效益。例如，江苏某针纺集团有限责任公司是一家拥有 2 亿元资产的国有棉纺企业，每年要花 1 亿 3 千多万元采购多种原材料，1998 年亏损 298.68 万元，是江苏省的脱困重点户。为加快脱困进程，他们首先从采购环节入手，年初，他们仅花 2 000 元在当地报纸《京江晚报》上发布的招标采购信息，一下子引来了 80 多个供货厂商。经过竞价，这个企业今年的原材料质量普遍提高了，而价格却下降了 5%～15%，其中编织袋价格更是下降了 26%。该集团董事长说："一年下来，我们的原材料成本由原来占总成本的 70%下降到 60%，一年降低成本 600 万元"。到目前为止，该集团已盈利 300 万元，企业管理也步入了良性循环的发展轨道。在江苏省，像该集团这样严格执行比价采购管理的企业已达到国有工业企业的 91.9%以上，其中大型国有企业占 95.8%。

（五）采购效率（活动）指标

以上质量、数量、时间及价格绩效是就采购人员的工作效果来衡量，还可就采购效率来衡量。

（1）年采购金额　年采购金额是企业一个年度物品的采购总金额，包括生产性原材料与零部件采购总额、非生产采购总额（包括设备、备件、生产辅料、软件、服务等）、原材料采购总额占总成本的比例等。其中最重要的是原材料采购总额，它还可以按不同的材料进一步细分为包装材料、电子类零部件、塑胶件、五金件等，也可按采购付款的币种分为人民币采购额及其比例。原材料采购总额按采购成本结构又可划分为基本价值额、运输费用及保险额、税额等。此外年采购额还可分解到各个采购员及供应商，算出每个采购人员的年采购额、年人均采购额、各供应商年采购额、供应商年平均采购额等。

（2）年采购金额占销售收入的百分比　年采购金额占销售收入的百分比是指企业在一个年度里商品或物资采购总额占年销售收入的比例，它反映企业采购资金的合理性。

（3）订购单的件数　订购单的件数是指企业在一定时期内采购物品的数量，主要是按 ABC 管理法，对 A 类商品的数量进行反映。

（4）采购人员的人数　采购人员的人数是指反映企业专门从事采购业务的人数，它是反映企业劳动效率指标的重要因素。

（5）采购部门的费用　采购部门的费用是一定时期采购部门的经费支出，它反映采购部门的经济效益指标。

（6）新供应商开发个数　新供应商开发个数是指企业在一定期间采购部门与新的供应商的合作数量，它反映企业采购部门的工作效率。

（7）采购计划完成率　采购计划完成率是指一定期间内企业物品实际采购额与计划采购额的比率，它反映企业采购部门采购计划的完成情况。

（8）错误采购次数　错误采购次数是指一定时期内企业采购部门因工作失职等原因造成错误采购的数量，它反映企业采购部门工作质量的好坏。

（9）定单处理的时间 定单处理的时间是指企业在处理采购定单的过程中所需要的平均时间，它反映企业采购部门的工作效率。

六、采购绩效指标体系的设定

物品采购绩效指标设定包括以下几个方面的内容：一是要选择合适的衡量指标；二是绩效指标的目标值要充分考虑；三是确定绩效指标要符合有关原则。

采购绩效指标的选择要同企业的总体采购水平相适应。对于采购体系尚不健全的企业，刚开始可以选择批次质量合格率、准时交货等来控制和考核供应商的供应表现，而平均降价幅度则可用于考核采购部门的采购成本业绩。随着供应商管理程序的逐步健全、采购管理制度的日益完善、采购人员的专业水平及供应商管理水平的不断提高，物品采购绩效指标也就可以相应地系统化、整体化并且不断深化。

确定物品采购绩效指标目标值时要考虑以下前提：一是内外顾客的需求，尤其是要满足下游顾客，如生产部门、品质管理部门等的需要。原则上，供应商的平均质量、交货等综合表现应高于本公司内部的质量与生产计划要求，只有这样，供应商才不至于影响本公司内部生产与质量，这也是“上游控制”原则的体现。二是所选择的目标以及绩效指标要同本公司的大目标保持一致。三是具体设定目标时既要实事求是、客观可行，又要具有挑战性，要以过去的表现作为参考，更加重要的是与同行的佼佼者进行比较。

物品采购绩效指标体系的选择是否适当，可应用SMART检查，即符合明确、可测量性（即尽量量化）、可接受性（即能让自己、顾客及相关的人员认同）、现实可行以及时间性要求等。

七、采购绩效评估人员与方式

（一）物品采购绩效评估人员

1、采购部门主管

采购主管对所管辖的采购人员最为熟悉，而且所有工作任务的指派，以及工作绩效的优劣，都在其直接监督之下。因此，由采购主管负责评估，可以注意到采购人员的表现，体现公平客观的原则。但是应用主管进行评估会包含很多个人情感因素，有时因为“人情”，而使评估结果出现偏颇。

2、会计部门或财务部门

当采购金额占公司总支出的比例较高时，采购成本的节约对公司利润的贡献非常大。尤其在经济不景气时，采购成本的节约对资金周转的影响也十分明显。会计部门或财务部门不但掌握公司产销成本数据，对资金的获得与付出也进行全盘管制，因此，会计和财务部门也可以对采购部门的工作绩效进行评估。

3、工程部门或生产主管部门

当采购项目的品质与数量对企业的最终产品质量与生产影响重大时，也可以由工程或生产主管人员评估采购部门绩效。

4、供应商

有些企业通过正式或非正式渠道，向供应商探询其对本企业采购部门或人员的意见，以间接了解采购作业绩效和采购人员素质。

5、外界专家或管理顾问

为避免公司各部门之间的本位主义或门户之见，可以特别聘请外部采购专家或管理顾问，针对企业全盘的采购制度、组织、人员及工作绩效，进行客观的分析与建议。

（二）采购绩效评估方式

对采购人员进行工作绩效评估的方式，可以分为定期和不定期式。定期评估配合公司年度人事考核制度进行，有时难免落入俗套。一般而言，以“人”的表现，如工作态度、学习能力、协调精神、忠诚程度等为考核内容，对采购人员的激励以及工作绩效的提升，并无太大作用。如果企业能以目标管理的方式，即从各种绩效指标当中，选择当年度重要性比较高的项目订为考核目标，年终按目标实际达成程度加以考核，则必能提升个人或部门的采购绩效。使用这种方法可以摒除“人”的抽象因素，以“事”的具体成就为考核重点，因此，比较客观公正。由于使用这种方法时，人们会特意追求考核目标的提高而忽略其他方面，因此对目标选择的要求比较高，要求目标选择全面。

至于不定期的绩效评估，则是以特定项目方式进行。例如，公司要求某项特定产品的采购成本降低 5%，当设定的期限一到，即评估实际的成果是否高于或低于 5%，并就此成果给予采购人员适当的奖惩。这种评估方式，特别适用于新产品开发计划、资本支出预算、成本降低专项方案等。

（三）采购绩效评估方法

采购绩效评估方法直接影响评估计划的成效和评估结果的正确与否。常用的评估方法有：

（1）排序法　在直接排序法中，主管按绩效表现从好到坏的顺序一次给员工排序，这种绩效表现既可以是整体绩效，也可以是某项特定工作的绩效。

（2）两两比较法　两两比较法是指在某一绩效标准的基础上把每一个员

工都与其他员工相比较来判断谁“更好”，记录每一个员工和任何其他员工比较时被认为“更好”的次数，根据次数的高低给员工排序。

（3）等级分配法　等级分配法能够克服上述两种方法的弊病。这种方法由评估小组或主管先拟定有关的评估项目，按评估项目对员工的绩效作出粗略的排序。

八、改进物品采购绩效的途径

随着大部分产品进入微利时代及中国加入 WTO，我国企业将与国外企业在同样的游戏规则下展开竞争，优胜劣汰将不可避免。在这种大背景下，采购部门所承担的责任越来越重，这就迫使采购人员想办法提高绩效。具体改进采购绩效的途径有：

（一）营造物品采购绩效改进的工作氛围

如果采购组织内部存在剧烈的矛盾，采购人员与供应商之间互相不信任，缺乏合作诚意，采购人员首先感觉是“如履薄冰，处处小心行事”，本来全部精力应放在工作上，但实际上却分散了注意力。因此，任何采购组织，包括供应商，融洽、和谐的工作气氛是搞好各项工作的基础。采购人员要经常把自己的业绩与同行高水平相比，特别是有过跨国采购经验的高级职员，他们的经验值得借鉴学习。采购组织的管理职能部门，应定期将采购人员的业绩进行评估，并进行排名，再配以相应的奖励制度，使采购业务不断改善。

（二）强化内部管理，提升物品采购绩效

不同企业的管理方式及水平有很大的差距，一般来说跨国公司有较长的在市场经济下经营的历史及较健全的企业制度，故跨国公司或外企在管理方面有很多值得我国企业（特别是国有企业）借鉴的地方。当然，少部分在国内土生土长的企业（如青岛海尔等）也有一套行之有效的先进管理方案。不管怎么样，“拿来主义”有时是必需的，“他山之石，可以攻玉”是一句千古不变的箴言。

管理的根本是管人，与其他部门相比较，采购部门对人的依赖性更大，采购工作的大部分内容是人与人的交往。从管理角度去提升商品采购绩效主要有以下几个方面：

1）建立合格的企业采购队伍，提供必要的资源。

2）选聘合格人员担任采购人员，给予必要的培训。

3）给采购部门及采购人员设立有挑战性，但又可行的工作目标。

4）对表现突出的采购人员给予物质及精神上的奖励。

（三）应用科学技术提升商品采购绩效

20 世纪 80 年代以后，越来越多的新技术被采购行业所采纳并取得了良好

的经济效益，最典型的就是 MRP 系统的推广使用及被视为新经济时代作业方式的电子商务在采购业的应用。

1、建立企业内部网（Intranet）及使用国际互联网（Internet）

运用网上采购，其优点主要体现在以下几个方面：

（1）节约采购成本　视产品的不同，将至少节约 2%～25%的采购成本，节省与采购相关的多项开支。

（2）缩短采购周期　提供的专业化服务将使采购周期缩短 10%～50%。大幅提高采购效率，将过去几周或几个月的采购流程与业务谈判压缩到现在的几天或几周。

（3）增加采购流程透明度　与政府的“阳光采购计划”不谋而合，通过先进的电子商务手段滤除采购中不良因素。对于已有的固定供应渠道，可能会获得更低的价格。

（4）增加有效供应商　全国背景的专业数据库使企业跳出本地、本行业的限制，在全国范围内提供更适合的供应商。对于难以采购到的产品或服务，可能会找到更多的供应渠道。

（5）促进企业现代化　用电子商务的手段改造企业内及企业间的每个沟通环节是时代的必然。用 ECantata 的服务作为突破口，来追上时代的步伐，全面改造企业的供应链。对于具有大量供应渠道的产品或服务，可以对众多的供应商进行资格预审和优化。

（6）市场信息千变万化，知己知彼，方能百战百胜　充足的市场信息是采购人员决策的重要依据，所以根据近万种产品的分类，保存了几百万家商家的资料信息，为企业会员的决策提供了有效的保证。

2、普及微型计算机及推行 MRP 系统

推行 MRP 系统可以提升整个企业的管理水平。MRP 系统中的数据不仅全面，而且实时性好，许多采购人员所需的数据，如采购历史数据（以前采购量、历史价格、以前向哪家供应商采购等）、一种物资有几个可以采购的合格供应商、供应商的基本情况（地址、联系方式等）、采购前置时间、采购申请单、收货状态、库存量、查询供应商货款的支付状况等均可从 MRP 系统中查询到，这些数据对采购人员是很重要的，没有这些数据就无法做出适宜有效的采购决策，甚至无法开展工作。MRP 系统的推行与采购有很大关系的另一方面是供应商的货款支付，在没有 MRP 系统的企业的采购人员要花很多时间在“该不该付款及何时付款”上及财务人员的沟通上。有了 MRP 系统就大不一样，对于什么时候付款、可不可以付款这些问题，MRP 系统会自动提示财务人员，采购人员可从系统中查到某供应商的某笔款项有没有支付，免去月底对账工作，从而把采购人员从付款这项本属于财务部门的工作中解放出来。MRP 系统的使用对规范采购作业、提升采购绩效有不可替代的作用。

3、使用条形码及与供应商进行电子数据交换

与供应商之间建立电子数据交换（Electronic Data Inter change，EDI）可极大地缩小采供双方的时空距离，从而更容易将企业内部的优秀管理延伸到供应商，把供应商作为企业的一个部门来管理。

实行 EDI 的好处可以归纳为“多、快、好、省”四个字。

多：这里所说的“多”有两方面的含义：第一，传递的信息多，采购方可以通过 EDI 获得供应商的报价、查询供应商的库存、发放订单、发布需求量或交货期更改计划、发送通知或备忘录或电子合同等；第二，采购人员可以做更多的事，由于采购人员从繁琐机械的文书工作得到了一定的解放，所以采购人员能把更多的精力与时间用在可以增值的采购活动上，从而把采购工作做得更多、更好。

快：电子传输速度之快，是其他任何方式都不可能超越的。信息能更迅速地在采供双方之间交换，所以采购人员及供方业务人员能更快地处理相关事务，这样为采购工作赢得了宝贵的时间，由于某些事务的及时处理就可以避免一些不必要的损失。在国际采购业务中，EDI 更有效果。

好：使用 EDI 能大幅减少数据的重复输入，从而出错的机会变少，保持了资料或数据的准确性。

省：向无纸化采购靠拢，符合国际环保潮流；EDI 的使用可降低采供双方的库存量，供应商能根据采购方的最新需求来生产与交货，货款支付也可采用电子转账，从而可降低采购总成本。

（四）与供应商建立合作伙伴关系，实现商品采购绩效的提升

前面讲的都是如何从企业内部去提升物品采购绩效，其实采购部门的合作对象—— 供应商的表现在很大程度上制约着采购绩效的提升，而供应商的表现与采供双方之间的关系又有很大的联系。一般来说，与企业建立了长期合作伙伴关系的供应商能有较好的表现，这种供应商能较好地配合企业的降价计划。与供应商联手实现降低商品采购成本的途径有：

1、与供应商共同制订可行的成本降低计划

如果供应商的利润已到一个非常合理的水平，要供应商降低售价的前提是供应商自己的成本能降低。企业欲达到降价目的就必须与供应商共同制定一个成本降低计划，并且与供应商一起去寻找可行的途径，例如，与供应商一道开发更便宜的原材料、互相检讨对方的生产设备及工艺、同意供应商采用便宜的包装材料等。

2、与供应商签订长期的采购协议

长期的采购协议会大大激发供应商的合作欲望，任何一个企业都知道一个长期的客户是何等重要，除非这个企业不准备继续经营下去。如果采购方不能给予供应商具体的需求预测，而又要求供应商购买原材料进行储备或要求供应商生产较大数量的库存等着出货时，一旦采购方的这些产品停产，采购方应与供应商共同承担这些库存原材料或零部件带来的损失。

3、供应商参与到产品设计中去

由于供应商对企业要购买的物料可能有数年甚至几十年的经验，如果供应商能更早地参与到产品设计中去就有可能提出一些合理的建议，如简化产品结构、使用更便宜的原材料等。

（五）通过开发优秀新供应商来降低采购总成本

为了降低采购总成本，许多采购人员把相当部分的精力放到了开发优秀新供应商上，许多大企业的采购部门成立了“供应商开发小组”，甚至有的企业把它作为一个独立的部门来运作。一般要求新供应商的地理位置在采购方所在地附近，有助于解决开发过程中的问题。如果一个企业因历史原因致使大部分或主要供应商在海外，那么它的供应商开发工作其实就是“本地化”，本地化不仅可大大缩短交货期，而且采购单价一般可降低 20%～40%。对大部分物资而言，国内廉价的制造成本已使得海外制造企业在价格上已无法和国内企业进行竞争。

【案例 1】

使用好的网络采购

广西某企业生产的产品中，原材料采购的成本占 60%，生产加工、销售及相关的行政费用占 30%，纯利润为 10%。该厂后来利用网上采购的方式，使原材料采购成本从原来的 60%下降到 55%；而这看似不起眼的 5%却使该厂的利润一举增加了 50%！基于上述情况，如果用其他方式获得同样 50%的利润增加额，企业可能要增加 30%的销售量；或将利润率提高 40%，但利润率的提高反过来又将造成销售的下降；第三个方案或许就是裁员。所有这些方案的实施决非一日之功，而且往往伴随着痛苦的抉择。

为什么要通过好的网络进行采购？道理很简单，因为能帮买方省钱。到底能省多少钱？根据国内同类网站几年的经验，大宗商品如粮食、豆类、原材料等节约采购成本的幅度大约为 2%～10%，工业产品等大约在 7%～25%之间，而最高的可达 30%以上。任何一家企业或机构对于在采购成本方面节约这样一项巨大的开支都应予以充分的重视。

使用好的网络买方受益将主要体现在以下几个方面：

1）视产品的不同所节约的采购成本不同，您将至少节约2%～25%的采购成本，节省与采购相关的多项开支。

2）可缩短采购周期。我们提供的专业化服务将使您的原有周期缩短10%～50%。大幅提高采购效率，将过去几周或几个月的采购流程与业务谈判压缩到现在的几天或几周。

3）透明采购流程与政府的“阳光采购计划”不谋而合，通过先进的电子商务手段滤除采购中不良因素。对于已有的固定供应渠道，可能会获得更低的价格。

4）增加有效供应商。全国背景的专业数据库帮您跳出本地域、本行业的限制，在全国范围内提供更适于您的供应商。对于难以采购到的产品或服务，可能会找到更多的供应渠道。

5）促进企业现代化。用电子商务的手段改造企业内及企业间的每个沟通环节是时代的必然。用 ECantata 的服务作为突破口，来追上时代的步伐，全面改造企业的供应链。对于具有大量供应渠道的产品或服务，可以对众多的供应商进行资格预审和优化。

6）市场信息千变万化，知己知彼，方能百战百胜。充足的市场信息是采购人员决策的重要依据，所以我们根据近万种产品的分类，保存了几百万家商家的资料信息，为企业会员的决策提供了有效的保证。

【案例2】

加强内部管理控制供应风险

亚星集团为了控制供应风险，加强了内部管理，从内部管理上杜绝了供应风险的发生。该公司加强内部管理的措施主要有：

1、改进流程，采购动作程序化

亚星集团制定了一套科学、严密、规范的采购动作程序，改进了采购的业务流程。该运用程序可分为5个阶段，即下达计划、比较价格、质量监督、票据审核、严格考核。所有采购的物品，首先由分厂、车间、基建处等物品使用部门，根据其生产经营和基建维修的实际需要填写“物品采购计划单”，报计划处进行汇总。供应处计划员接到计划处下达的采购计划后，按分管业务员的采购范围和计划要求，下达采购通知。业务员在比质比价的基础上，分批分期及时地进行采购，以保证生产的顺利进行。对于主要原材料的采购每月都制定最高控制价格，经总经理批准后，发布有关部门执行和监督。采购物品到库后，检验人员按照有关检验规程进行“封闭式”的检验。对于采购物品要由物价科进行审核后才能到财务中心对外付款。此外，对采购部门还要进行计划完成情况、节约额、质量和采购费用等指标的考核。

2、建立了权力分散、相互制约的机制

亚星集团建立了权力分散、相互制约的组织基础。在组织建设上坚持了合理分工与相互制约原则、不相容职务分离、协调原则和责任原则。分别设置了计划、购销、质检、仓储、审计、财务、考核和服务等职能部门，并明确了各自的职责范围。保证了领导到位、机构到位、人员到位的集体研究、民主决策制度的顺利展开。在具体业务环节上，通过购销比价管理把原来垄断的购销权力转变为民主、分散的权力，购销行为变得公开、透明，同时把购销决策权同业务交割及监督检查进行了职能分离，割断了权力与腐败的联系。此外。在采购员管理上，实行轮岗和淘汰制，使得过去由采购员和个别人所拥有的采购物品上定客户、定价格、定数量、定付款的权力得到了有效的控制、分散和监督，在采购环节中节约了大量的资金，增加了企业的效益，严格地控制了供应风险。

3. 管理制度化

亚星集团针对购销环节制定了一系列相配套的管理制度，保证了供应风险控制的工作基础。这些制度包括《物品采购管理条例》、《定点物品采购管理制度办法》、《经济合同管理制度》、《主要原材料检验办法》、《经济责任考核办法》等。

《物品采购管理条例》对采购物品的价格管理以及奖惩办法进行了规范，它明确了价格审定的权力、责任、范围、内容和考核方法，对采购物品的价格进行了分类管理；《定点物品采购管理办法》规定大宗物品和原材料都要在质量保证体系中确定的定点“合格供应商”处采购，规定了供应商的供货资格；《主要原材料检验办法》规定对于主要原材料实行“封闭”检验制度。保证了质检的公正性和权威性；《经济责任考核办法》将约束机制引入采购管理中，实行了采购承包责任制，制定了考核细则，严格了奖惩兑现。

这里需要说明的是：在案例中涉及物品与物资两个概念。物资是计划经济时代用语。但这一名词已越来越多地被“物品”一词替代，并被写进新出版的国家标准之中，请读者引起注意。

【本章小结】

本章简要介绍了采购风险的概念和种类，详细介绍了采购风险的内容和种类，以及回避和防范采购风险的主要措施；介绍了采购绩效评估的概念、目的及标准，重点阐述了采购绩效评估指标体系、评估内容和方式，以及采购绩效评估的程序和方法。

【复习思考题】

1. 什么是采购绩效评估？
2. 采购绩效评估的目的是什么？
3. 简述采购绩效评估的标准。
4. 采购绩效评估的标准是什么？
5. 简述采购绩效评估指标。
6. 采购绩效评估的方式是什么？
7. 采购绩效评估人员有哪些？
8. 简述改进采购绩效的途径。

第十一章　其他采购管理

【知识目标】

了解政府采购、全球采购、采购外包、电子商务采购等不同采购方式的含义和特点；熟悉各种采购方式的基本过程和程序；了解不同采购方式适应的不同采购领域；了解采购业发展的趋势。

【技能目标】

能够在不同的采购模式和平台开展采购工作；能够开展专项采购业务。

第一节　政 府 采 购

一、政府采购的含义及特点

政府采购，也称公共采购。我国 2002 年 6 月 29 日新颁布的《中华人民共和国政府采购法》对政府采购作了如下定义："政府采购是指各级国家机关、事业单位和团体组织、使用财政性资金采购依法制定的集中采购目录以内的或者采购限额标准以上的货物、工程和服务的行为。"政府采购不仅是指具体的采购过程，而且是采购政策、采购程序、采购过程及采购管理的总称，是一种对公共采购管理的制度。每一个国家都会在其长期的政府采购实践中形成一系列符合本国特色的规则和惯例，即政府采购制度。

政府采购是相对于个人采购、家庭采购、企业采购或团体采购而言的一种采购管理制度。与个人采购、家庭采购、企业采购或团体采购相比，政府采购具有以下特点：

（1）采购资金来源的公共性　政府采购的资金来源于政府的财政拨款，即由纳税人的税收和政府公共服务收费所形成的公共资金，在财政支持中具体表现为采购支出，即财政支出减去转移支出的余额。而私人采购的资金来源于主体的私有资金，资金不同的来源决定了政府采购与私人采购在采购管理、采购责任等方面有很大的区别。实际上，从本质上讲，正是采购资金来源的不同才将政府采购与私人采购区别开来。

（2）采购的非营利性　政府采购的目的是为了实现政府职能和公共利益，是一种非商业营利性活动。而私人采购是为了生产、转售和最终的盈利，是为了卖而买的行为。政府采购管理者没有私人采购需要盈利的动机。

（3）采购主体的特定性　政府采购的主体，也称采购实体，为依靠国家财政资金运作的政府机关、事业单位和社会团体、公共事业等。

（4）采购的广泛性与复杂性　政府采购对象从汽车、家具、办公用品到武器、航天飞机等，既有标准的，也有非标准的；既有有形产品，又有无形产品；既有价值低的产品，也有价值高的产品。为了便于管理，国际上通用的做法是按其性质将采购对象分为货物、工程和服务。货物是指各种各样的物品，包括原料、产品、设备、器具等。工程是指在新建、扩建、改建、修建、拆除或翻新构造物及其所属设备以及改造自然环境，包括建造房屋、兴修水利、改造环境、修建交通设施、铺设下水道等建筑项目。服务是指除货物或工程以外的任何采购，包括专业服务、技术服务、维修、培训、劳动力等。

（5）采购的政策性　公共支出管理是国家管理经济的一个重要手段，而作为公共支出管理一个重要执行环节的政府采购，必须承担着国家政策的使命，通过政府采购来进行宏观经济政策的调控。同时，一国政府也可以利用政府采购作为保护本国产品和企业的手段，而私人采购则没有这种责任。

（6）采购的规范性、公开性　政府的采购不是简单的物、钱交换，而是按有关政府采购的法规，根据不同的采购规模、采购对象及采购时间的要求等，采用不同的采购度和采购程序。而且，每种采购过程都是公开的，一切采购活动都要做出公共记录，所有的采购信息都是公开的，以充分体现公平、公正竞争的原则，接受社会监督。而在私营领域，管理当局则没有这个义务。

（7）金额庞大，影响深远　政府采购不同于私人采购，它是指一个整体，这个整体是一个国家内最大的单一消费者，其购买力是相当巨大的，在很多国家，政府采购金额占一个国家内生产总值（GDP）的 10%以上，如：欧共体各国这个比例达到 14%左右（不包括公用事业的采购）；美国政府在 1989～1992 年间仅用于货物和服务的采购就占 GDP 的 26%～27%，每年有 2000 多亿美元的政府预算用于政府采购。因此，政府采购对于社会经济有着非常大的影响力，采购规模的扩大或缩小，采购结构的变化对社会经济发展状况、产业结构以及公众的生活环境都有着十分明显的影响。事实上，它已成为各国政府通常的一种宏观经济调控手段。此外，财政部门实行全方位的监督，也是政府采购的一个主要特征。为了确保政府公共资金能够得以最合理有效的利用，从采购计划的编制到采购项目验收的采购全过程，财政部门都要进行监督管理，当然，这种监督不是直接地参与，而是通过制定采购法规和政策来实现的。财政监督的对象，不仅是采购实体，还包括采购中介机构、供应商等参与采购活动的机构和个人。

二、政府采购的目标和原则

政府采购的目标的实现，必须依靠完善的政府采购立法和有效的政府采购制度保证，而政府采购的目的和为这些目标的实现而贯穿在整个采购过程中的基本原则应当明确规定在这些法律和制度中。因此，在政府采购制度中确立政府采购目标和原则，对建立有效的政府采购制度和实现政府采购具有重要的意义。

（一）政府采购的目标

1、经济性和有效性

这是政府采购最基本和首要的政策目标。外国政府的采购都将促进政府采购的经济性、有效性作为其首要目标。例如，《国际开发协会信贷采购指南》中规定："在项目实施，包括有关的货物和工程采购中，必须注意经济和效率"。《货物、工程和服务采购示范法》规定，政府采购应促使采购尽量节省开支和提高效率。《欧盟理事会第 93/96/EEC 号指点》认为，通过实现欧共体条约创设一个统一的内部市场的目标实现，缔约国可以获得国际采购的比较价格利益，从而促进缔约国政府采购的经济有效性。

政府采购的经济有效性是指以最优的供货条件采购到质量符合要求的货物、工程或服务。经济性是指采购资金的节约和合理使用。有效性是指采购的效率，即在合同规定的合理时间内完成招标采购任务，以满足使用部门的需要。

采购的效率是与采购的经济性紧密相连的，效率如何，直接关系到采购资金的节约和浪费：一方面，效率低下的采购，如周期过长，延误采购等，会直接带来损失；另一方面，采购程序如果过于繁锁，可能迫使投标报价升高。因此，两者都成为政府采购所要达到的重要政策目标。

2、宏观调控手段

政府通过调整采购总规模，调整国民经济的运行情况，即为了刺激经济发展，拉动内需，政府可以扩大采购规模，为了抑制经济过热，政府可以缩减采购规模，降低消费需求。政府还可以通过调整采购结构，达到调整产业结构的目的，即对政府鼓励的产业，政府可以提高采购量，为该产业的发展开辟市场；对政府限制的产业，则可以减少对这些产业的产品的采购。

3、保护环境

在现代社会，环境保护问题已成为各国政府在经济发展中密切关注的一个话题。各国也纷纷制定了大量的相关法规，以保护人类赖以生存的环境，然而，由于各种原因，政府还必须采取必要的手段来促使法规的执行，政府采购就是必须的手段之一。政府对所采购的产品或拟建的工程，提出有利于环境保护的指标和要求，不符合规定指标和要求的产品不得采购。例如规定政府购车的排气量，明确不能购买在生产和使用过程中产生污染的厂家的产品等。

4、促进国际贸易

“通过建立一个有效的关于政府采购的法律、规则、程序和措施方面的权力与义务的多边框架，实现世界贸易的扩大和更大程度的自由化，改善协调世界贸易运行的环境”（世界贸易组织的《政府采购协议》）。政府通过加入国际性或区域经济组织，使国内的企业以较优惠的条件进口原材料，同时也为国内企业开辟了新的市场，让国内企业到国外政府采购市场上争取合同，外加工出口，同时，也积极地促进和鼓励不论任何国籍的供应商和承包商参与到本国的政府采购过程中来，从而使采购机构可以获得通过投标来比较价格的利益。

5、稳定物价

这里的稳定物价主要是指粮食价格和原材料价格，政府通过对储备物资的采购和吞吐，调节物价水平。在粮食方面，政府按保护价从农民手中收购粮食，同时规定市场售价的最高价格，如出现投机，政府可以动用储备粮，平抑市场价格。在原材料方面，政府在某些材料充裕或国际市场上价格合理时，进行储备采购，一旦这些原材料出现短缺或者国际市场上价格偏高时，政府将按合理的价格出售，政府通过对储备物资的吞吐，既能稳定物价，又可以保护生产者和消费者的利益。此外，加强对国有资产的管理、促进就业、保护民族产业、平衡区域差异、稳定社会等也是政府采购的重要政策目标之一。通过建立和完善政府采购制度，使各种交易活动在公开、公正、公平和竞争的基础上开展，消除歧视行为，保护广大供应商和政府的利益。

（二）政府采购的原则

1、有效竞争性原则

有效竞争性原则是政府采购规则中的一条重要原则，世界银行认为，为了实现世行的目标，最好的办法是实行国际竞争性招标，世界银行愿为所有成员国的投标商提供竞争机会。

政府采购中的一个重要性假设是竞争价格为一种合理价格，竞争可以使投标提供更好的商品和技术，并且设法降低产品成本和投标价格，从而使用户可以以较低的价格采购到优质的商品，实现采购的目标。

2、公开、公平、公正的原则

公开原则指采购活动具有较高的透明度，要公开有关采购的法律和程序，公开采购信息，公开开标，公开中标结果，使每个有兴趣的或已参与的供应商都能获得同等的信息；公平就是要求给予每一个有兴趣的供应商或投标商平等的机会，并受到同等的待遇，平等的参与竞争，使用同一标准，提供同样的信息等；公正是指评标时按事先公布的对待所有的供应商。公开、公平和公正原则是政府采购的核心原则。

3、物有所值原则

物有所值原则是西方国家通用的原则之一，它是指投入（成本）与产出（收益）之比，这里的投入不仅指采购物品所耗用的货币资金，而且包括在采购过程中所耗费的所有人力、物力、时间等的总和。即物品的寿命周期成本。政府采购所追求的就是寿命周期成本的最小化，而收益的最大化。目前，物有所值原则的内涵在发达国家和发展中国家之间引起了激烈的争论，争论的焦点是对物有所值中的“值”的理解，发展中国家认为这个“值”是广义的，不仅包括资金的使用率，还应包括为国内产业发展提供的机会及促进技术转让等。

4、推动国内竞争和促进产业发展原则

通过政府采购，打破垄断和地区贸易壁垒，促进企业降低成本，提高产品技术含金量，为企业的发展创造良好的竞争环境。同时，在政府采购制度中，应规定一些准则和采取一些措施，使小企业也能分得政府采购合同的一部分，从而促进社会经济的协调发展。

5、防腐倡廉原则

通过公平、竞争的透明机制，消除采购活动中的腐败现象，促使政府官员依法行政，维护政府形象。

此外，国民待遇原则和非歧视性原则是已经加入世界贸易组织的《政府采购协议》的成员必须遵循的两个重要原则。

第二节 全球采购

一、全球采购的原因

全球性采购商品或服务的原因有很多，随着对特定商品需求的不同而不同。但是，我们还是可以找到选取国际化供应商的最基本、最简单的原因——从国外购买商品或服务可以获得更多的利益。虽然使全球性采购具有吸引力的特定因素会因商品的不同而不同，但使得国际供应商受欢迎的具体原因还是具有一些共性。在这里我们主要介绍七个原因。

1、价格

多数研究表明，对发达国家来说，国外供应商提供产品的总成本总要比国内供应商的低一些，这是进行全球性采购的主要原因。我们也许会提出疑问，为什么国外供应商能以较低的成本进行生产，并且及时将产品运往千里之外也具有价格优势呢？产生这种情况的原因有以下几种。

（1）劳动力成本　发展中国家的劳动力成本要比发达国家低很多，亚洲许多生产厂家属于这种情况。这也是许多发达国家公司在那里开设工厂的主要原因。公司寻求低劳动力成本，哪里的工资较低，工厂就迁往哪里。许多原来将工厂迁往韩国、中国香港地区、新加坡和中国台湾地区的公司现在又开始将工厂迁至马来西亚、泰国、中国大陆或者是菲律宾等地。但是，由于机器人的使用和自动化的实现减少了工人的数量，所以劳动力成本带来的差异也逐渐减小，而且随着发展中国家的发展，其劳动力成本也有逐渐升高的趋势。前面我们所提到的韩国、新加坡，中国台湾等国家和地区曾经就是劳动力成本很低的地方，而今随着经济的发展，这些国家和地区的劳动力成本不再具有吸引力。

（2）汇率　由于汇率的影响，许多公司购买国外产品更为有利。汇率对全球性采购的影响力很大，还记得几年前日元不断升值给日本轿车等产品的出口带来很大影响。同理，如果人民币不断升值，我们从国外购买同样价格的产品会因为汇率的上升而获得收益。20世纪90年代美元汇率降低，使得进口商品更加昂贵，国外产品相应失去其吸引力。

（3）效率　国外供应商所采用的设备和工艺比国内厂家的效率要高，发达国家具有技术领先的优势，其生产的商品在性能上往往高于发展中国家。因此，基于生产技术上的要求，需要从国外进口更先进的设备。有的时候一些国家由于历史因素在某些产品的生产上面具有特定优势，例如瑞士的手表、远东地区的钢铁企业等都是这方面的很好例子。

（4）垄断　国际上有些原材料供应商将生产集中在某些商品上，为了扩大销量实施垄断，而将出口商品定位在一个相对较低的价位上以扩大出口量，尽管有反垄断和反不正当竞争法，但是对其中控制却是复杂的，而且效果也不明显。

2、质量

总体来说，国外供应商的产品质量并不一定比国内供应商好，但正如我们前面所说的，在某些产品上，国外供应商的产品质量更稳定，比如说，以色列的滴水灌溉设备等。影响质量的因素有很多，像性能优良的新式设备，更精细的质量控制系统。日本一些供应商的成功之处在于其员工的终生归属感，使他们接受一次性做好的理念与责任，他们拥有更先进的质量控制系统。

3、某些货物在国内比较稀缺

某些原材料，特别是自然资源，国内没有储备，只能大量从国外进口。例如日本，作为一个小小的岛国，本身的自然资源十分缺乏，只能选择进口，别无他法。另外，随着相对经济优势的改变，一些制造业产品，比如说某些办公设备，和计算机相连的桌面式打印机、录像设备的生产等也开始逐渐向发展中国家转移。发达国家只能从国外进口这些产品。

4、交货及时性和供应连续性

受设备及生产能力所限，在一些情况下，国外的大型供应商交货速度要比国内的快，他们甚至可能在世界各地持有产品库存，一旦需要，就可以立即发运。有实力的供应商为了防止缺货风险可能会备有大量库存，从而能够保持供应的连续性，即使遇到一些特殊情况也不会影响采购方的生产。

5、完善的技术服务

由于国际化分工的不断发展，特定专业的专有技术在不断变化，领先国家也不断交替，为了能从最好的地方采购到最好的服务，或者是在适当的地点采购到适当的技术，需要在全球范围内选择供应商。假如国外厂家在本地有一个组织完善的分销网络，那么所能提供的担保服务及技术咨询等相关服务会做得比国内厂家更好。

6、作为一种营销手段

为了能在其他国家出售本国生产的产品，可能会答应向那些国家的供应商采购一定金额的货物，数量由双方协商决定。这在国际贸易中是司空见惯的事情。

7、营造竞争氛围

引进国外供应商带来竞争，通常会给国内供应商施加压力。为了使自己和购买厂商的合作关系能够长期维持下去，他们会不断地提高自己的生产效率，使其保持国际先进水平。另一方面采购者还可以进口的威胁作为砝码，向国内供应厂商施加压力，以获得价格或其他方面的让步。一名公司采购人员说：“如果不是供应商有进口的压力，我现在就不会有 50 元或者更高的折扣。”

除了上述这些原因外，全球采购环境的好转也促进了全球性采购的发展，使有利可图的全球采购成为可能。这些变化主要是由全球经营环境的变化导致的，具体说来有以下几点。

(1) 质量 质量得到改进。采用 ISO9000 标准后，有了统一的国际质量标准，甚至连公司的兼并和收购也建立了标准化的细则。

（2）沟通 现代技术的发展降低了电子通信的成本，如今全世界都可以通过电信网络进行交流。特别是近几年来互联网的迅速发展，更加使通信成为一件简单而又低廉的工作。

（3）数据传输和管理 软件和硬件处理数据的成本在不断降低，而且越来越普遍。互联网的发展也在不断改善，实现快速低成本的数据传输已不再是遥不可及的梦想。

（4）政治经济气候 关税在不断降低和取消，虽然大规模的地区贸易壁垒，如欧洲一体化市场还存在，但在局部范围内已经使降低成本和放宽政府管制的复杂性成为可能。

（5）运输 由于政府解除管制，与所有运输方式（海洋、航空和陆地）相关联的成本不断降低。

（6）创新 现在公司主要面临着市场竞争和提供先进技术的竞争，这导致新产品的不断降低。

从整体上考虑，这些特点展现了一个全球采购环境的基本特征。在这个环境中，历史性的成本驱动因素持续下降，政府对贸易的管制在不断改善，地方性或全球性的采购组织都必须适应上述持续变化形成的全新采购环境。

二、全球采购的过程

全球性采购的具体操作过程比较复杂，为了便于管理，我们介绍一种通用的采购过程。此过程分为三个阶段。

（一）收集数据

第一阶段是收集数据。为了实现采购协作，获得最大的收益，实施采购行为的每个采购办公室都必须收集相关的数据。

为了降低总成本，很多公司要求他们的采购组织同供应商进行谈判，以最大限度地降低送货。

（二）确定产品或服务的价格

第二阶段是确定产品或服务的价格。传统采购活动的重点在于将供应商的不同报价进行详细比较，从而做出选择。如果在单个地理区域的供应商市场中采购，可以采用这种方法；但是如果公司愿意采用全球性采购的方法进行采购，这些传统的方法就不一定是最理想的方式了，搜集所有的数据进行比较是一个既耗时又耗力的工作。更有效的方法是直接寻找在全球市场上最低的材料价格，而后进行谈判，在谈判前，组织必须知道它们所期望的某种特定材料的最低支付价格是多少。

（三）制定和执行采购战略

1、制定战略

在确定了期望价格之后，应制定一个实现目标的采购战略。传统采购方式主要以在供应商中重新分配采购规模带来的收益最大化为目标，希望签下一个或少数几个“大宗订单”。然而，以上所述战略提供了一个更严密的分阶段的方法，使每个阶段的利益都最大化。这样供应商就可以利用这一机会，提供初期的数量激励，以强调价格的不同。

（1）消除价格差异　经验表明，根据最小离岸价分析为基础平衡价格将产生一种价格，称为“影子定价法”。而以成本变动分析为基础平衡价格产生的结果，则反映了每个供应商的库存水平或流程的效率。这种灵活运用的两种方法产生目标的做法可以产生最大的收益。

（2）在现有供应商之间重新分配订购规模　如果第一步的价格杠杆作用实现了，就有可能接近和获得在现有供应商之间重新分配订购规模的利益。供应商利用成本变动分析方法提供的规模价格分析将显示出固定成本分摊对采购数量的影响。对于额外增加的数量所降低的成本变动更能说明这一点。成本变动百分比的变化表明了与供应商价格战略相关的数量规模具有敏感性。

（3）在数量减少了的供应商中重新分配订购规模　这一步并不是每个采购者都需要进行的。只有那些供应商数量确实发生了变化的采购商才需要进行这一步。很显然，如果把一个或更多的供应商排除在考虑范围之外，那么剩余的供应商能够分到的订货量就增加了。但这一点必须明确，那就是每个供应商的实际供应能力，减少后的供应商必须能够供应所需的采购数量，确定计划时还应包括缓冲或储备的余地。运用成本变动分析方法进行的敏感性分析，可以用来预测固定成本的分摊影响，然后，可以确定每个供应商的谈判目标。

2、战略监督和谈判

制定了战略之后，就可以开始为实现战略目标而谈判了。采购方在谈判的组织、内容、程序上都必须谨慎，以便实现最大利益。

（1）组织谈判　在任何全球性的谈判中，都必须非常清楚谁负责谈判的进程，谁是最终合同的最终决策者，被授权做出最终决策的个人也应该选择谈判小组成员，制定谈判内容和程序。在组织谈判阶段应做一些准备工作，例如，分析供应商的地位，考察采购物品，分析采购上的财务状况，生产能力等。

（2）谈判内容结构　谈判内容必须有一定的安排，以便实现组织的利益最大化，使谈判向着有利于己方的方向进行。谈判中应考虑到组织目标、时限、候选供应商、合同条款和数量敏感性。

谈判目标必须建立在谈判能力之上，谈判能力主要包括是否能够在现有或新的供应商中重新分配订货数量以及是否可以通过减少供应数量集中采购数量。这些能力将决定谈判的最终内容和采购方在谈判中的地位。

（3）谈判程序　如果谈判程序恰当，往往会给采购方带来意想不到的收获，因此，必须加以重视，谈判的决定权，在谈判小组建立后就应当赋予谈判小组的领导和小组成员。小组领导和成员必须认真规划谈判程序，以便在谈判各阶段都安排有足够的反应时间，得到有价值的结果。

三、全球采购的风险

在进行国际化采购时，会涉及许多存在问题的区域，称之为全球性采购风险。因此，企业必须认识这些风险，从而采取措施将其每一部分的影响最小化。

1、供应商的选择是否合适

进行有效采购的关键问题应该是选择高效、负责的供应厂商。由于得到评估所需的数据既昂贵又耗时间，做到这一点有时比较困难。当供应商远在千里之遥时，这一问题就突出地表现出来。获得国际供应商相关信息的方法基本上和获得国内生产厂商信息的方法相同。

这是一个很重要的过程，而且充满风险。采购方在异地他乡，人生地不熟，很容易上当受骗，而且供应商为了自己的利益会使出各种方法诱惑前去调查的采购人员，使他们在不知不觉中落入供应商的圈套。

2、交货时间是否准时

运输和通信的发展使全球性采购中的交货时间得到缩短，但是，以下几个方面会使交货时间过长，必须引起采购者注意。

1）采购者首次进行全球采购时通常需要开立信用证，这一般需要几个星期的时间。

2）虽然交通运输有了很大发展，采购者在运输过程中还是难免会延误几天，尤其是货物还在国外的时候。

3）货物在港口存放的时间取决于在港口等待的卸载的船只的数量，而且，船只的卸载只有在规定工作时间内才可进行。

3、催单风险问题

因为距离的问题，让海外公司加快生产、运输，以尽快完成定单供货比较困难，这就需要不断地进行催单。为了确保有效性，要求采购企业必须了解供应商的生产情况并确保他们有所反应。为了实现这一点，可以在合同中约定在供应方安排监督者，或者委派来自其附属公司的员工到供应商处督促其加快完成供货。

4、政治问题

受供应商所在国政府问题的影响，供应中断的风险可能会很大。例如，供应商所在国发生战乱或者暴动等，采购者必须对风险做出估计，如果风险过高，购买者必须采取一些措施监视事态的发展，以便及时对不利事态做出反应并寻找替代办法。

5、隐含成本过高

在将国内采购和国外采购作出比较时，往往会忽略国外采购中的某些成本计算，或者有时也会出现一些突发事件使全球性采购的成本增加，这些都是全球性采购的隐含成本。采购者在选择国外供应商之前，必须考虑到其所有可能发生的成本。

6、汇率波动

在签订采购协议时会就付款采用采购方国家的货币还是供应方国家的货币做出选择。一般来说，如果交款时间较短，就不会出现汇率波动问题，选用哪种货币都无关紧要，但是，如果交款时间为几个月，汇率就会有较大的波动，此时的价格会随着选用货币的不同而产生较大的出入。1973 年以后，国际上开始实行自由浮动汇率。由于政治、经济和社会因素的影响，汇率变化相当快，所以在签订合同时，采购者应该预测从当前到付款这段时间内汇率如何变动。

7、付款方式

全球性采购在付款方式上有着自己的独特性。出于降低风险的考虑，国际供应商往往要求对方在订货时或发货前支付货款。那些和采购者已建立长期合作关系的供应商可能同意在赊账的情况下发货，但供应方不会在货款未支付前就将货物的所有权转让，同国内采购一样，全球性采购也要用到一种称为汇票的支付工具。汇票是供应方对采购方开出的票据，它连同货运单一起汇给供应方所在地的银行，由该银行收回货款。该行将这些单据寄送给采购方所在地的银行，并附上何时由采购方付单的说明书。最保守的供应方会要求对方开立信用证。信用证是采购者所在地的银行应采购者要求开立的，它保证开证银行在供应方完成了所有规定条件后同供应方支付预先商定的款项。

8、质量

购买方和供应方就质量、规格达成共识非常重要，否则以后双方产生分歧后，一系列后续事件的处理费用是十分昂贵的。随着国际质量标准的建立，这一方面的问题已经变得简单化，但是如果买卖双方没有同时采用国际标准，还是会在解释方面出现问题，在产品质量方面存在隐患。另外，买卖双方就采用什么样的质量控制、验收过程问题上达成一致也很重要。否则供应方发出的货物很有可能被采购方以另一质量标准拒收。由于买卖双方地域上的差距，退货或重新发货都是比较复杂的，也浪费时间。这类问题应在采购之前进行协商，以达成一致。

9、关税

关税是一个国家对其进口货物征收的税金，虽然从理论上讲世界各国都在通过世界贸易组织来努力削减关税，但是出于保护本国利益的角度，关税仍然存在。购买者必须了解有关关税的各项条款和税金如何计算。另外，合同应注明由哪一方支付税金——买方还是卖方。

10、文本工作的费用

美国国际贸易文献委员会与美国运输部合作，进行了一次世界范围内的调查研究，以确定国际合同中涉及的文本工作的数量。调查结果表明文本费用已变得十分庞大，公司平均拥有46份不同的文本。例如，申请书、发票、运费单、原产地证明、进口许可证、提单，另外，还有这些文件的360份副本。按照现在国际贸易的交易速度，每年的文本共计要在70亿份之上，可想而知，全世界每年因为全球性采购而用在文本上的支出是多么庞大了。

11、法律问题

如果说在进行采购时潜在的法律问题可以称为风险，那么在许多情况下进行全球采购时的风险要比国内采购大得多，如果采购方对运输时间要求严格，那么就应该设有防止延期运送而设置的罚金或辅助消除延期风险的条款。相应的违约处罚条款也是必要的，或者干脆由银行为指定的违约项目提供担保。由于起诉费用昂贵且浪费时间，越来越多的采购方由国际仲裁机构来解决贸易争端引发的各种问题。

12、语言

相同的词在不同的文化背景下会有不同的含义，同一个英语单词在美国、英国或者南非的意思会大相径庭。拥有相同语言的人交流起来都存在这些困难，那么可以想象，不同语种之间的人交流起来其困难有多大。正是因为语言方面的问题，一些公司坚持让经常和非本语种国家的供应商打交道的采购管理人员进行短期语言培训，以便和国外供应商进行交谈。虽然他们还是少不了翻译，但这时采购者在商谈中就会适应多了。

13、文化和社会习惯

每个地方的商业习惯会因地区不同而有所变化。国家之间的某些商业习惯变化更大，所以采购者若要和供应商更有效地进行商谈，就要使自己尽可能地去了解和适应那些习惯。

第三节 采购外包

一、外包决策制定

外包决策制定对企业的影响是巨大的，在制定决策前必须慎重。以下是决策中需要考虑的一些因素。

1、进行动态的成本收益分析

外包的前提和假设是不断变化的，因此，必须对当初的成本收益进行调整。随着环境的变化，成本收益的调整也在不断进行，呈现出动态的方式。在进行成本收益分析时，我们有必要先了解企业的需要和对外包的目标要求。

2、流程分析

流程分析目的是降低单项的交易规模和流程复杂性。否则，不必要的交接将堵塞和减慢整个操作系统。“ABC”分析法是我们经常使用的工具。“ABC”分析法的目的是让一个无法管理所有项目的企业集中所有精力来管理“A”类的项目，而不是将有限的精力浪费到不重要的项目上。随着计算机的普遍应用，计算机的强大功能和力量使某些人相信可以而且应该对所有的交易进行管理，但是使用一个有商品编码、变量和交易的系统仅仅是确保了一个成本昂贵的原有人工系统的复制品，基本上没有任何经济价值。关键是降低交易的规模和水平，同时，大大提高应对一个可变系统的能力，在进行是否外包的决策前我们有必要回答一些问题。

3、用户必须参与所有外包解决方案的制定和执行过程

外包项目决策小组由操作者或者说用户来负责是很重要的，因为他们才是产品的最终使用者。经验告诉我们这样做可以避免制定一个在技术上领先，但在经营和财务上不合理，而且将来也无法执行或者是执行后带来亏损的解决方案。在已经进行的一些外包方案的实施过程中除了一些好的建议被采纳或者是一些需要用户的正式承诺的地方外，大多数外包方案是由公司内部的信息和财务部门制定的。用户的利益没有得到充分的考虑，他们最终成为容易被忽略或安抚的小人物。有些企业可能会辩解说用户根本就不理解企业的流程，不了解产品的特性。但是不管怎样，最好还是有一个简单的解决方案，比起那些根本不能满足用户需求的类似于橱窗中陈列品般精致的外包解决方

案，这样的一个解决方案至少可以让用户很方便地使用。不过这一点往往被忽视或置之不理。因此，我们在这里郑重地提出，希望得到足够的重视。因为这就是大多数用户会对解决方案进行修正的真正原因，他们往往希望将方案现实化。

4. 认识技术的现实性

技术终究是技术，它只是一个工具而不是最终的解决方案。一个成熟或者是先进的技术比那些还没有成熟或者是已经落后的技术更有价值，它可以帮助我们建立一个更完美的解决方案，例如计算机的使用，可以提高运算的精确性和速度，迅速敏锐地处理大量信息，从而可以识别问题并加以解决。但是一个企业要获得收益，最终还是要靠人力资本作用的发挥，对于计算机来说，如果没有人的正确使用，输入的是垃圾，输出的还是垃圾。因此，如果一个企业不能靠人力来解决或发现最终的解决方案，那么一个良好的操作系统并不能帮助企业达到预定的目标，有时甚至会起反作用。

从以上的描述，我们可以看出，外包关系不是一成不变的，它是一个动态的协议关系，需要进行持续不断的改进，只有保证你的外包关系随着环境的变化而变化，才能保证外包的收益性。外包的关系不是自动形成的，在建立外包关系的过程中，企业需要有高瞻远瞩的能力，建成后还需要管理并领导这些外包关系，这一点切不可忘记。

二、分包

在自制的或外购的连续系列中，有一个特别的区域：分包。通常在军事或建筑行业的采购活动中，主承包商会就合同中某些部分工作向其他承包商进行招标，此时，分包就出现了，术语“分包商”也产生了。分包最为简单的形式是条款明示的采购定单。它的复杂度和管理变化幅度与项目的价值、规模呈直接的比例关系。对分包进行管理需要专门的技术与能力。因为它需要大量的各种形式的沟通、制图、项目审查、管理报告等工作。另外，费用支付方式也是多种多样的，且经常要根据分包合同约定的条款、条件协商实际价格。

是否使用分包的决策依据很简单，当定单的发放工作很难定义、历时很久、费用又很大时，使用分包就比较合适。例如，航空公司总是将大型建筑项目和控制系统分包出去。着陆装置、雷达系统等高成本部件经常购自分包合同。类似的分包形式还常见于建筑业，建筑物承包商往往将建筑物或项目的电气、管道系统等分包出去。

分包管理是一项复杂的活动，既需要具备处理数据的专门知识，又需要具有预计行为结果，确保其达到预期最终结果的能力。就像外包一样，分包有时也需要建立一个团队进行管理。例如，航空业的分包一般就由团队负责，团队成员包括：分包主管、设备工程师、质保专员、可靠性工程师、材料成本价格分析员、行政人员、现场专员等。分包主管必须自始至终控制好成本、进度、技术和整体结构等。

分包成本控制的第一步是协商确定公平、合理的价格，适当选择合同类型，缜密思考可利用的因素。进度控制需要良好的生产计划，其中包括所有必要的、可行的合同内容。设计良好的书面报告和必要的修订过程也很关键。技术控制的目标是使产品达到合同规定的产品规格说明书中的各项指标。过程控制的目标则是确保所有变化均被记录在案。好的过程控制对产品的“后期市场”和填补市场空白至关重要。与最简单的标准采购定单不同，大型分包合同结算行为需要事先进行大量细致明确的定义。结算行为因合同类型和项目任务完成的困难程度不同而各不相同。履约期间，大型的、复杂的运作过程往往会发生较大变化，因变化而增加的成本必须在签约之前协商好。另外，提供给承包商的数据、材料等在合同完成后也必须返还原主。收到物料、数据、报告时，必须接收并检验，分包商所需物品因合同完成的复杂程度而异。同时，必须对所有分包商绩效做出书面总结，为将来招标过程中的供应商选择与供应商评价提供依据。这类报告还可为再一次协商的细节提供信息。

三、MRO 外包

MRO 采购外包如今已迅速发展为一个全新的“最佳实践”。许多公司发现有 50%～80%的供应链采购行为涉及到 MRO。MRO 采购的管理因其独特性必须有别于其他产品采购。一般而言，MRO 定义包括的材料和服务主要包含以下一些内容：

1）电力和机械材料（包括一些元件、仪器、计算机和终端设备）。

2）专业设施（包括实验仪器和应用仪器）。

3）工业供应品（包括通常的维护供应品）。

4）安全和保健器械。

5）机械应用件（如工业机器，设备和工具）。

6）办公用耗材和设备。

7）化学供应品和设备。

8）自动化和散装元件、设备和供应品。

MRO 材料自身的价值占采购总成本的比例还不到 25%，但所有运输、库存、应收款和应付款及交易过程成本却超过 75%。获取这些低价值、低风险、高交易费用的材料采购项目的过程成本经常超过了材料本身的成本。一般来说，MRO 是个无差异市场，有上千个销售者和采购者在进行占成本 75%的采购、运输、储存、库存和可支付的交易。它的特征通常是长时间无价值的拖延和许多的隐藏成本。销售者关注较多的是定货管理成本、后勤成本和财务风险，采购者关注的则是材料成本、管理成本和质量标准。

表 11-1 概述了直接生产材料和 MRO 之间的一些不同。

表 11-1　直接生产资料与 MRO

项　　目	直接生产材料	MRO
前景	好	稀少
定货形式	数据	电话或传真
定货频率	有规律	无规律
平均单价	大于 40 000	小于 20 000
运输方式	公路、铁路	邮政包裹、航空
供应商数目	小于 250	大于 5 000
占采购支出百分比	大于 80%	小于 20%
占交易量的百分比	小于 20%	大于 80%
管理成本占材料成本的比重	小于 0.5%	大于 25%

MRO 的采购和后勤管理是降低成本、提高质量、进行创新、减少中间环节周转时间的一个重要目标领域。美国一些机构的调查向我们提示，超过一半公司的 MRO 交易额还不到整个公司和组织采购额的 2%，每笔交易的平均支出低于 50 美元，而获取及管理的平均成本却高达 65 美元。

在现代的经营环境中，公司为了适应变化，经常不断地调整公司结构，合理安排供应链中的每一个环节以获得成本优势，此时，MRO 是降低人力、投资、设备和管理成本的一个重要目标。有效的 MRO 外包需要对使用者进行培训和教育，需要对绩效进行反馈，如果制度完善，大多数 MRO 外包关系都会获得良好的结果。

第四节　电子商务采购

一、电子商务采购的含义

电子商务出现后，可以通过电子商务实现很多的功能，主要有以下几种。

1）电子交易。

2）电子支付。

3）电子安全。

4）电子广告。

5）电子邮件等。

这五大功能可以独立使用，也可以联合使用。其中电子交易是最主要的功能，是电子商务的支柱，其他的功能虽然也可以独立使用，但它们基本上都是为电子交易服务的。

电子交易又可以分为以下两大功能。

1）电子商务销售。

2）电子商务采购。

两者虽然都是电子交易，但是它们的内容不同，处理方法也完全不同。电子商务销售则主要是接受用户的订货，向用户提供商品销售服务。而电子商务采购则主要是寻找自己的供应商，开展由供应商采购和进货的工作。本章则只讨论电子商务采购。

所谓电子商务采购，就是利用电子商务形式进行的采购活动。因为电子商务主要是在计算机网络上进行的，所以电子商务采购又称为网上采购。电子商务是电子商务采购的基础和环境。

二、电子商务采购的方式

虽然都叫电子商务采购，但是电子商务的方式是多种多样的，因此，电子商务采购的方式也可以有多种方式，但是最主要的是以下两种方式：一是网上招标，网下采购；二是网上招标，网上采购。

网上采购的特点如下。

（1）公开性　既然在网上采购，由于互联网有公开性的特点，全世界都可以看到采购方的招标公告，谁都可以前来投标。

（2）广泛性　网络没有边界，所有的供应商都可以向采购方投标，采购方也可以调查所有的供应商。

（3）交互性　电子商务采购过程中，采购方与供应商的网上联系非常方便，可以通过电子邮件或聊天的方式进行信息交流。

（4）低成本　网上操作可以节省大量人工业务环节，省人、省时间、省工作量，总成本最小。

（5）高速度　网上信息传输既方便，速度又快。

（6）高效率　以上几点综合起来，显然是高效率的。

当前，网上采购处在快速的成长阶段，许多的企业和公司出于自身业务的急剧成长或竞争需要，纷纷对网上采购进行了大量的投资，这些投资包括对企业原有的 ERP 和系统改造或自行构建新的商务系统。

三、电子商务采购的步骤

网上采购过程的一般步骤如下。

1）建立企业内部网、管理信息系统，实现业务数据的计算机管理。

2）建立企业的电子商务网站，在电子商务网站的功能中，应当有电子商务采购的功能。

3）利用电子商务网站和企业内部网络收集企业内部各个单位的采购申请。

4）对企业内部的采购申请进行统计整理，形成采购招标任务。

5）针对既定的电子商务采购任务进行网上采购的策划和计划。

6）进行网上采购的实施如下：

① 设计采购招标书；

② 发布招标公告；

③ 各个供应商编写投标书，向采购方的电子商务网站投标；

④ 采购方收集投标书，并且进行供应商调查和信息联系；

⑤ 组织评标小组，进行评标；

⑥ 把评估结果在网上公布；

⑦ 通知中标单位，订立采购合同；

⑧ 采购合同实施。

在上面所述的网上采购过程中，在企业的内部，采购申请主要通过互联网进行传递。在申请被批准并形成订单后，在企业外部的互联网上进行网上采购，途径也十分多样化。目前国际流行的网上采购数据传送途径主要包括以下几种形式：电子商务网站招标；人工向供应商发送电话或书面文件、传真订购；向供应商发送电子邮件订单；向供应商的站点提交订单；与供应商的 ERP 系统进行集成；电子交易平台等。但是最常用的还是电子商务网站招标。

以电子商务网站作为交易平台，其优点是显而易见的，它为买方和卖方提供了一个快速寻找机会、快速匹配业务和快速交易的电子商务社区。供需双方能够快速建立联系，从而使企业采购操作能快捷方便地进行。在电子商务交易平台中，由于所有的供应商家都能得到相同质量的服务，并遵照共同标准的协议进行交易处理，体现了公平、公正、公开、一视同仁。另外，利用电子商务交易平台，商家之间的信息沟通更加便利。

【案例】

政府采购的基本过程和特点

一、概述

采购项目：计算机网络设备。

采购机关：××省政府采购中心。

采购方式：公开招标。

招标机构：××省政府采购中心。

开标日期：1998 年 12 月 10 日。

投标人数量：12 家。

中标人数量：1 家。

合同签订日期：1998 年 12 月 11 日。

合同签订方式：招标结束后由用户与中标人签订合同。

这个项目进行得比较早，是在 1998 年底进行的，当时，我国的政府采购试点刚刚开始，各地对招标采购工作还比较陌生，《中华人民共和国招标投标法》(简称《招标投标法》)、《政府采购管理暂行办法》(简称《暂行办法》)、《政府采购招标投标管理暂行办法》(简称《招标投标管理暂行办法》)和《政府采购合同监督暂行办法》(简称《合同监督暂行办法》)等法律、规章尚未出台，采购中心做了大量工作，而且在当时能够做到请专家验收，确实是难能可贵的，总的来看，这次采购活动的成效是不错的。根据上述办法的要求，该项采购活动在标书制作、采购管理等方面还存在一些不规范的地方。今后的采购工作应依法管理，规范化操作。

二、政府采购预算（计划）

《暂行办法》第七条关于财政部的职责规定中的第九款明确“编制中央采购机关年度政府采购预算”，相应的地方财政部门负责编制地方采购机关年度采购预算。采购预算是确定评标价最重要的参考标准，从严格意义上讲，采购预算应是招标的底价，如果采购预算与评标价之间出现了较大的偏离，则说明采购预算在编制过程中对采购活动的有关因素缺乏全面、准确的评估，需要改进预算编制方法。目前，我国的预算编制方法还是粗放型的，缺乏详细、明确的标准，因而，采购预算通常是高于评标价的。当前，我国正在进行细化预算的改革尝试，积极推行部门预算。当然细化预算编制有一个过程，在我国预算评估体系还未建立之前，为了提高预算编制的质量，减少采购预算与评标之间的偏差，根据我们现有的认识水平和实践的可行性，在编制采购预算时，可以采取下列方法：第一，询价。通过货比三家确定采购项目的平均价格。第二，积累经验。向招标机构或曾购买同类物品的用户了解其实际购买价格。第三，请行业协会或专家论证。这种方法主要适用于编制大型的复杂的或新产品项目的预算。

××省再就业办公室网络设备采购是在全国政府采购试点阶段进行的，对政府采购实行预算管理和细化预算的问题尚处于探讨阶段，因此这个项目实行的是审批制，预算编制较为粗糙，以这个预算价格计算节支率一般都比较高，对招标也不具有参考价值。

三、采购程序

（一）招标委托

1998 年××月××省政府向政府采购中心提交了“政府采购委托书”。

点评：按照《暂行办法》规定，政府采购中心是负责政府采购事物的集中采购机关，有资格代理招标采购。

（二）编制招标文件

1998 年×月×日××省政府采购中心完成了招标文件的编制。招标文件由五部分组成，以下对招标文件的部分内容进行评述。

1. 第一部分“招标邀请函”

（1）个别语言表述不够准确。

1）“招标邀请函”应为“投标邀请函”，作为对供应商投标的邀请。

2）在邀请函中提到“招标设备名称及数量详见招标设备一览表”，但该表未包含在此部分中，而是出现在第二部分“招标计算机一览表及要求”中，前后表达不一致。

3）“交货地点：本市用户送货上门，外地用户来××市供方办公地点提货。”本部分较好表达了针对不同用户选择不同的交货地址。如果将“外地”改为“本市以外“更加准确。

（2）把招标形式定为“公开招标”，却限制投标范围为“在××市注册登记的有供货能力的厂商”，这是违背公开招标精神的，也是与现行有关规定对公开招标的定义及要求不吻合。公开招标应以招标公告方式邀请不特定的投标人投标。

招标公告应在全国性报刊如《中国财经报》等媒体上登载，此招标项目未发布招标公告，且限制外地市供货商参加投标。作为对全省再就业工程用设备的采购，其设备安置使用遍布全省，应该允许外地供应商参加投标。政府采购公开招标应在统一媒体上发布信息，这不仅是我国政府颁布的规定，也是国际通行的对政府采购的要求。

（3）规定一周的投标准备时间，也是招标尚不规范的体现。

2. 第二部分“招标计算机一览表及要求”

本次招标的设备不仅仅有计算机，还包括打印机、传真机、复印机等办公设备。这部分招标文件名称的规范提法应为招标设备（或货物）技术规范。内容包括招标设备的名称、规格型号、数量、技术性能、参数指标、质量及相关服务等要求。

3. 第三部分“投标方须知”

（1）投标人资格内容中应补充对投标人资格的审定办法。

（2）对投标报价“应为最具竞争力的一次性报价，开标后不得更改”的规定很好，利于体现招标“公开、公平”的原则。

（3）标书与投标文件混称的词汇，应予统一。

（4）投标保证金不少于投标总报价的5%，这一条规定依据不足。我国设备招标有关法规早已有投标保证金为投标总报价的2%的规定（国家经委1号令《机电设备招标投标管理办法》第31条）。政府采购招标也应对此规范。

（5）对于“在开标前撤回投标，须交投标总金额0.2%的补偿费”的规定不合理。因为第一部分招标邀请函中规定的开标时间只距投标截止时间10min。按法律规定在投标截止时间前提交的投标文件是允许撤消的。所以，此项投标须知不严谨。一般来讲，有对开标后撤回投标进行经济制裁的做法。

（6）履约保证金在概念上与投标保证金有严格的区分。把中标方的投标保证金转为履约保证金，看似可行，但不符合招标投标惯例，对于金额较大的投标难以执行。招标投标是受法律保护和具有法律效力的采购行为，应严格遵循相关法规，不宜采取随意性做法。

4. 第四部分“投标文件”

投标文件名称上应注意准确。本部分是对投标文件格式和内容的要求，而不能称之“投标文件”。在此部分中，缺乏对投标人资质要求的填报内容。投标人提供办公设备经销代理资格证明文件、经销业绩、财务状况等投标资质文件是评标必备的前提，此项要求决不能遗漏。

5. 第五部分“合同”

招标文件目录第五部分为“合同”，但招标文件却没有此部分内容。合同条款要求也是招标要约的组成部分之一。招标文件缺少这部分内容可能影响投标和中标合同的质量，故而招标文件应予完善。

（三）招标文件发售情况以及开标、评标

情况不详，不予评述。

（四）定标

评标委员会向政府采购中心提交了“招投标评标意见书”，推荐报价最低的某办公成套设备有限公司中标。其后由政府采购中心与中标人签定了经济合同，且请省公证处对招标、投标及招标结果进行了公证。

点评：

（1）按照现行有关规定，政府采购中心作为招标人实施招标，其评标报告应提交政府采购管理机关审定、备案后，确认招标结果，发布中标通知书。此项目在政府采购与管理实施中，还存在着体制不明、职权不清的问题。现在财政部的有关文件已经颁布，可以解决政府采购中的这一主要问题。

（2）由公证处对招标、投标、开标、评标、定标进行公证，进一步增强了招标活动的合法性和权威性，此举可以效仿。

（五）验收

从验收情况报告中得知政府采购中心聘请了有权威的设备生产、经销专家进行了严格的验收。使用单位向供货人出具了设备验收单。

点评：本项验收采取专家验收把关和请示报告的办法，提高了验收质量和验收结果的科学性、权威性、真实性。

四、政府采购管理

根据《暂行办法》的规定，财政部门负责政府采购的管理和监督工作，通过管理和监督，使政府采购应当遵循的公开、公平、公正、效益及维护公共利益的原则落到实处。财政部门对政府采购的监督包括内部监督及政府采购管理机关对采购活动的监督。内部监督的表现方式之一，就是要求将政府采购的管理机关和采购机关分离，管理机关不参与和干涉政府采购中的具体商业活动。这一要求与《合同法》的精神是一致的，即采购机关和供应商属于平等主体，管理机关为监督主体活动的“裁判”。政府采购管理机关对采购活动的监督，不是全过程参与，而是通过一定的方式抓住重点环节，掌握采购活动的动态和进展。

根据现行有关规定，政府采购管理机关监督政府采购活动的主要环节及方式有：

1. 委托采购代理机构

《招标投标程序暂行办法》第二条规定：“招标人委托政府采购业务代理机构（以下简称代理机构）招标的，招标人应与代理机构签订委托协议，并报同级政府采购管理机关备案。”

2. 招标通告的发布

《招标投标暂行办法》第三条规定：“采用公开招标方式的，招标人（或者代理机构，）必须在《中国财经报》上发布招标公告，同时也可在省级以上政府采购主管机构指定的其他报刊和信息网络上发布。”

3. 开标

《招标投标暂行办法》第二十一条规定：“开标由招标人主持，在公证机关的监督下进行。招标人、所有投标人、评标委员会成员和政府采购管理机关等有关部门的代表参加开标会。”

4. 全部废标

《招标投标暂行办法》第二十四条第二款规定：“全部投标报价均超出标的或预算时，评标委员会有权决定全部废标或要求全部投标人重新报价，并报政府采购管理机关备案。”

5. 中标人

《招标投标暂行办法》第二十五条第五款规定：“中标人的情况应报政府采购管理机关备案。”

6. 招标投标情况

《招标投标暂行办法》第二十五条第九款规定：“招标人应当自确定中标人之日起15天内，向政府采购管理机关提交招标投标情况的书面报告……”

7. 投标文件保存

《招标投标暂行办法》第二十五条第十款规定：“所有投标文件的正本由招标人妥善保管，政府采购管理机关可随时抽查。”

《合同监督暂行办法》对政府采购合同的订立、变更、供应商违约、合同验收、付款以及合同履行后的监督管理都做出了明确规定。其中，第三条规定：“政府采购合同订立后7日内，采购机关应当将合同附本报政府采购管理机关备案。”第八条第二款规定：“政府采购合同的质量验收，原则上应由第三方负责。”第三款规定：“政府采购管理机关不得参加合同履行验收工作。”第九条规定：“采购机关依照合同约定需要向供应商付款的，应当向政府采购管理机关报送下列文件，以备审查。”

关于投诉。《暂行办法》第七条（十）规定：“处理中央政府采购中的投诉事项。”第四十一条规定：“政府采购当事人认为自己的合法权益受到损害，可以向财政部门提出书面投诉。财政部门应当在收到投诉书之日起30日作出处理。”

需要特别说明的是，在政府采购管理机关对采购活动进行监督时，通常是实行备案制，而在国际上如世界银行一般是采取审批制。我国实行备案制的主要原因，是考虑到我国的政府采购工作还处于起步阶段，各级政府采购管理机关都缺乏审批的经验。一旦条件成熟，我国很可能也要实行审批制。

由于××省再就业办公室网络设备采购是在《暂行办法》制发之前进行的，因此按上述有关规定来衡量，在政府采购管理方面还有很多与《暂行办法》要求不符的地方，具体如下：

1. 管理体制不规范

该省政府采购中心既是政府采购的管理机关，同时又是一个集中采购机关，具有双重职能。这种情况使财政部门的管理变得似是而非，缺位、越位情况都存在，不利于对政府采购活动的监督。目前，政府采购管理与实施双重职能兼于一体的现象较为普遍，这在我国政府采购试点阶段具有一定的合理性，但与我国市场经济发展的要求是相悖的，各地政府采购中心必须尽快实现向采购主体的转变，以理顺政府采购管理体制，健全内部监督机制。

2. 招标活动中存在地区歧视性问题

招标邀请函中规定“欢迎在××市注册登记的有供货能力的厂商参加投标”有明显的排斥异地供应商参加投标的倾向。虽然在开展该项采购活动时，《招标投标管理暂行办法》尚未颁布，但设置限制性条款显然是违背政府采购公开、公正、公平原则的。关于发布招标公告的问题，从案例中还看不出该招标公告发布的媒体和发布的时间。一般而言，政府采购招标公告应当在全国性报刊《中国财经报》上发布。政府采购信息在统一媒体上发布，既是国际经验，也是国际组织如世界贸易组织《政府采购协议》的要求，目的是方便供应商公平地获得采购信息。政府采购招标公告发布媒体的规定应该在以后的招标活动中得到遵守。

3. 拨款方式没有说明

根据《暂行办法》及《合同监督暂行办法》规定，应由政府采购管理机关依据采购单位提交的有关申请拨款的文件办理政府采购资金的拨款手续。

【本章小结】

本章概括性地介绍了政府采购、全球采购、采购外包、电子商务采购等不同采购方式的含义、特点，以及各采购方式的基本过程和程序，简要说明了不同采购方式适应不同的采购领域，反映了采购业发展的趋势。

【复习思考题】

1. 什么是政府采购？它有什么特点？
2. 政府采购的原则是什么？
3. 全球采购的主要原因有哪些？
4. 全球采购的主要风险是什么？
5. 在外包决策中需要注意哪些问题？
6. 电子商务采购的主要特点是什么？
7. 电子商务采购的基本步骤是什么？

参 考 文 献

[1] 王之泰．现代物流学[M]．北京：中国物资出版社，2002．
[2] 现代物流管理课题组．物流成本管理[M]．广州：广东经济出版社，2002．
[3] 牛鱼龙，等．世界物流经典案例[M]．深圳：海天出版社，2003．
[4] 宋华，胡左浩．现代物流与供应链管理[M]．北京：经济管理出版社，2000．
[5] 王成，等．现代物流管理实务与案例[M]．北京：企业管理出版社，2001．
[6] 洪水坤，等．物流运作案例[M]．北京：中国物资出版社，2002．
[7] 马士华，林勇，陈志祥，等．供应链管理[M]．北京：机械工业出版社，2000．
[8] 王槐林，等．采购管理与库存控制[M]．北京：中国物资出版社，2002．
[9] 白继洲．采购管理实务[M]．广州：广东经济出版社，2003．
[10] 谢勤龙，王成，崔伟．企业采购业务运作精要[M]．北京：机械工业出版社，2002．
[11] 米歇尔 R 利恩德斯，哈罗德 E 费伦，等．采购与供应管理[M]．北京：机械工业出版社，2005．